HEYNE <

Mark Spörrle

DER MAULWURF

Roman

WILHELM HEYNE VERLAG
MÜNCHEN

MIX
Papier | Fördert gute Waldnutzung
FSC® C014496

Penguin Random House Verlagsgruppe FSC® N001967

Originalausgabe 02/2025

in der Penguin Random House Verlagsgruppe GmbH,
Neumarkter Str. 28, 81673 München
produktsicherheit@penguinrandomhouse.de
(Vorstehende Angaben sind zugleich
Pflichtinformationen nach GPSR)

Redaktion: Joscha Faralisch
Umschlaggestaltung: bürosüd
Satz: Satzwerk Huber, Germering
Druck und Bindung: GGP Media GmbH, Pößneck
Printed in Germany
ISBN: 978-3-453-42983-3

www.heyne.de

Die Menschen
stolpern
nicht über
Berge,
sondern über
Maulwurfshügel
(Konfuzius)

Wer anderen
eine Grube gräbt,
fällt selbst hinein
(Nach der Bibel)

Prolog

Laufen, das merkte Anna an diesem Tag endgültig, war vielleicht Saschas Sport. Aber sicher nicht ihrer. Jedes asthmatische Schaf auf drei Beinen hätte sie locker überholt. Ächzend knirschte sie den Kiesweg entlang, schaffte es gerade so bis zum See. Am Ufer lehnte sie sich gegen den blühenden alten Apfelbaum.

Bekam endlich wieder Luft. Atmete den frischen Duft der weißen Blüten. Und versuchte, das Ganze aussehen zu lassen wie eine Yogaübung.

Als ihr Puls nicht mehr pochte, machte sie sich auf den Rückweg. Im Schritttempo. Sie würde es mit Rad fahren probieren. Nein, mit Tennis, da war man wenigstens abgelenkt.

Als sie zurück zum Gartentor kam, lag etwas kleines Dunkles genau davor.

Ein Hundehaufen?

Ein verlorener Handschuh – im Mai??

Sie kniff die Augen zusammen.

Ein Maulwurf.

In ihren Ohren begann es zu rauschen. Ihr wurde schwindelig.

Der Maulwurf lag auf dem Rücken und streckte ihr seine großen Schaufeln entgegen, als wolle er sich ergeben, den dreieckigen Kopf mit dem rosa Schnäuzchen zur Seite gedreht. Der Frühsommerwind blies über seinen schwarzen Pelz. Er lag da wie ein weggeworfenes Plüschtier.

Tot.

Anna starrte das Tier an.

Es ist vorbei, dachte sie. Endlich!

Dann spürte sie Panik in sich aufsteigen.

Ein toter Maulwurf vor ihrem Gartentor, das ging gar nicht!

Und was, wenn das gar nicht Blacky war? Es gab viele Maulwürfe in der Gegend. Wieso sollte ausgerechnet Blacky sich bis vor ihr Gartentor geschleppt haben, um dort vorwurfsvoll zu sterben – außer, jemand hatte ihn …

Sascha?!?

Nein, Anna glaubte das nicht.

Obwohl: Ihr Mann hatte sich in letzter Zeit sehr verändert.

Aber was, wenn …

Sie hörte ein Brummen. Ein Auto näherte sich von oben den wildheckengesäumten Feldweg entlang; gleich würde es um die Kurve biegen.

Anna zog ihre Sportjacke aus, warf sie über das tote Tier und die Rose, bückte sich und tat, als schnüre sie ihren rechten Schuh neu.

Es war ein schwerer SUV. Violet vom Seeufer unten.

Sie schenkte Anna ein knappes Lächeln samt huldvollem Winken und sah wie immer großartig aus.

Anna hätte ihr eine scheuern können. Sie winkte lässig zurück, froh, dass Violet nicht stoppte.

Und als das Auto außer Sichtweite war, stieß sie hastig das Tor auf, um den Spaten zu holen.

I.

Einige Wochen zuvor

Sascha

»Sie suchen einen Rasenmäher?«, wiederholte der Mann, »Herr Schnappauf« stand auf seinem Namensschild. Er war ganz in Grün gekleidet statt in Knallorange wie die Verkäufer in den anderen Abteilungen. Sascha hielt das für ein gutes Zeichen. Bis Herr Schnappauf weiterredete. »Einen Viertakter? Wir haben gerade eine Sonderaktion, gute Geräte …«

O nein! »Ich dachte an etwas Nachhaltiges.«

»An etwas – Nachhaltiges?«

»Genau.«

Herr Schnappauf sah ihn an. War da leichte Irritation in seinem Blick?

Sascha räusperte sich. »Also zum Rasenmähen. Ich möchte, dass das – ganz nachhaltig ist. Das Mähen. Und alles drum herum.«

Er hatte noch ein »Verstehen Sie?« hinzufügen wollen, sich dann aber im letzten Moment dagegen entschieden. Sascha wollte keinesfalls besserwisserisch rüberkommen. Zumal er umständehalber seinen coolen hellblauen Anzug trug, Herr Schnappauf dagegen einen verwaschenen Overall, der schon recht knapp saß. Außerdem war Sascha gut einen Kopf größer, sodass der etwas ältere Verkäufer mit seinen milchig blauen Augen zu ihm aufsehen musste.

Den schien das allerdings nicht zu stören. Er begann zu grinsen. »Sie wollen Ihren Rasen nachhaltig mähen? Geht es denn auch nicht-nachhaltig?«

Sascha starrte den Mann an. Wusste der vielleicht gar nicht, was »nachhaltig« bedeutete?

Der grinste weiter. »Na, das Gras wächst nach dem Mähen von ganz allein wieder hoch. Nachhaltiger geht's doch nicht, oder?«

Es war das erste Mal in seinem Leben, dass Sascha einen Rasenmäher kaufte, aber er hatte sich diesen Akt weniger kompliziert vorgestellt.

Er holte Luft. »Es geht mir um den Mähvorgang selbst. Ich suche keinen Viertakter. Auch keinen Dreitakter oder Zweitakter. Ich suche etwas ohne Motor.«

Bei »Dreitakter« hatte der Verkäufer schon große Augen gemacht. Jetzt sah er drein, als habe Sascha einen Rasenmäher verlangt, der fliegen könne.

»Ohne Motor? Ernsthaft?«

»Ja, OHNE MOTOR!«

Sascha war schon leicht irritiert. Außerdem, das irritierte ihn zusätzlich, saß bei der grünen Latzhose des Verkäufers die linke Verschlussschnalle des Trägers zwei Zentimeter höher als die rechte. Ohne erkennbaren Grund.

Was Schnappauf nicht davon abhielt, jetzt Saschas Anzug von oben bis unten zu mustern.

»Das«, sagte er dann langsam, »würde ich mir an Ihrer Stelle noch mal überlegen.«

»Wie bitte?«, fragte Sascha reflexhaft.

»D-a-s w-ü-r-d-e i-c-h m-i-r a-n I-h-r-e-r S-t-e-l-l-e n-o-c-h m-a-l ü-b-e-r-l-e-g-e-n!«

»Ich, ähem, wieso?«

»Ich möchte Ihnen keinesfalls zu nahe treten. Aber das scheint mir wirklich keine gute Idee.«

Sascha sog kurz die Luft ein. Und überlegte tatsächlich. Ob es ein Fehler gewesen war, wieder hierherzukommen. Er war schon einmal in diesem Baumarkt gewesen, ein einziges Mal, und zwar am 24. Dezember letzten Jahres. Damals suchte er sehr hektisch eine Lichterkette fürs Balkongeländer, als Ersatz für die alte, die sich last minute entschieden hatte, nicht mehr zu leuchten. Und obwohl er sehr spät dran war, zehn Minuten vor Ladenschluss, hatte Sascha unverschämtes Glück gehabt. Im fast völlig geplünderten Lichterkettenregal lag noch eine einzige Kette – und die passte von der Länge her perfekt!

Zwei Stunden später hatte er auf dem Balkon bei fünf Grad und Nieselregen das Kabel inklusive sämtlicher 380 Lichter entwirrt und befestigt. Er taute seine Finger im Bad unter warmem Wasser wieder auf. Rief Anna. Betätigte dann feierlich den Lichtschalter. Und das mit dem Glück relativierte sich sofort, das »unverschämt« allerdings nicht: Die Kette blieb dunkel.

Sie war kaputt!

Anna hatte ihn mit ihren wunderschön tiefgründigen grünblauen Augen angesehen. Allerdings auf diese forschende Psychologinnen-Art, die sie unheimlich gut beherrschte, weil sie eben eine war. Und ihn gefragt, ob er das nicht schon im Geschäft hätte feststellen können.

Danach begann sie zu kichern. »Erinnert dich das nicht an den Film *Schöne Bescherung* mit Chevy Chase?«

Sascha liebte Annas Humor. Und er liebte diesen Film.

Aber nicht in diesem Moment. Er war in die Küche gerannt, um die Schere zu holen und die Kette fluchend (»Verdammtes Weihnachten! Verfluchte Lichterkette!«) in kleine Teile zu zerschneiden.

Der Stromschlag beim ersten Schnitt tat gar nicht weh. Trotzdem wollte Anna ihn unbedingt in die Notaufnahme fahren. Dort warteten sie zwei Stunden, während ein blutüberströmtes Opfer weihnachtlicher Familienstreitereien nach dem anderen an ihnen vorbeigeschleust wurde. Sascha erwog schon, sich an der nächstbesten Tür ebenfalls eine beeindruckende Platzwunde zu holen, um endlich auch dranzukommen, entschied dann aber, »auf eigenes Risiko« zu gehen. Schließlich war Heiligabend, in Oldenburg warteten Annas Eltern mit der Weihnachtsgans, und sie hatte ihm schon vorher die Hölle heißgemacht, wieso er mit seinem furchtbaren Perfektionismus noch unbedingt diese blöde Lichterkette auswechseln müsse.

Bis zu den Schwiegereltern benötigte Sascha mit dem Auto normalerweise anderthalb Stunden. An jenem Tag schaffte er, vielleicht eine Folge des Stromschlags, die Strecke in völlig unökologischen dreiundsiebzig Minuten.

Aber es half nichts.

Im Vorgarten schlug ihnen der Geruch von verkohlter Gans entgegen. Anna war völlig am Ende wegen Saschas Lichterkettenaktion (oder wegen seiner Fahrweise). Und ihre damals fünfzehnjährige Tochter Marie sah ihn, kaum war sie aus dem Auto gestiegen, anklagend an, sagte »Digga, Papa!« und erbrach sich.

Der Rest des Heiligabends verlief entsprechend.

Heute hatte Sascha dem Baumarkt eine zweite Chance geben wollen. Denn der warb mit der größten Gartenabteilung sämtlicher Bau- und Pflanzenmärkte auf dieser Seite der Stadt. Sascha war davon ausgegangen, an solch einem Ort der Superlative natürlich auch den größtmöglichen Sachverstand anzutreffen.

Aber Baumärkte waren sowieso nicht seine Welt. Einen Anzug trug hier außer ihm niemand.

Und dann gab es all die Produkte, über deren Sinn und Zweck man nur rätseln konnte. Zum Beispiel die »Schwingschleifer«. Zig Modelle standen gleich am Eingang, die Geräte mussten also sehr begehrt, sehr wichtig oder beides zugleich sein – ohne dass Sascha in seinem 43-jährigen Leben auch nur ein einziges Mal Sehnsucht nach einem solchen Schleifer verspürt hätte. Mehr noch – er konnte sich weder vorstellen, was man damit schliff, noch, was man dabei schwang (außer vielleicht, es handelte sich um ein Utensil für Nudisten). Natürlich hatte er sofort »Was macht man mit einem Schwingschleifer?« gegoogelt. Aber es gab hier so gut wie kein Netz, sicher weil man wollte, dass die Leute auf bloßen Verdacht hin ein, zwei Schwingschleifer mitnahmen und daheim auf dem Sofa ausprobierten.

Oder diese absurd langstieligen »Hochentaster«, an deren oberen Ende eine lächerlich kleine Säge saß. Zufälligerweise gab es in deren Nähe einen kleinen Fleck Internet, und Sascha hatte herausfinden können, dass »Hochen« der Name eines Aussichtspunktes auf der Schwäbischen Alb war. Offenbar war es bei den Schwaben Brauch, dort mit solchen Dingern herumzutasten; gut, solange sich niemand dabei verletzte. Aber wieso sollte jemand im Hunderte Kilometer entfernten Hamburg solch ein Folkloreteil kaufen?

Nicht zu vergessen das »Aktionsregal Maulwurfschreck«. Hier hatte Sascha vorhin auch Verkäufer Schnappauf entdeckt (der tat, als räume er auf, aber vielleicht hatte er auch nur versucht, sich dort vor Kunden zu verstecken). Und das Regal war vollgestopft mit seltsamem Kram: hexenartigen Vogelscheuchen. Duftknödeln. Mächtigen Elektrospießen, mit denen man drei Vampire auf einen Streich hätte pfählen und zugleich erleuchten können, wären die Teile nicht so furchtbar stumpf gewesen (vermutlich wegen irgendwelcher EU-Vorschriften). Was für abgedrehte Menschen mussten das sein, die solches Zeug kauften!

Und nun stand vor ihm dieser Herr Schnappauf, und ihn beschlich das dumme Gefühl, dass ein weiteres Fiasko drohte.

»Wieso ist ein Handrasenmäher keine gute Idee?« Sascha wählte seine Worte mit Bedacht. »Ich denke an die Umwelt.«

»Das ist gut!« Sein Gegenüber nickte.

Vermutlich war das Ironie. Er würde sich nicht provozieren lassen.

Auch nicht von Schnappaufs ungleich positionierten Latzhosenverschlüssen, die ihm jetzt bei jedem Blick ins Auge stachen.

Sascha redete also unbeirrt weiter. »Und sollte angesichts des Klimawandels nicht jeder von uns tun, was er kann?«

»Doch, doch!«

War der Mann ein Zyniker, oder dachte er nur an den Reibach, den er machen würde, wenn er Sascha das Gerät mit dem dicksten Motor verkaufte?

Aber jetzt hatte Sascha ihn in der Zange.

»Und was würden Sie an meiner Stelle tun? Wenn Sie ganz frei wären? Wenn Sie Ihren Kunden nicht das teuerste Gerät verkaufen müssten – sondern das beste für die Umwelt?!«

Schnappauf schwieg. Touché!

Die Sache mit den unterschiedlich hohen Latzhosenverschlüssen ließ sich übrigens leicht beheben. Man musste nur den einen Verschluss am Träger entlang nach oben schieben. Oder den anderen nach unten …

»Einen Moment!« Schnappauf drehte sich zur Seite. »Susanne«, rief er. »Susanne!«

Es dauerte ein paar Sekunden. Dann tauchte fünf, sechs Regalgänge weiter eine zweite, weibliche Gestalt in Grün auf.

»Susanne!«, brüllte Schnappauf. »Haben wir Handsicheln, nachhaltig hergestellt, klimaschonend gedengelt, fair kompensiert, bio, vegan und laktosefrei?«

Er grinste Sascha an, kniff ein Auge zu und lachte dröhnend, als habe er einen tollen Witz gemacht.

Kurz, nur ganz kurz, ertappte sich Sascha bei dem irrwitzigen Gedanken, dass er hier in einen Dreh mit versteckter Kamera geraten war.

Aber nein, es war viel einfacher. Der Typ hier machte sich lustig über ihn!

Die Frau in Grün wohl auch. Sie lachte schrill und winkte ab. Ein paar Kunden drehten ihre Köpfe in Saschas Richtung. Ein Paar um die siebzig im Partnerlook (Blouson beige, Hosen braun, Sandalen weiß) machte synchron Scheibenwischerbewegungen mit den Armen.

»Woker Affe!«, ätzte jemand.

Toleranz war in diesem Markt offenbar noch schwächer ausgeprägt als Klimabewusstsein.

Und das steckte an. Sascha war normalerweise gar nicht so, aber er verspürte auf einmal Lust, den übergeschnappten Schnappauf mit dessen eigenen Waffen zu schlagen. Zum Beispiel mit dem »extra großen« Pfahlhammer (12,99 Euro). Oder ihn zumindest mit dem Elektrotacker (34,99 Euro) ans nächstbeste Regal zu heften. Leider hatte er in keinem von beidem ausreichend Übung. Und extrem unkorrekt wäre es obendrein gewesen.

Blieb also nur zu gehen.

Schnappauf hörte auf zu lachen und sah Sascha an.

»Scherz! Entschuldigen Sie! Aber im Ernst: Es gibt eine einfache und sehr umweltschonende Alternative: Gar nicht mähen!«

Hatte er sich verhört?

»Gar nicht mähen ...?«

»Gar nicht mähen!«

Sascha musste vor sich selber zugeben, dass er schon wieder überrascht war. So überrascht, dass er vergaß, dass er hatte gehen wollen. Denn diese Empfehlung sprach nicht nur diametral gegen seine erste Annahme, dass der Verkäufer ihm das Teuerstmögliche verkaufen wollte. Sie sprach überhaupt gegen das Wesen des Verkaufens an sich. Wenn Schnappauf so etwas öfter sagte, war das gegenüber seinem Arbeitgeber massive Geschäftsschädigung.

Oder bereitete dieser Humorbolzen bloß den nächsten Knallerwitz vor?

Nein. Diesmal sah er ziemlich ernst aus.

Trotzdem, gar nicht mähen ging gar nicht. Er wollte einen Garten, keinen Dschungel.

»Gar nicht zu mähen, ist leider keine Alternative«, sagte Sascha.

Der Verkäufer nickte. »Wie groß ist die Fläche?«

Das klang endlich mal konstruktiv. Und Sascha hatte eine gute Antwort parat. Seit drei Wochen besaß er ein großes Haus mit einem riesigen Stück Land. Eigentlich war es schon ein Anwesen.

»So etwa 1800 Quadratmeter.«

Der Verkäufer nickte wieder. Offenbar beeindruckte ihn die Größe des Grundstücks nicht annähernd so, wie sie Sascha beeindruckt hatte. Nach sechzehn Jahren in einer Wohnung mit einem fünfeinhalb Quadratmeter großen Balkon.

»Und wie haben Sie bisher gemäht?«

»Noch gar nicht. Es ist mein erstes Mal.« Er hatte heute früh gemessen. Das Gras war im Mittel bereits 18,5 Zentimeter hoch. Sascha hielt es für wichtig, noch etwas hinzuzufügen; nicht, dass Schnappauf ihn für jemanden hielt, der sein Grundstück seit Jahren verkommen ließ: »Ich habe das Haus gerade erst gekauft. Wir sind aufs Land gezogen. Raus aus der Stadt!«

Schnappauf hätte jetzt sagen können: »Herzlichen Glückwunsch!« Oder: »Ich beneide Sie, ich wollte auch immer aufs Land ziehen. Aber ich schaffe es nicht, denn ich lebe quasi hier im Baumarkt.«

Aber er runzelte nur die fleischige Stirn. »Mit einem Mäher ohne Motor brauchen Sie da Tage für!« Er musterte Sascha. Fast mitleidig.

Und er irrte. Klar, die meisten Menschen waren faul. Sascha hingegen war durchtrainiert, sein Anzugstoff verbarg eine geübte Muskulatur, den Halbmarathon im letzten April hatte er dank Fitness, eisernen Willens und mediterraner Ernährung unter 1:50 geschafft.

Okay, ohne Handrasenmäher. Aber der war ja federleicht.

»Mit einem Motormäher sind Sie schneller. Viel schneller. Ist auch besser für die Gelenke. Wie gesagt, wir haben tolle Angebote …!«

Schnappauf gab tatsächlich nicht auf. Das mit der Schnelligkeit war vielleicht ein Punkt. Dennoch, ein Motormäher kam nicht infrage. Der verwandelte mit seinen Abgasen die Umweltbilanz jedes Gartens in die eines Parkplatzes.

Solch einen Fauxpas konnte Sascha sich auch beruflich nicht leisten. Denn das Wichtigste bei seinem Job war Correctness. Sich nicht angreifbar zu machen. Um jeden Preis Shitstorms zu vermeiden.

Er, Sascha Paulmann, war seit gut einem Jahr Sustainability-Chef bei der Schicks-Gruppe, einem der größten traditionellen Versandhändler des Landes: 50 000 Pakete pro Tag, das Gros davon Kleidung und Haushaltswaren. Laut Marktforschung kannten unglaubliche 68 Prozent aller Bundesbürger die Firma noch aus ihrer Kindheit, 88 Prozent konnten mit dem Firmenclaim »Schick's mir!« etwas anfangen (über die Abschaffung des Apostrophs wurde firmenintern seit fünf Jahrzehnten gestritten). Und 57 Prozent, auch das sagte die Marktforschung, erwarteten von Schicks Nachhaltigkeit und Umweltbewusstsein. Die ganze Palette. Bis hin zu glücklichen Baumwollbauern, deren Kinder nicht mit den Eltern auf den Feldern schufteten, sondern in die von Schicks gesponserte Elementarschule im Ort gingen.

An alledem arbeitete Sascha mit seinem Team. Seit er Nachhaltigkeitschef war, drehte sich der alte, große Versandladen wie ein Supertanker, der mühsam seinen Kurs korrigiert, ganz langsam in Richtung Gegenwart.

In diesem Baumarkt aber war die Zeit offenbar stehen geblieben. Sascha würde seinem Team davon lachend in der Konferenz erzählen. Und, wie er es geschafft hatte, trotzdem einen Handrasenmäher zu bekommen.

Am einfachsten wäre es natürlich gewesen, den online zu bestellen. Aber die Emissionen des Versandhandels …! Und außerdem war er jetzt schon mal hier. Mit dem Auto. Die Umweltbilanz einer Leerfahrt zurück wäre noch schlimmer gewesen als die eines Onlinekaufs. Sascha war also zum Erfolg verdammt.

Sollte er den Verkäufer noch auf die ungleiche Höhe seiner Hosenträgerschnallen hinweisen? (Und ihm damit vermutlich einen großen Gefallen tun.)

Aber Schnappauf sprach schon weiter. »Und wenn Sie einfach einen Mähroboter nehmen? Der ist auch nachhaltig, denn er fährt elektrisch. Und er macht die Arbeit ganz ohne Sie. Soll ich Ihnen einen zeigen?«

Nein. Auch von Mährobotern ließ man besser die Finger. Nicht wegen der Umweltbilanz. Sondern weil die Apparate den Rasen so kurz hielten, dass weder Blüten noch Insekten kamen. Und nicht nur Grashalme zerstückelten, sondern auch Mäuse, Maulwürfe, Blindschleichen, Kröten, Eidechsen … Marie hatte, als Sascha über den Rasenmäherkauf sprach, noch weitere Grausamkeiten aufgezählt, zu denen diese »Killergeräte« imstande seien, inklusive skalpierten Jungigeln und den verstümmelten Fingern

Unschuldiger, die auf der Wiese ihren Rausch ausschliefen. »Das musst du wissen, Papa, das ist dein Job!«

Das war es zum Glück nicht. Aber die geschredderten Tiere waren ein Reizthema. Glaubte man Marie, gab es bereits Jugendliche, die Rasenmähroboter nachts aus Gärten »befreiten« und auf Supermarktparkplätzen aussetzten, wo sie morgens auf Kunden losgingen.

Sascha erklärte Schnappauf also sehr freundlich, dass so ein Roboter keine Option war. Es wie gesagt überhaupt nur eine gab: einen Handrasenmäher. Und dass er sehr gehofft hatte, so ein Gerät hier zu bekommen, aber nun bald gehen müsse.

Schnappauf seufzte. »In Ordnung. Ich zeige Ihnen die Spindelmäher. Aber Sie sollten in jedem Fall auch Handschuhe kaufen. Sehr gute, dick gepolsterte Handschuhe. Ich habe welche da.«

Er wollte sich in Bewegung setzen.

Aber Sascha konnte es nicht mehr mit ansehen.

»Einen Moment bitte«, er trat Schnappauf in den Weg und korrigierte mit einer schnellen Handbewegung dessen linke Trägerschnalle zwei Zentimeter nach unten.

Schnappauf sah ihn fassungslos an.

Sascha nickte ihm zu. »So, jetzt ist alles in Ordnung.«

Anna

Hier war es also, das neue Leben! Wie schade, dass gerade niemand da war, um Anna zu kneifen – na ja, vielleicht war es besser so … Okay: Sie, Anna, stand hier draußen in diesem riesigen Garten und staunte. Denn sie hörte nicht einen Vogel singen, nicht zwei, nicht drei. Es waren zehn oder zwanzig, mindestens! In all den Jahren in der Stadt hatte sie noch niemals ein solches Konzert gehört, und soweit sie sich erinnerte auch nicht in ihrer Kindheit in der Kleinstadt. Hier war richtig Land, Land-Land, und das war großartig, überwältigend! Eigentlich hätte man dafür Eintritt zahlen müssen. Aber wer hier lebte, hatte das umsonst. Einfach so. Ob die Leute hier wussten, wie glücklich sie waren?

Die Sonne schien, Anna spürte die Wärme ihrer Strahlen. Die Blätter der Bäume und das Gras leuchteten in allen Grüntönen, die Blumen und blühenden Sträucher sorgten für die Farben. Insekten summten. Eine Hummel brummte dicht an Anna vorbei. Über einem Strauch mit roten Blüten, sie rochen intensiv nach Nektar, flatterte ein weißer Schmetterling. Und noch einer, der aussah wie ein Pfauenauge, nein, es waren zwei.

Und das Schönste: Anna stand nicht auf irgendeiner Wiese. Es war ihre!

Sie blickte nach oben in die Kronen der Bäume, die sich leise rauschend im Wind wiegten.

Sie zückte ihr Handy und machte ein Rundumvideo von Garten und Haus. Es sah wahnsinnig gemütlich aus mit seinen roten Backsteinwänden, den dicken weißen Holzrahmen um Türen und Fenster, den großen Sprossenfenstern und den stilisierten weißen Pferdeköpfen an den Giebeln.

Anna schickte das Video ihrer Mutter. Die sandte dicke Smileys, Herzchen, Raketen und Sektgläser zurück.

Das war alles wie ein Traum. Aber es war die Wirklichkeit!

An einiges musste sie sich erst noch gewöhnen. Zum Beispiel an den Platz. In ihrer Zweieinhalbzimmerwohnung in der Stadt war es so eng gewesen, dass es auf jeden Quadratmeter Stauraum ankam, auch unter dem Bett, auf den Schränken, in ihrem winzigen überfüllten Speicherabteil, dessen Tür sie nie geöffnet hatte, damit ihr nichts entgegenstürzen konnte.

In ihrem neuen Haus gab es jede Menge Zimmer. Sascha hatte sich gleich ein eigenes zum Arbeiten eingerichtet. Sie könne es selbstverständlich mitbenutzen. Sehr nett, aber kam nicht infrage. Sie liebte Sascha, der liebte sie, aber er wurde fast verrückt, wenn man auch nur einen einzigen seiner auf dem Tisch penibel sortierten Stifte verschob. Annas Profi-Ich hätte da möglicherweise eine Neurose kurz vor dem Ordnungszwang diagnostiziert, aber das Profi-Ich wusste auch, dass jede Expertin für eine Diagnose viel zu befangen ist, wenn es um den eigenen Ehemann geht.

Und sie wollte Saschas Arbeitszimmer auch gar nicht mitbenutzen. In der Stadtwohnung hatte sie lange genug am Küchentisch gearbeitet. Oder es versucht. Sie hatte an Klientenakten gesessen, an Studien, an Abrechnungen. Immer mit Ohrstöpseln, weil die Nachbarskinder hinter der Zwischenwand Fußball spielten, weil deren Mutter viel zu laut telefonierte oder weil der dazugehörige Vater seine Serie oder seinen Deutschrap immer lauter drehte, um seine Familie nicht zu hören.

Hier gab es keine Nachbarn und keine Zwischenwände. Und im Obergeschoss neben dem künftigen Gästezimmer war sogar noch ein Raum übrig, in dem sich momentan nur ein paar Umzugskartons stapelten. Was für ein Luxus!

Aber es wurde noch besser. Denn da war das Gartenhaus.

Es stand weiter hinten auf dem Grundstück, vor den unkrautüberwucherten Beeten, die Anna neu bepflanzen würde. Für ein Gartenhaus war es sehr groß und massiv, mit seinen efeuberankten Backsteinwänden, dem Spitzdach, dem Schornstein und den großen weißen Sprossenfenstern wirkte es fast so, als habe ihr Haupthaus knuddeligen Nachwuchs bekommen. Sie war sofort hin und weg gewesen von dem Häuschen.

Ein Trampelpfad führte durchs Gras dorthin, es roch nach Wald, nach Wiese, nach Blütenhonig und an einer Stelle nach, ja, nach Marienkäfer, das hatte Anna zum letzten Mal in ihrer Kindheit gerochen.

Sie schob die doppelflügelige Eingangstür des Häuschens auf. Die Sonne malte Sprossenfenstermuster auf den staubigen Steinplattenboden. Der große Raum war leer, abgesehen von vielen Spinnweben, einer rostigen Schaufel an einem riesigen, rostigen Nagel in der Wand und einem Paar zerschlissener orangefarbener Gummistiefel.

Das Häuschen sei akut renovierungsbedürftig, hatte Sascha gesagt.

Aber Strom war da, gut, es fehlten bloß Steckdosen. Und eine Heizung musste her, spätestens im Herbst. Aber ansonsten nur noch richtig staubwischen, die Spinnenweben entfernen – voilà! Anna spürte: Hier würde sie gut arbeiten können.

Und sie hatte viel vor: Nach 16 Jahren als Psychologin in Teilzeit mit zwei Praxistagen pro Woche wollte sie wieder richtig durchstarten. Marie war längst in einem Alter, in dem sie das meiste alleine hinkriegte. Mehr noch, ihre Tochter konnte es überhaupt nicht mehr ab, wenn ihre Eltern »helikoptermäßig um sie herumschwirrten«. Und allein die Frage »Wie spät wird es bei dir heute?« erfüllte für sie mittlerweile den Tatbestand helikoptermäßigen Herumschwirrens.

Eigentlich hatte Anna nie vorgehabt, so lange im Job zurückzustecken. Aber es hatte sich so ergeben. Sascha war nach Maries Geburt neu ins Kommunikationsteam seiner Firma gekommen, Anna dagegen konnte als freie Psychologin so viel oder so wenig arbeiten, wie sie wollte. Und so arbeitete sie weniger, während Sascha karrieremäßig durchstartete.

Nicht, dass sie ihm daraus einen Vorwurf machte. Er war ein wunderbarer Mann, er hatte Anna immer unterstützt. Trotzdem war es für sie nicht leicht gewesen. Auf einmal so viel zu Hause zu sein, mit Kind, selbst mit einem so tollen. Sie hatte vorher studiert, geforscht, einen tollen Start in den Job gehabt, sogar ein Sachbuch geschrieben. Und damit Glück und Erfolg gehabt. Das Buch drehte sich um Paarbeziehungen, wie sie scheiterten, wie sie gelangen und was man dafür tun konnte. Es war genau zu dem Zeitpunkt erschienen, als die Medien das Thema neu entdeckten und eine Expertin suchten, die prima erklären konnte und dazu noch eine tolle Ausstrahlung hatte. Anna mit ihren tiefgründigen Augen, ihrem ansteckenden Lachen und den langen braunen Locken passte da gut ins Bild. Auch wenn sie sich niemals auf ihr Äußeres reduzieren ließ, für sie zählte ihre Expertise. Die hatte sie. Und der Rest wurde ihr zugeschrieben: Vorher hatte sie AUCH Paartherapie gemacht, ab sofort war sie DIE Paartherapeutin. Auf einmal riefen Redakteurinnen von Frauenzeitschriften an, wollten Interviews oder baten sie, Partnerschaftstests zu entwerfen und auszuwerten. Sie bekam Anfragen für Seminare und Auftritte, hatte sogar eine Kolumne in einer großen Wochenzeitung. Und wurde immer wieder in Talkshows und ins Frühstücksfernsehen eingeladen. Vermutlich als netten Kontrast zu den ebenfalls eingeladenen, meist älteren männlichen Politikern und Wirtschaftsbossen, die Annas Ausführungen mit überlegenem Lächeln verfolgten, aber sie nachher, wenn die Kameras aus waren, wegen ihres eigenen Liebeslebens um Rat fragten. Anfangs saß Anna in diesen TV-Runden wie ein schockgefrostetes Huhn. Doch bald begann ihr die Sache Spaß zu machen. Sie mochte ihr Publikum. Und das Publikum mochte sie.

Dann war Marie gekommen, und alles war anders geworden.

Heute waren Paarbeziehungen natürlich immer noch ein Thema. Aber längst schrieben andere die Bücher. Vielleicht schaffte sie das irgendwann auch wieder.

Aber zuerst stand der Podcast an. Eine Idee von Julia, die war Journalistin bei einem Möchtegernpromiblatt, das sagte sie selber so, und fast schon eine Freundin. »Anna«, hatte Julia gesagt, »du kannst Dinge so gut erklären, warum lässt du das nicht mehr Leute hören?« Sie hatten sich in einem Café an der Elbe zusammengesetzt, Kaffee, Wasser und Rotwein getrunken, viel geredet. Und am Ende stand das Konzept für *Ist es kompliziert?*. Den Podcast, der sich um alles drehen sollte, was Paare beschäftigte: Selbstverwirklichung, Eifersucht, Dating, Fernbeziehungen, Sex. Alle zwei Wochen eine neue Folge, immer zu einem konkreten Thema. Julia würde die Fragen stellen, Anna sie beantworten. Ein Gespräch wie unter Freundinnen sollte es sein. Einen Podcast hatte Anna noch nie gemacht, da würden nicht nur ihre Zuhörer etwas lernen, sondern auch sie.

Als sie Sascha von dem Plan erzählte, besorgte er ihr, mal wieder typisch, gleich ein Podcast-Seminar, sechs Stunden mit Keywords, Summary und interaktiven Zwischenfragen. Süß. Anna wusste, er meinte es gut. Und sie liebte ihn dafür, wie er sich sorgte. Sie verzieh ihm sogar, wenn ihn wieder mal sein furchtbarer Ordnungs-, Planungs- und Vorbereitungsfimmel anfiel.

Aber sie hatte genug Podcasts gehört, so kompliziert war das nicht. Sie wollte jetzt endlich loslegen.

Und arbeiten würde sie hier. Im Gartenhaus. Da hinten vor die Wand, mit Blick durch die großen Fenster in den Garten, käme der Schreibtisch. Ein cooler Tisch, vielleicht mit Eichenholzplatte und Tischbeinen aus dunklem Stahl. Und als Beleuchtung Up-down-Lights an den Backsteinwänden?

Es wäre sogar noch Platz für eine therapiegeeignete Sitzgruppe gewesen, aber Anna wollte lieber in der Praxis in Altona bleiben. Es war ganz praktisch, wenn man seine Klienten nicht beim Bäcker traf und sie auch nicht hinter einem standen, wenn man den Geldautomaten verfluchte, weil er zu wenig ausspuckte.

Oder dachte man – frau – nur mal an Mats Schröder, Dr. Mats Schröder, promovierter Jurist und ehemaliger Klient. Der war am Anfang mit seiner Frau bei Anna gewesen. Die Frau war hochgradig eifersüchtig, so furchtbar eifersüchtig, dass sie, wenn die zwei bei Anna in der Praxis waren, sogar mitging, wenn ihr Mann auf die Toilette musste.

Trotzdem brachte Anna die Therapie zu einem einigermaßen guten Ende. Dachte sie. Bis Monate später Schröder wieder in der Praxis auftauchte. Allein. Ohne Termin. Und immer wieder. Um Anna mitzuteilen, dass sie seine Ehe kaputt gemacht habe. Um ihr zu gestehen, dass er in sie verliebt sei. Oder wegen beidem. Ab und zu hatte er Blumen dabei, stürmte geradewegs in ihr Zimmer und drückte ihr aufgeregt den Strauß in die Hand – also im Nachhinein konnte Anna Schröders Frau ziemlich gut verstehen. Aber er war harmlos, freundlich und kultiviert und ließ sich friedlich wegschicken. Kein Vergleich zu dem Stalker, den ihre Kollegin Elisabeth mehrmals bei sich auf der Wohnzimmercouch vorgefunden hatte, und eines Abends dann sogar in der Badewanne.

All das sprach dafür, diesen Teil des Jobs dort zu lassen, wo er war. Sie würde keine neuen Klienten mehr annehmen, und wenn ihr beruflicher Neustart gut lief, konnte sie ihre zwei Tage in Altona später vielleicht auf einen reduzieren. Erst mal würde sie an den Praxistagen von hier nach Hamburg pendeln wie Sascha und Marie, nur nicht mit der Bahn wie die beiden, sondern mit dem Auto. Und auf die Tage, an denen sie nicht pendeln musste, freute sie sich ganz besonders.

Denn sie wollte hier ja nicht nur arbeiten. Sondern auch im Garten etwas pflanzen, Himbeeren, Stachelbeeren, Johannisbeeren, ein paar neue Reihen Erdbeeren, vielleicht Kartoffeln? Vorher mussten die Kartons vom Umzug erst mal fertig ausgeräumt werden. Im Haus war auch sonst noch zu tun: Eine der Küchenwände sähe in Blau viel besser aus, die große Wand im Flur käme in Grün sehr gut. Überall fehlten noch Vorhänge an den Fenstern, vielleicht konnte sie die ja selber machen. Es hingen noch längst nicht alle Lampen. Und zuerst musste sie hier ihr neues Studio einrichten.

Anna war richtig aufgeregt. Sie zog den Zollstock aus der Gesäßtasche ihrer Boyfriendjeans und begann, den Raum auszumessen.

Sascha

Also dieser Herr Schnappauf, der führte einen ziemlich in Versuchung. »Nur zufälligerweise« waren sie doch schnell bei den Aufsitzrasenmähern vorbeigegangen. Dass diese Dinger (dachte man mal kurz nicht an das ganze CO_2, das allein schon bei ihrer Herstellung anfiel) so cool sein konnten! Der Facility-Manager, früher hieß das Hausmeister, bei Schicks, einer aus der Boomer-Generation (er trug verwaschene Jeansjacke und Vokuhila-Schnitt), knatterte noch mit einem uralten Teil herum, das aussah wie eine riesige orangefarbene Kreuzung aus Wespe und Staubsauger und von jedem Fußgänger mühelos überholt wurde. Was für den Facility-Mann eine furchtbare Schmach sein musste. Deshalb managte er den Rasen immer erst nach Feierabend, und begegnete ihm dann doch noch jemand, verzerrte er sein Gesicht voller Pein und starrte angestrengt an dem Betreffenden vorbei.

Die schicken Fahrzeuge, die Schnappauf Sascha nun präsentierte, waren bis zu 12 km/h schnell und sahen aus, als könne man mit ihnen nach dem Mähen noch einkaufen fahren, wilde Tiere fangen oder gen Nordpol aufbrechen: knuffige Kreuzungen aus Minitraktor und Quad in Rot und Schwarz mit Chrom und Glanzlack. Jeder schmählich untermotorisierte Facility-Mensch wäre vor Neid erblasst. Aber leider fuhren alle mit Verbrennermotor.

Doch, sagte Schnappauf, es gebe auch (schwächere) E-Modelle, die müsse er bestellen. Aber keiner frage danach.

Die hier dagegen – »tolle Dinger, was?« Der Verkäufer lächelte.

Er war nicht nur vollständig zum Kumpel mutiert und hatte sich nach der ersten Verblüffung sogar für Saschas korrigierenden Eingriff an seinem Hosenträger bedankt. Er hatte Sascha obendrein im Voraus weitere zeitfressende und wenig nachhaltige Baumarktfahrten erspart. Denn er, Sascha, werde in den nächsten Wochen garantiert weitere Gerätschaften benötigen. »Ein Garten macht sich nicht von allein. Haben Sie Sträucher? Oder sogar Bäume?«

Sascha nickte.

»Okay. Beete?«

»Ich glaube schon«, hatte Sascha sich sagen hören. Und hätte sich dafür gleich selbst in den Hintern beißen können. Entweder man hatte Beete, oder man hatte keine.

Der Verkäufer tat zum Glück, als habe er es nicht bemerkt. »Sie können natürlich jedes Mal wiederkommen, wenn Ihnen auffällt, dass Sie etwas für den Garten brauchen. Das wäre in den nächsten zwei, drei Monaten etwa einmal pro Woche. Wie in dem Geht-ein-Mann-in-den-Baumarkt-Witz!« Er begann glucksend zu lachen.

Sascha wusste nicht, worüber. Er würde das nachher googeln.

»Sie können aber auch jetzt gleich alles mitnehmen, was Sie brauchen. Ich stelle Ihnen zwölf Geräte zusammen, mit denen kommen Sie durchs gesamte erste Gartenjahr. Ich kann Ihnen fünf Prozent Rabatt geben, fünf Prozent auf alles.«

Aus purer Gewohnheit handelte Sascha acht Prozent heraus.

Schnappauf belud einen Schwerlasteinkaufswagen mit Rechen, Axt, Unkrautstecher, großer Astschere, Grabegabel, kleiner Astschere, Rasenkantenschere, Gießkanne, Pflanzschaufel, Zitterbesen und Obstpflücker, denn: »So wie Sie aussehen, haben Sie mutlich Obstbäume?«

Sascha hatte wieder keine Ahnung, beeilte sich aber, sehr souverän zu nicken.

Schnappauf legte ihm lächelnd noch einen Hochentaster for free dazu; Sascha würde das peinliche Ding noch vor der Kasse wieder ausladen, er war schließlich auch kein Lavalampen-Typ.

Zum Schluss schleppte der Verkäufer eine Teleskopleiter an. Deren Vorteil sei, dass sie in jedes Auto passe. Denn das Gegenteil käme tagtäglich vor: Kunden kauften möglichst lange Leitern, manche hätten nur Büsche oder Zwergkiefern im Garten, andere besäßen nicht mal einen Garten und lebten in einem Einzimmerapartement, aber sie kauften trotzdem die längste Leiter, die zu kriegen war. Um sie dann kleinlaut umzutauschen oder auf dem Parkplatz des Baumarkts zurückzulassen, weil sie sie nicht transportiert bekämen. »Es gibt ein Zwölfmeterstück, das heißt bei uns nur der Bumerang.« Er lachte schallend.

Sascha hörte schon nicht mehr richtig zu. Denn über einem der Regale, an denen sie den vollen Wagen vorbeischoben, stand »Ordnungssysteme«.

Das passte. Je mehr Zeug der Verkäufer in seinen Wagen gehäuft hatte, umso mehr hatte Sascha sich nämlich gefragt, wie und wo er all das angemessen unterbringen sollte.

Das heißt, er hatte schon eine Idee. Da war ihr neues Gartenhaus. Komplett leer, fast so groß wie ihre alte Wohnung. Einfach ideal für Gartengeräte.

In einem von Annas Lifestyle-auf-dem-Land-Magazinen hatte Sascha ein Foto gesehen. Es gehörte zu einem Artikel über einen Musikproduzenten, der in der Lüneburger Heide einen ehemaligen Bauernhof gekauft hatte. Abgebildet war die frühere Remise, die jetzt ein Gerätehaus war, mit einem genialen Aufbewahrungssystem: Sämtliche Werkzeuge und Gartengeräte hingen, auf Hochglanz poliert, nebeneinander in schicken Halterungen an den Wänden, mit kongruenten Abständen zu Decke und Fußboden.

Sascha erkundigte sich nach so etwas, und Schnappauf rief, er habe Glück. Tatsächlich gab es gerade das neue Modulsystem »Remove-Fit« in Edelstahl mit anthrazitfarbenen Kunststoffeinlagen, vielfach einstell-, modifizier- und erweiterbar. Genau das, was nötig war, um das Gartenhaus zum schicksten Gerätehaus des Dorfes zu machen.

Sascha vereinbarte mit Schnappauf, dass er alles ausmessen und wiederkommen würde. Aber bevor sie womöglich ausverkauft war, nahm er schon mal die »Remove-Fit-One«-Werkbank mit, das Topmodell der Serie und die designteste Werkbank, die er jemals gesehen hatte (ehrlicherweise hatte er noch gar nicht viele Werkbänke gesehen, aber trotzdem): mit höhenverstellbarer Arbeitsplatte in Wildeiche natur, Metallbeinen in Anthrazit, integrierter Steckdosenleiste und einem Container zur Werkzeugaufbewahrung, natürlich ebenfalls in Anthrazit. Sollte Sascha jemals in die Lage geraten, eine Werkbank zu benötigen: Ab sofort war er perfekt vorbereitet.

Allmählich begann er zu verstehen, was die Faszination eines Baumarktes ausmachte. Hier bekam man Hilfe nicht nur für die Probleme, von denen man schon wusste, man war auch gerüstet für alles Mögliche, was in Zukunft noch kommen konnte.

Sein neuer Kumpel Schnappauf nickte jedenfalls tapfer, als Sascha ihm (ebenfalls tapfer) erklärte, dass er aus übergeordneten, ökologischen Gründen beim Handrasenmäher bleibe, so knuffig und nett die Aufsitzrasenmäher auch seien. Schnappauf führte ihn nun tatsächlich in die hinterste Ecke der Halle, wo sich, halb versteckt, ein Regal mit Handrasenmähgeräten befand.

Sascha verließ den Markt mit einem guten Gefühl.

Auch wenn es auf dem Parkplatz nicht leicht war, alle Einkäufe in den Kofferraum zu bekommen. Zumindest nicht ordentlich. Er hasste es, wenn sich das Rollo der Kofferraumabdeckung nicht schließen ließ. Vor allem die Leiter wollte aber nicht darunterpassen. Dann fiel sie auch noch um, knallte gegen einen Abfalleimer und hatte einen frischen Kratzer oben am rechten Holm.

Sascha hasste auch so etwas. Am liebsten hätte er die Leiter sofort zurückgegeben. Aber er zwang sich, genau das nicht zu tun. Nicht dass man dachte, auch er habe ein Leitertransportproblem.

Zur Belohnung passierte ein kleines Wunder: Auf einmal hatte er doch alles im Auto – und die Abdeckung ging trotzdem zu.

Anna

Draußen raschelte es. Dann knarrte die Tür.

Anna fuhr herum.

Lisa! Sie hatte die Augen zu schmalen Schlitzen verengt und bewegte sich langsam auf sie zu.

»Das ist MEIN Platz!«, zischte sie.

Anna fasste sich sofort. »Oh!«, höhnte sie zurück. »Reicht dir dein eigener nicht?«

»Das IST mein Platz!«

»Ich habe reserviert! Hier!«

»Ich auch!«

»Auf diesem Platz? In diesem Wagen?«

»Auf diesem Platz. In diesem Wagen!«

»Mir reicht's. Ich hole den Schaffner!«

»Haha! Der kommt doch nie!«

»Hm. Stimmt!«

Spätestens an dieser Stelle konnten sie beide regelmäßig nicht mehr und fielen sich lachend um den Hals. So auch jetzt.

Vorsichtig allerdings. Ihre alte Freundin Lisa, die jetzt gleich nebenan lebte, trug nämlich ein schickes dunkles Kostüm und in jeder Hand ein volles Glas mit etwas, das aussah wie Aperol Paloma.

»Du hast dich wirklich fein gemacht für mich!« Anna strahlte sie an.

»Nicht wegen dir!« Lisa setzte ihr XXL-Lachen auf, mit dem sie früher bei jeder Party sehr viel Aufmerksamkeit bekommen hatte.

»Zwanzig Jahre«, sagte Anna.

»Einundzwanzig schon!«

So lange war es her, dass sie sich im Zug nach Berlin zum ersten Mal getroffen und angezickt hatten, genau wie eben, bis sie beide schon damals lachen mussten. Danach sahen sie sich im Hörsaal wieder, Proseminar 2 Psychologie. Und ab da waren sie unzertrennlich. Kochten zusammen, lachten zusammen, lästerten zusammen, feierten zusammen. Zogen zusammen. Trösteten einander, als sie sich hintereinander in den Falschen verliebten. Stritten, um einander davon abzuhalten, sich wieder in den Falschen zu verlieben. Jede wusste fast immer, was die andere dachte, eine konnte die Sätze der anderen beenden. Obwohl Lisa sehr blond war und Anna dunkelhaarig, wurden sie öfter für Schwestern gehalten. Und jetzt waren sie wieder Nachbarinnen!

Lisa hob die Gläser. »Ich muss gleich zu einem Termin, aber ich dachte, wir könnten vorher fix noch mal auf euer Haus anstoßen. Du bist beim Planen?«

Anna nahm Lisa ein Glas ab und nickte. »Das hier wird mein Reich.«

Lisa trat einen Schritt zurück und sah sich um. »Mega. Diese schönen alten Backsteinwände. Was meinst du, wie toll da Up-down-Lights aussehen!«

»Habe ich auch schon gedacht!«

»Und dann brauchst du für die Hütte eine ordentliche Heizung. Es gibt ganz dünne Fußbodenheizungen … Strom gibt es hier, oder?«

Anna hob den Daumen.

»Und WLAN muss her.«

Sie hatte recht. Sascha hatte fürs Erste ein mobiles Hotspot-Gerät besorgt, das über das Mobilfunknetz lief. Aber das war hier leider erbärmlich schwach. Ordentlich surfen oder einen Film gucken konnten sie nur, wenn die Leute ringsum schliefen. Aber die blieben erstaunlich lange auf. Von wegen mit den Hühnern ins Bett gehen!

Lisa grinste.

»Es gibt gerade ein tolles Glasfaser-Angebot der Stadtwerke.«

»Woher weißt du das?«

Lisa pustete sich eine blonde Strähne aus der Stirn. »Oh, ich mache dafür die Kampagne.«

Beide lachten.

Nach dem Studium hatte Lisa ein paar Jahre in einer Schmerzpraxis gearbeitet, ehe sie in Richtung Marketing abgebogen war. Erst ging sie zu einer Agentur, dann machte sie sich selbstständig, und mittlerweile beriet sie recht erfolgreich eine Reihe von größeren und kleineren Firmen aus der Gegend. In Summe sei das viel mehr Geld für viel weniger Schmerz, scherzte sie immer.

Sie hob ihr Glas. »Weißt du noch, als wir da hinten standen, bei uns am Gartenzaun, und über das Grundstück hier redeten?«

Anna erinnerte sich. »Es war bei eurer Housewarming Party vor, warte ...«

»Vor fast genau acht Jahren!«

»Du hast von der alten Dame erzählt, die hier lebte. Die es sich mit allen Nachbarn verdorben hat.«

»Ja!« Lisa lachte. »Sie hat sich bei uns beschwert, unsere Bäume seien so hoch, dass sie den See nicht sehen könne. Dabei liegt der genau in der anderen Richtung!«

Beide kicherten und stießen wieder an.

Lisa sah Anna prüfend in die Augen.

»Mensch, wow, dass du mit Sascha immer noch zusammen bist – und jetzt habt ihr euch sogar ein Haus gekauft!«

Anna lächelte. »Warum nicht?«

»Na ja, ihr wart so verschieden. Du immer eher lässig – ich weiß noch, als du einmal dein Referat null vorbereitet hattest, null. Und du dann dem Mattes – und uns allen! – erzählt hast, du habest die Studien lange analysiert, für unbefriedigend befunden und wolltest hier der Öffentlichkeit ein paar Thesen vorstellen, über die es sich viel eher lohne, zu forschen …«

»Volle Punktzahl!«, lachte Anna. Professor Mattes war jemand gewesen, der eigene Gedanken gelten ließ. Er hatte Anna später auch gefragt, ob sie promovieren wolle.

»Ich hätte mich das nie getraut, ich wäre im Hörsaalboden versunken. Mensch, du und deine Sprüche!« Lisa leerte ihr halbes Glas auf einmal. Sie hatte immer noch einen guten Zug. »Du warst immer so selbstverständlich selbstbewusst. Manche Dinge waren dir auch komplett egal. Etwa, wie es bei uns in der Küche aussah.«

»Also hör mal! So schlimm war es auch nicht.«

»Komm, du konntest nach einer Party das schmutzige Geschirr völlig ungerührt tagelang stehen lassen.«

Das stimmte. Anna prostete Lisa zu. »Meistens hast du angefangen. Du warst disziplinierter.«

Lisa kicherte. »Außer Sascha hat bei uns übernachtet. Meister Propper in Person. Der startete schon mit dem Aufräumen, bevor der letzte Gast draußen war.«

So ähnlich war ihr Mann immer noch.

Anna fiel etwas ein. »Weißt du noch, als meine Eltern uns einmal besuchten und Sascha, kaum waren sie drin, er hatte sich noch nicht mal vorgestellt, Handfeger und Schaufel zückte und hinter ihnen her kehrte wie ein Wilder, weil sie mit ihren Schuhen etwas Sand reingebracht hatten?«

Lisa kicherte wieder. »Ich habe gedacht, er macht Spaß! Oder die Geschichte mit dem Heizungsableser, der morgens um acht kommen sollte …«, sie setzte sich schwungvoll auf die breite Fensterbank, »und Sascha hatte zum ersten Mal bei dir übernachtet und großzügig angeboten, er werde das erledigen. Also hat er sich den Wecker gestellt …«

»… auf sechs!«

»Nein! Auf halb sechs! Er hat sich todmüde hochgequält, sich geduscht, angezogen, gefrühstückt und danach abgespült und abgetrocknet, Liegestütz hat er auch noch gemacht – um dem Ableser für die zwanzig Sekunden, die er da sein würde, perfekt vorbereitet gegenüberzutreten!«

»Aber leider«, rief Anna, »kam der Ableser nicht!«

Beide bogen sich vor Lachen.

»Na gut«, rief Lisa, »daraufhin bist du Paartherapeutin geworden!«

Beide lachten noch mehr.

Anna leerte ihr Glas und dachte kurz nach.

»Heute ist es viel besser mit ihm. Steter Tropfen … Doch, Sascha war und ist genau der Richtige! Und wie ist es mit Moritz?«

Lisa wurde ernst. »Äh, Moment, ich muss schnell …« Sie zog ihr Smartphone, schaute aufs Display und tippte etwas.

Wo blieb Sascha eigentlich? Anna hatte ihn vorhin nicht erreicht. Er hatte nur schnell etwas aus dem Baumarkt holen wollen, das war vor vier Stunden gewesen. Saß er vielleicht längst im Arbeitszimmer und arbeitete wieder mal, er arbeitete zu viel. Wie sagte er immer: »nur ein paar schnelle Mails«?

»Ich muss los, leider!« Lisa stand auf.

Anna drückte ihrer Freundin ein Küsschen auf die Wange. »Wie toll, dass du damals angerufen hast!«

Vor drei Monaten war das gewesen, an einem Sonntagmorgen, sie saßen gerade beim Frühstück. »Hey, die alte Frau neben uns, du weißt schon, die will vermutlich ausziehen«, hatte Lisa atemlos geflüstert. »Ein Makler ist bei ihr, guckt sich alles an, macht Fotos, auf dem Auto steht eine Telefonnummer, willst du die ...?«

Natürlich wollte sie. Anna hatte schon lange nach einem finanzierbaren Haus im Grünen gesucht. Das hier war die Chance, die nie wieder kommen würde. Und: Es hatte geklappt!

»Jetzt muss ich los, meine Süße! Wie schön, dass du da bist, wie schön!« Lisa drückte Anna zwei Wangenküsschen auf, nahm ihr das leere Glas aus der Hand, klickerte auf ihren Stilettos zur Tür und trippelte auf Zehenspitzen über die Wiese, damit sie nicht stecken blieb.

Anna sah ihr durch das Fenster nach, bis sie hinter den Büschen verschwand. Diesem üppigen Grün, das hier überall war. Sie merkte, wie gut das ihrer Seele tat. Sie hatte Studien gelesen, die genau das bestätigten. Nur schade, dass schon andere diese Studien gemacht hatten.

Sascha

Sascha fuhr aufs Grundstück direkt vors Haus und hob den Mäher vom Rücksitz. Er hatte das Spitzenmodell genommen, mit einem Schneidewerk aus titangehärtetem Stahl, kugelgelagerter Spindel und vier Rädern für optimalen Lauf und perfekten Schnitt auf unebenen Böden. Ein Gerät, extrem leichtgängig und kraftsparend, eigens entwickelt für alle Rasenarten, alle Rasenhöhen und alle rasentechnischen Schwierigkeiten – zu hoch, zu niedrig, zu dünn, zu dick, zu krautig, mit Fremdkörpern, ohne Fremdkörper. Was hatte Schnappauf noch gesagt? »Dafür, dass es nur ein Handmäher ist, geht das Teil wie Butter.«

Sascha machte ein Foto von seiner Neuerwerbung, das er den Kollegen in der Firma bei nächster Gelegenheit zeigen konnte, legte das Sakko ab und schleppte erst mal die restlichen Geräte aus dem Auto ins Gartenhaus. Dann krempelte er die Hemdsärmel hoch und schob den Mäher los.

Bienen und Käfer flogen auf, Grashüpfer sprangen nach links und rechts, einmal sogar ein kleiner Frosch oder eine Kröte. Und das Mähen ging gut. Nicht ganz wie Butter, weil das Gras bereits recht hoch war oder weil Sascha sich erst einmal an die Tätigkeit des Mähens gewöhnen musste. Aber es ging.

Er mähte bis zum Tor und dann eine zweite Spur zurück zum Haus.

Dort merkte er erstaunt, wie heiß ihm war.

Gut, es waren über 20 Grad.

Nein, über 15, aber trotzdem.

Er zog sein Hemd aus. Darunter trug er sein Feinrippunterhemd. Er ließ es an, wie die Landarbeiter in den alten Filmen, und mähte weiter.

Nach der nächsten Bahn musste er am Tor eine kleine Pause einlegen, um kurz Luft zu holen.

Ab der übernächsten Bahn war er sehr dankbar über die neuen, extra gepolsterten Arbeitshandschuhe.

Nach drei weiteren Bahnen war erst ein verschwindend kleiner Teil des Gartens gemäht. Sascha dagegen war schon ziemlich außer Atem, und trotz der Handschuhe brannten seine Handflächen wie Feuer.

Außerdem war ihm etwas aufgefallen, das er bei einem solchen Topgerät nicht für möglich gehalten hatte: Was er abmähte, das blieb einfach auf dem Boden liegen. Der Handmäher hatte keinen Auffangsack für das Gras, nicht mal einen, der irgendwo versteckt war und sich entfalten ließ. Wahrscheinlich wäre das den Produktdesignern zu praktisch vorgekommen! Nur leider würden nicht sie, sondern Sascha all das gemähte Gras später extra noch mal zusammenrechen müssen (sofern er nicht Marie motivieren konnte, doch da machte er sich keine Hoffnungen). Davon hatte ihm sein neuer Freund Schnappauf nichts gesagt, auch auf den euphorisch getexteten Webseiten über die meditative Lust des ökologischen Handrasenmähens hatte er nichts dazu gelesen. Unnötige, doppelte Arbeit – Sascha mochte so etwas gar nicht.

Die nächste Bahn zog er grimmig in Rekordzeit durch. Obwohl die Grashüpfer (selbst schuld!) nach allen Seiten sprangen. Ihn eine Biene attackierte. Dann zwei Bienen, nein drei …!

Sascha ließ den Mäher stehen, warf die Handschuhe von sich

und spurtete im Zickzack zum Haus, um den Viechern zu entkommen und eine Trinkpause einzulegen.

Anna stand in der Küche vor einem großen Karton, den sie gerade auspackte, hielt einen Stapel mit Müslischüsseln in den Händen und starrte auf die lange Reihe ihrer neuen taupefarbenen Küchenoberschränke.

»Schön, dass du da bist«, sagte sie. »Weißt du zufällig, wo wir die ...?«

»Dritte Tür von rechts Mitte, unterstes Fach.«

»Oh! Was ist denn mit dir los?«

Sascha beruhigte sie, ihm sei nur etwas heiß. Und er habe Durst. Anna sah ihm zu, als er ein Glas unter dem Hahn mit kaltem Wasser füllte und kaum schaffte, es zum Mund zu heben, so sehr zitterte seine rechte Hand.

Ihre Augen waren auf einmal weit aufgerissen. »Ist dir nicht gut?«

Sascha fiel ein, dass er vergessen hatte zu erwähnen, dass er gerade den Rasen mähte. Mit dem brandneuen Hightech-Rasenmäher. Er holte das schnell nach.

Annas Mund zog sich langsam in die Breite, dann begann sie erleichtert zu kichern. Und strich ihm mit der Hand über die wild vibrierenden Schultermuskeln.

»Das, mon Chérie, war wohl das ungewohnte Work-out!«

Sie gab ihm einen Kuss und nahm seine Hände. Er zuckte zusammen.

»Oh! Böse Blasen. Du bist das nicht gewöhnt ...«

Sie legte ihm Pflaster an. Er sah damit aus wie ein Kleinkind, das mit dem Fahrrad gestürzt ist.

Sascha beschloss, morgen weiterzumähen. Nein, morgen war Sonntag, also übermorgen. Obwohl – so ein leiser Handrasenmäher, war der nicht auch an Feiertagen erlaubt?

Aber es gab auch genug anderes zu tun. Zum Beispiel …

Sascha erstarrte. Die Leiter. Die neue Teleskopleiter! Fast so teuer wie der Handrasenmäher! Sie stand noch dort. Auf dem Baumarktparkplatz.

Fuck!

An dem großen Blumenkübel, wo er sie beim letzten verzweifelten Aus- und Einräumen deponiert hatte, um sie später unterzubringen. Fuck, Fuck!

»Wo willst du hin?«, rief Anna. »Willst du dich nicht wenigstens umziehen?«

Als Sascha aus dem Tor bretterte, sprang ein älterer Mann mit olivgrüner Kappe und olivgrüner Multitaschenweste zur Seite.

Die Leiter stand zum Glück noch dort. Auf dem jetzt nach Ladenschluss ansonsten völlig leeren Parkplatz.

Sascha wollte sie gerade ins Auto laden, da tauchten zwei dunkelblau gekleidete Sicherheitsleute neben ihm auf.

»Guten Tag. Was tun Sie da?«

»Wonach sieht es denn aus?« Sascha vermied Blickkontakt und legte die Rückbank um. »Ich habe eine Leiter gekauft, die ich jetzt ins Auto lade.«

»Können Sie das beweisen?«

Der massigere der zwei, ein blonder Hüne, war locker so groß wie Sascha und dreimal breiter.

Und, nein, er konnte nichts beweisen. Der Kassenzettel war noch im Portemonnaie. Das steckte in seinem Sakko. Und das wiederum hing an einem Nagel auf der Terrasse seines neuen Hauses, 23 Kilometer entfernt.

Als der Begleiter des Massigen, er war kleiner und hatte ein vernarbtes Gesicht, nach der Leiter griff, die Sascha gerade ins Auto heben wollte, versuchte er ihm die Situation zu erklären.

Die Typen sahen ihn von oben bis unten an.

Auf einmal wurde Sascha sich bewusst, dass er ein ziemlich schräges Bild abgeben musste in seinem verschwitzten Feinrippunterhemd, mit den verpflasterten Händen und den zitternden Armen.

Möglicherweise spielte es jetzt auch eine Rolle, dass Saschas Hautfarbe nicht so war wie die der meisten Leute hier. Sondern leicht bronzefarben, wie nach einem Strandurlaub in Südfrankreich. Wo sein Vater herkam, von dem er auch den schwarzen Haarschopf hatte.

Als Sascha also sagte, er müsse jetzt die Leiter mitnehmen, aber er könne den Baumarktschützern später per Mail oder SMS ein Foto der Kaufquittung schicken, prustete der Kleinere los. Und fing dann an, ihn zu duzen und in sehr kurzen Sätzen mit ihm zu reden. Essenz: Er solle die Leiter loslassen. Und verschwinden. »Dahin, wo du hergekommen bist. Afghanistan, Syrien, egal. Kapiert?«

Sascha blieb beim »Sie«, verwahrte sich dagegen und kündigte den beiden gewaltigen Ärger an.

Der Hüne versuchte, seinen Kollegen zu bremsen, aber der war nun so in Fahrt, dass er Sascha anbot, ihm das Gesicht zu verschönern, wenn er nicht kooperiere. (Nein, Gesicht sagte er nicht und verschönern auch nicht.)

Sascha griff nach seinem Handy, um die Polizei anzurufen, ersatzweise den Chef des Baumarktes, aber auch sein Handy war in seinem Sakko. Und als er die beiden Wachschützer bat, ihm mit einem ihrer Handys auszuhelfen, es sei doch sicher auch in ihrem Interesse, den Sachverhalt aufzuklären, sahen die zwei sich fassungslos an.

Dann griff der Narbige sich mit einer Hand an den Gürtel, wo ein Elektroschocker hing.

Also ließ Sascha die Leiter los, so abrupt, dass der Narbige mit ihr nach hinten fiel, sprang ins Auto und fuhr wieder und das sehr schnell.

Die zwei rannten noch ein Stück hinter ihm her und versuchten, erst die Fahrertür, dann die Heckklappe aufzureißen. Sie würden am Montag ihren letzten Arbeitstag haben. Und so viel war sicher: Sie würden noch lange an ihn denken.

Anna

»Ach, Mami«, sagte Anna. »Lass mich, ich weiß schon genau, wo ich welche Blume pflanze!«

»Ach, ja?« Ihre Mutter lachte ihr auf dem Display entgegen und strich sich eine graue Strähne hinter das Ohr. »Weißt du, Kind, es kommt darauf an, wie das Licht ist. Ob es ein sonniger Standort ist oder ein halbschattiger. Wobei halbschattig, das wissen viele nicht, heißt, dass Sonne trotzdem dorthin kommen sollte, zumindest eine bestimme Anzahl von Stunden …« Sie wedelte mit ein paar eng beschriebenen Blättern. »Guck mal, Gartentipps aus meinem Archiv, habe ich für dich ausgedruckt.«

»Maaaamiiii ….« Sie spürte, wie sie ungeduldig wurde. »Ich möchte Fingerhut in allen Farben, Akelei und Freesien – und zwar genau hier!« Anna drehte ihr Smartphone so, dass ihre Mutter die Stelle sehen konnte.

»Fingerhut, Kind, das ist Digitalis, das giftige Zeug! Was ist, wenn Marie …«

»Marie ist kein Kleinkind mehr, das alles in den Mund steckt.«

»Aber sicher ist sicher. Du weißt nie, ob …«

Anna hörte sie nicht mehr. Blöder Empfang.

Dann war ihre Mutter wieder da.

»Anna, also ich würde mir das an deiner Stelle wirklich noch mal gut überlegen …«

Anna lachte leicht genervt. »Wer weiß, wozu man ein giftiges Kraut eines Tages noch gebrauchen kann!«

Ihre Mutter erstarrte kurz.

Anna lachte. »Mami, das war Spaß, nein, Fingerhut ist einfach nur schön!«

Ihre Mutter blies die Backen auf.

»Meine Liebe, ich pflege seit 40 Jahren unseren Garten. Der ist zwar winzig im Vergleich zu eurem – aber ich habe so meine Erfah…«

»Mami? Hallo? Ich kann dich nicht hören! Haaaaalllll-looooo …«

»Anna? Ich höre dich sehr gut!«

»ICH KANN DICH NICHT HÖREN!«

»Anna?«

»Ich muss auflegen! Ich ru-fe spä-ter wie-der a-a-a-an!«

»Jetzt tu doch nicht so, als sei die Verbindung schlecht, nur weil du … Anna?«

Es knirschte auf dem Feldweg vor ihrem Tor. Sascha war wieder da, und wenn er nicht im letzten Moment sehr heftig gebremst hätte, wäre er mit dem Auto glatt in ihr Tor gefahren. Er öffnete es, fuhr bis zum Haus, stieg aus, winkte Anna kurz zu, sehr kurz, und ging nach drinnen. Dass er das Tor einfach offen ließ, das war ungewöhnlich für ihn.

Sascha

Er hatte das dringende Bedürfnis, sich erst mal zu sortieren. In seinem neuen Arbeitszimmer.

Auf dem Weg dorthin stolperte er gleich zweimal. Erst über Maries Gummistiefel an der dunkelsten Stelle des Hausflurs. Und dann über ein klitschnasses, zusammengeknülltes Duschhandtuch unmittelbar vor der Türschwelle. Keine Frage, woher das kam: Erst vor zwei Tagen hatte Marie ein Handtuch nass auf dem Wohnzimmersofa liegen lassen. Zur hellen Freude all jener, die (wie Sascha) in die Polster sanken und dann schreiend wieder hochfuhren.

Anna verteidigte ihre Tochter immer, wenn so etwas vorkam: Das sei halt die Pubertät, das Gehirn werde komplett umgebaut und quasi von Grund auf neu verdrahtet. Wieso dabei nasse Handtücher herumliegen mussten, verstand Sascha allerdings nicht. Seine Theorie war eher, dass da ein Programm aus Jäger- und Sammlerzeiten ablief, das dafür sorgen sollte, dass die Eltern ihre Kinder aus der Höhle jagten, bevor alle mit Keulen aufeinander losgingen und das Überleben ihrer Art gefährdeten.

Auch deshalb atmete Sascha jedes Mal auf, wenn er in seinem neuen Arbeitszimmer war. Dem einzigen Raum im Haus, in dem kein Umzugschaos mehr herrschte.

Sascha setzte sich auf seinen neuen Schreibtischstuhl. Vor ihm, mittig am Fenster, stand der Arbeitstisch. Links und rechts davon befand sich jeweils ein Regal mit Büchern. Die Bücher waren nach Farbe und Größe geordnet, und links wie rechts stand auf jedem Regalbrett die gleiche Zahl an gleichfarbigen Büchern. Das wirkte sehr cool und zugleich erstaunlich harmonisch.

Anna hatte gerufen, er sei verrückt. Aber hey, es war sein Zimmer.

Sascha lehnte sich zurück. Und, das machte er immer, richtete die drei Stifte, die auf der sonst völlig leeren Tischplatte lagen, ein Bleistift, ein Kugelschreiber und ein Radiertintenstift, parallel zur Tischkante aus.

So, dass sie genau parallel zum Fensterbrett lagen.

Genau parallel zum Fensterrahmen.

Und genau parallel zu den Querstreben des Fensters.

Aber etwas passte nicht.

Draußen. Vor dem Fenster.

Der Ast!

Er war ein ganzes Stück weiter weg, aber trotzdem störte er alles. Denn er verlief nicht parallel zu den Querstreben des Fensters von links nach rechts. Oder, das wäre ja auch noch okay gewesen, von rechts nach links.

Nein, er verlief leicht schräg.

Also: schief!

Einerseits war das manchmal so, draußen in der Natur.

Andererseits fand Sascha, ging das vor seinem Homeoffice gar nicht.

Als Nächstes fiel ihm ein, dass Schnappauf, dieser Verkäufer, beim Zusammenstellen der Gartengeräte für ihn etwas Wichtiges vergessen hatte: eine Säge.

Seufzend stand Sascha auf.

»Ich muss nur schnell etwas erledigen«, sagte er zu Anna, die ihm im Flur entgegenkam.

Er ging in die Küche, zog das große Brotmesser aus der Schublade (sie musste dringend ausgesaugt werden, es waren schon wieder Krümel darin) und ging nach draußen.

Anna

»Kannscht du d' Leiter fescht halt'n?«, nuschelte Sascha über ihr.

»Ich HALTE die Leiter fest!«

Sie hatten die Leiter schnell bei Lisa und Moritz geholt. Eine Säge hatte Sascha sich nicht auch noch leihen wollen, ihm war das mit der Leiter schon peinlich genug. Am liebsten hätte er auch darauf verzichtet. Stattdessen hatte er allen Ernstes vorgeschlagen, den Küchentisch auf die Wiese zu schleppen, einen Stuhl daraufzustellen auf diesen einen umgekehrten Eimer und obendrauf ein paar dicke Bücher. Um dann auf all das zu klettern und zu sägen – und das, obwohl er wahnsinnige Höhenangst hatte.

Anna glaubte, dass er irgendwie doch erleichtert war, als sie sagte, er sei verrückt.

Als sie bei den Nachbarn klopften, chauffierte Moritz Ida gerade von der Reitstunde zwei Orte weiter zu einem Mädchengeburtstag vier Orte weiter, und Lisa war auf dem Sprung in den Segelclub, aufgebrezelt mit einem sehr engen, bretonischen Matrosenshirt und einer weißen Jacke mit Goldknöpfen. Nicht dass sie jetzt segle, sie müsse beruflich hin.

Als Sascha mit geschulterter Leiter vorgegangen war, machte Lisa eine Kopfbewegung in Richtung seines Unterhemds.

»Echt existenzieller Vintage-Look. Warum zittern seine Arme so?«

»Vom Rasenmähen.« Anna zog eine Grimasse. »Er wollte unbedingt einen Mäher ohne Motor.«

»OHNE MOTOR?«

»Ohne Motor. Der Umwelt wegen.«

»Aha … Und – hm, die Pflaster?«

»Auch der Umwelt wegen.«

»Und der Ast?«

»Du weißt genau, warum …!« Anna hoffte, dass diese Aktion die erste und letzte dieser Art sein würde.

Lisa sah sie mitfühlend an, drückte Anna an sich, machte eine kleine Grimasse und raunte: »Viel Glück mit ihm da oben!« Dann sprang sie in ihren Mini und heizte davon.

So gut Lisa Saschas Höhenangst kannte, Anna war es ganz lieb, dass ihre Freundin die Details nicht mitbekam. Wie Sascha sich auf der Leiter Zentimeter für Zentimeter emporschob wie ein Freeclimber ohne Seil in einer Tausendmeterwand, beide Holme umklammernd, das Messer zwischen den Zähnen, krampfhaft bemüht, bloß nicht nach unten zu sehen. Wie er, endlich in der wahrlich schwindelerregenden Arbeitshöhe von circa 3,80 Metern angekommen – sie konnte seine Füße noch berühren –, den besagten Ast mit einem Arm umschlang wie ein Ertrinkender – na gut, wenn ihm das half. Und mit der anderen Hand begann, ebendiesen Ast abzusägen. Den Ast, an dem er sich festhielt: Erstaunlich, dass seine Höhenangst das zuließ.

Annas Job war rein pseudopsychologischer Natur: die Leiter festzuhalten, die auch so stehen geblieben wäre. Ihr nächster Job, davon wusste Sascha noch nichts, würde es sein, ihn dazu zu bringen, den Ast loszulassen, bevor er ihn so weit durchgesägt hatte, dass ihr übernächster Job darin bestünde, den Notarzt zu rufen, denn wer sich in gefährlich großer Höhe wähnt, neigt dazu, entsprechend gefährlich zu fallen. Der Notarzt wiederum würde wesentlich länger brauchen als der in der Stadt. Unter Umständen müsste also sie, das wäre dann Job vier, ihren wimmernden Zweimetermann per Rettungsgriff in das Auto hieven und über unbekannte, kurvige und für das Auto viel zu schmale Landstraßen in die nächste Klinik rasen, die wer weiß wo lag. Sie konnte ja schon mal nachsehen …

»Nicht wackeln!«, rief Sascha von oben.

Rrrr, rrrr, rrrr, rrrr machte das Messer. Späne rieselten in Annas Gesicht. Kaum vorzustellen, dass Sascha es geschafft hatte, sich eine ganze Autoladung voll Gartenzeug aufquatschen zu lassen, ohne dass eine Säge oder Leiter dabei war.

Sie sah hoch. Allmählich wurde es Zeit für Job Nummer zwei.

»Musst du dich eigentlich immer noch am Ast festhalten?«

»Wieso?«

»Na ja, wenn du dich weiter festhältst, fällst du zusammen mit dem Ast runter.«

»Was?« Sascha intensivierte die Sägegeschwindigkeit, der Ast war schon mindestens halb durch, ohne dass er aufhörte, ihn zu umklammern. Außerdem waren seine Augen fast geschlossen.

So ähnlich hatte sie ihn auch kennen gelernt, vor vielen Jahren auf der Aussichtsplattform im zweiten Stock des Eiffelturms. Der an dem Tag dermaßen im Wind schwankte, dass sich dort oben zwei Fremde ziemlich geduckt begegneten: Eine kam von links, der andere von rechts, beide schoben sich sehr eng am Stahlkorpus in der Mitte entlang, so weit weg wie möglich vom Geländer, hinter dem die furchtbaren Abgründe von Paris lauerten. Dann standen sie voreinander. Keiner kam am anderen vorbei, keiner traute sich nach außen Richtung Geländer auszuweichen.

Also hatten sie angefangen, beiläufig zu reden, als sei nichts. Anna war für ein Studiensemester hier (sie beschäftigte sich mit Jacques Lacans Theorien über das männliche und weibliche Genießen), Sascha war mit ein paar Freunden auf Frankreich-Tour. Beide hatten unbedingt Paris von oben sehen wollen, und keiner von ihnen hatte einen Gedanken daran verschwendet, dass dieser Wunsch bei ihrer Disposition zur Höhenangst gewisse Risiken barg.

Was mit dem jeweils anderen los war, das merkten sie beide recht schnell.

»So werden wir wohl nie wieder runterkommen«, sagte Anna nach ein paar ungeschickt-unauffälligen Ausweichversuchen in zitterndem Französisch.

»Keine Sorge«, erwiderte Sascha, ebenfalls auf Französisch, »es heißt schließlich nicht: Paris sehen und sterben.«

Beide mussten lachen. Irgendwann führte sie jemand vom Personal zum Fahrstuhl. Nach dieser Grenzerfahrung mussten sie in der nächsten Brasserie erst mal etwas trinken und sich besser kennenlernen.

Es dauerte Jahre, bis Anna erfuhr, dass der Eiffelturm selbst bei starkem Sturm nur minimal schwankt. Daraufhin vermutete sie wieder einige Jahre lang, Sascha habe ihr seine Höhenangst nur vorgespielt, um sie kennenzulernen. Aber nach diversen weiteren Höhenvorfällen mit Sascha zerschlug sich dieser Verdacht: Ihr Mann war in puncto Höhenangst ein hysterisches Huhn.

Anna schielte wieder nach oben zum Ast. Bekam ein paar Späne ins Gesicht und ließ die Leiter mit einer Hand kurz los, um sich die Augen auszuwischen.

»Hey!«, rief es von oben, »was ist mit dir?«

»Nichts, alles in Ordnung!« Anna packte wieder zu.

Doch Sascha hatte schon nach unten gesehen.

Sein Gesicht verzerrte sich.

Anna brauchte einen Moment, um zu begreifen, dass es nicht an der Höhe lag.

Er starrte auf etwas neben Annas Füßen. »O nein. Was ist das?« Seine Stimme klang ungefähr so wie die eines Protagonisten aus *Jurassic Park* angesichts eines aus den Büschen tretenden Tyrannosaurus Rex.

Sascha

Es wäre wirklich kein Ding gewesen, schnell alleine auf die Leiter zu steigen und den Ast zu kürzen. Aber Anna bestand darauf, sie »sicherheitshalber« festzuhalten, während er nach oben stieg. Alles Psychologie: Anna litt ziemlich unter Höhenangst und ging fest davon aus, dass das bei ihm genauso war. Na gut, in extremen Situationen wurde ihm tatsächlich ein bisschen schummrig, aber drei, vier Meter Höhe wie hier waren ohnehin kein Thema. Allein wenn er daran dachte, wie er Anna bei ihrem allerersten Treffen, ganz oben auf dem im Sturm hin und her schwankenden Eiffelturm, zum rettenden Fahrstuhl geführt hatte!

Das Einzige, was aktuell eine schnelle, pragmatische Lösung des Astproblems hinauszögerte, war, dass er keine scharfe Säge in der Hand hielt, sondern ein stumpfes Brotmesser. Obendrein zitterten seine Oberarmmuskeln immer noch etwas vom Mähen, und seine Handflächen fühlten sich trotz der Pflaster so an, als bestünden sie aus rohem Fleisch (was vermutlich auch stimmte). Aber insgesamt war er auf einem wirklich sehr guten Weg.

Bis Anna die Leiter losließ, weil sie über irgendetwas stolperte. Und fast hingefallen wäre.

»Hey!«, hörte Sascha sich rufen, »was ist mit dir?«

»Nichts, alles in Ordnung!« Anna packte die Leiter wieder.

Dann sah Sascha, worüber sie fast gefallen war.

Anna

Anna folgte mit den Augen Saschas Blick. Da war nichts.

Doch. Da. Ein kleiner Hügel.

Aus frischer dunkler Erde.

»Du bist eben da drübergestolpert!«

»Nein! Ich bin nicht gestolpert. Ich bin nur so …«

Weiter kam sie nicht, denn Sascha schien urplötzlich klar zu werden, in welch riskanter Höhe er sich befand. Er ächzte auf, ließ das Messer fallen, das sie glücklicherweise verfehlte, und klammerte sich so heftig an die Leiter, als sei unter ihm ein Becken voll hungriger Haie.

Anna packte Saschas Beine und zog ihn zurück auf den sicheren Boden.

Er starrte auf den Haufen. »Wo kommt der auf einmal her?«

Die Antwort hätte er sich selbst geben können. Wer arbeitete denn hier im Umweltbereich?! Stattdessen, vielleicht war es der Höhenschock, fing er allen Ernstes an, ihre Tochter zu verdächtigen. Ob es sein könne, dass Marie, nach all den Kleiderhaufen im Haus, jetzt hier einen Erdhaufen …?

Anna sah ihren Mann fassungslos an. Bitte, Herr Sustainability-Manager! Niemand hatte diesen Haufen hierhin gekippt. Er kam von unten. Aus der Erde. Aufgeworfen von einem Tier.

Einem Maulwurf!

War das nicht toll?!

»Wir haben einen Maulwurf! Habe ich es dir nicht gleich gesagt?! Das hier ist ein richtiges Paradies! Denn wo es Maulwürfe gibt, ist die Natur noch in Ordnung.« Anna strahlte Sascha an.

Ihr fiel auf, dass Sascha ein bisschen brauchte, bis er lächelte und nickte. Das kam sicher von der Höhenangst.

Sascha

Okay. Ein Maulwurf.

Okay. Das war doch prima.

Wie schön.

Na gut.

Anna hatte natürlich recht, das Tier war ein Umweltindikator erster Güte. Der Maulwurf konnte ja nichts dafür, dass er seinen Haufen gut sichtbar ausgerechnet neben ihr Haus gesetzt hatte. Statt weiter hinten in den Garten. Oder hinter die Brombeersträucher. Oder direkt in die Hecke, so wie er, Sascha, das an seiner Stelle getan hätte.

Aber wer weiß, vielleicht war es dem Tier sehr dringend gewesen mit dem Hügelchen. War der sozusagen eine Art Pop-up-Panic-Room …

Und was war schon so ein kleiner Höcker im Garten, wenn man dafür einen Maulwurf hatte! Ein Tierchen, das strengstens unter Naturschutz stand. Weil es so nützlich war. Und so selten wahrscheinlich auch.

Sascha machte ein Foto des Haufens, um es in der Firma zeigen zu können.

Und er trat gerade noch rechtzeitig zur Seite, bevor der Ast, an dem er gesägt hatte, mit lautem Krachen nach unten donnerte und ihn (und Anna und den Haufen) nur knapp verfehlte.

Anna

Ein Schrei!

Anna schlug die Augen auf. Von draußen strahlte gerade schon die Sonne durch das vorhanglose Fenster, der Himmel über den Bäumen war strahlend blau. Die Vögel gaben sich Mühe, ihre Konzerte der vergangenen Tage zu toppen. Irgendwo krähte ein Hahn. In der Ferne muhte eine Kuh.

Wie toll war das denn! Ein Hahn und eine Kuh statt Gehupe, Gedröhne, Radfahrergebrüll – also, wenn ihr das einer vor ein paar Monaten erzählt hätte!

Ansonsten war es ruhig. Herrlich ruhig.

Nein. Da war es wieder: ein Schrei!

Marie!!!

Anna stemmte sich aus dem Bett. Sascha wälzte sich auf die andere Seite. Anna griff die große Taschenlampe, die neben dem Bett stand und sich bei Bedarf auch als Totschläger eignete. Sie rannte in den Flur, lief über die knarrenden Dielen zu Maries Zimmer und riss die Tür kampfbereit auf.

»Mama, gut, dass du da bist!« Marie stand aufrecht im Bett.

Sie war unversehrt, Gott sei Dank! Aber sie starrte in die Zimmerecke.

Anna dachte an Einbrecher, Marder, Schlangen, Ratten, Mäuse, in dieser Reihenfolge.

Die Taschenlampe wie eine Keule schwingend, trat sie auf die Ecke zu.

Aber die war leer. Bis auf einen zerknüllten Socken von Marie.

Mit klopfendem Herzen sah Anna nach links, nach rechts, unters Bett. Nichts.

»Mama! ÜBER dir!«

Annas Blick schoss zur Decke.

Das konnte nicht wahr sein! Ihre Tochter hatte nicht im Ernst wegen einer kleinen Spinne in einem winzigen Netz so markerschütternd geschrien?

»Kannst du sie bitte raussetzen? Bitte!!! Oder kann Papa? Irgendjemand? Hilfe!«

Pubertäre Hysterie hoch zehn. Anna seufzte ostentativ und nahm ein Taschentuch aus der Packung auf dem Fußboden. Marie wechselte sofort die Perspektive und wurde vom zitternden Opfer zur engagierten Artenschützerin.

»VORSICHT! Nicht zerquetschen! Nicht töten! Dazu hast du kein Recht!«

Anna verkniff sich die Frage, warum Marie die Beförderung des auf einmal so sympathischen Tierchens denn nicht selbst übernahm. Sie stieg aufs Bett, streckte sich zur Decke, schnappte die Spinne behutsam mit der bloßen Hand, öffnete das Fenster, bugsierte sie nach draußen, winkte ihr nach, schloss das Fenster, deutete ihrer Tochter gegenüber eine Verbeugung an, marschierte zurück ins Schlafzimmer zu ihrem Bett und ließ sich hineinfallen – nein, bloß nicht –, glitt leise in die Laken, um Sascha ja nicht zu wecken.

Wie konnte es sein, dass Marie behauptete, die Umwelt zu lieben, dass sie gegen den Klimawandel kämpfte – und dann solche Angst vor Krabbeltieren hatte?

Anna schloss die Augen.

Aber ans Wiedereinschlafen war nicht zu denken. Ohne Vorhänge, sie gehörten dringend auf die Einkaufsliste, war es schon viel zu hell. Der Hahn wurde lauter. Irgendwo begann eine Kirchenglocke zu läuten. Ein Motorrad knatterte auf dem Feldweg vorbei. Ein Hund fing an zu bellen und hörte nicht mehr auf.

War das Kaventsmann von nebenan? Anna mochte sich ungern vorstellen, dass ausgerechnet der Hund ihrer Freunde so skrupellos war, sie um den Schlaf zu bringen. Aber ausgeschlossen war es nicht.

Sie stand vorsichtig auf und sah aus dem Fenster. Sie sah keinen Hund, nur einen älteren Mann mit grüner Kappe und grüner Weste, der langsam auf dem Fahrweg vorbeiging.

Sie legte sich wieder hin.

Sascha murmelte etwas, warf sich auf die andere Seite und wieder zurück.

Anna lag stocksteif da und simulierte tiefes Atmen, um Saschas inneres Kind zu beruhigen. Und auch ihres. Wenn sie schon nicht mehr richtig schlafen konnte, wollte sie wenigstens noch etwas liegen bleiben. Bevor Sascha aufwachte und, wie leider zu oft, in gut gemeinten, aber furchtbar stressigen Aktivismus verfiel.

Verflixt noch mal, der Hund bellte immer weiter.

Sascha murmelte wieder etwas.

Endlich hielt der Hund seine Schnauze.

Auch der blöde Hahn war ruhig.

Ob es da einen Zusammenhang gab? Erst der Hahn, dann der Hund. Oder erst der Hund, dann der Hahn? Ärgerten sich die beiden Tiere – oder kommunizierten sie miteinander? Und wenn ja: worüber?

Anna merkte wohlig, dass sie dabei war, doch noch ein bisschen wegzudämmern.

Und dann, ausgerechnet dann, dröhnte es los!

Massive Attack, »Unfinished Sympathie«. Saschas Handywecker! Das konnte nicht wahr sein!

Ihr Mann schlug die Augen auf, setzte sich, gab ihr einen flüchtigen Kuss, schwang sich aus dem Bett wie ein Feuerwehrmann in Bereitschaft und verschwand in Richtung Bad. Alles in gefühlten oder auch realen drei Sekunden. Und es sah schon sehr danach aus, dass Sascha es heute wieder völlig übertreiben würde.

Anna zwang sich, entspannt zu atmen. Vier Sekunden ein bis tief in den Bauch, sechs Sekunden aus. Vier Sekunden ein bis tief in den Bauch, sechs Sekunden aus. Es war ihr erster richtiger Sonntag im neuen Heim. Sie hatten gestern besprochen, dass sie ausschlafen, dann in Ruhe frühstücken und dann später und gemütlich – wiederhole: gemütlich – gemeinsam die Kleiderschränke einräumen würden.

Sascha dagegen kam aus dem Bad und erklärte, sie müssten spätestens um neun Uhr beim Frühstück sitzen, um heute genug zu schaffen. Er hatte auch schon den weiteren Zeitplan definiert:

10 Uhr bis 11:30 Uhr Einräumen der Kleiderschränke.

11:30 Uhr bis 13:00 Uhr Einräumen des Bücherregals im Wohnzimmer.

13 Uhr bis 13:30 Uhr Mittagsimbiss.

14 Uhr bis 15 Uhr Einräumen der restlichen Küchengegenstände.

Ab 15 Uhr freies Putzen.

16 Uhr Besprechung über das weitere Vorgehen.

Das sei doch in Ordnung?

»Natürlich«, sagte Anna. »Du hast aber den wichtigsten Punkt vergessen: 16.30 Uhr bis 21:27 Uhr: neu streichen der Fassade.«

Er sah sie verblüfft an. »Haben wir denn Farbe? Und wieso nur bis 21:27 Uhr?«

»Das war Spaß! Aber dein Plan ist auch nicht ernst gemeint, oder? Das ist eine Agenda für einen Werktag im Job, nicht für einen Sonntag mit der Familie!« Irgendwie schaffte es Anna, ihren Mann so einzufangen, dass der den Punkt Bücherregal fallen ließ und sogar über eine Runde Cricket im Garten nachdenken wollte. Was Marie sicher netter finden würde als Saschas sweatshopmäßigen Stundenplan.

Ihre Tochter war auch schon auf und sauste in der Küche herum. Mit 16 war sie bereits einen halben Kopf größer als Anna, auch da kam sie nach Sascha, das dunkle lockige Haar (von ihr) hatte sie zum Pferdeschwanz gebunden, ihre braunen Augen (von Sascha) waren noch müde Schlitze.

Aber sie belud das große Tablett krachend und klirrend mit Geschirr und Besteck, denn sie wollte draußen frühstücken, unbedingt. »Kommt schon, random, das haben wir noch nie gemacht!« Da es noch keine Terrassenmöbel gab – die standen auf Annas Einkaufsliste –, trugen Sascha und sie den Tisch und drei Stühle aus der Küche auf die Holzterrasse. Anna war gestern in dem niedlichen, kleinen, erstaunlich teuren Laden im Ort gewesen und hatte bei der neugierigen Verkäuferin – »Sind Sie hier zu Besuch? Auf der Durchreise?« – eingekauft: Wurst, Käse, Marmelade, Butter, Sekt statt Crémant und eine »Landbrötchenmischung« zum Aufbacken.

Und dann saßen sie also da. Zum ersten Mal auf ihrer Terrasse, alle noch im Schlafanzug, denn wer sollte sie hier schon groß sehen, und selbst der sonst so beherrschte Sascha hatte ein glückseliges Lächeln im Gesicht. Sie stießen mit dem Sekt an, Marie mit Wasser, sie schauten fasziniert in das ungeheuer viele Grün um sie herum. Dieser Moment, dieser Tag, er war wie im Urlaub, nur, dass sie von jetzt an immer in diesem Urlaub sein würden.

Die Vögel jubilierten, in der Ferne war sogar ein Kuckuck zu hören; zwei Eichhörnchen sprangen in *ihrem* Garten von Baum zu Baum.

Marie versuchte, sie mit ihrem Smartphone zu fotografieren. Heute Morgen im Bett, vor der Entdeckung der Killerspinne, hatte sie nämlich einen Instagram-Account namens Nature live eingerichtet – ähnliche, korrektere Schreibweisen waren bereits vergeben –, und dieser Account musste gefüllt werden. Den gedeckten Frühstückstisch vor der liven Natur hatte sie schon aus allen möglichen Perspektiven geknipst, möglicherweise war Instagram auch der Grund, weshalb sie draußen hatte frühstücken wollen. Und Anna war heilfroh, dass ihre Tochter sich nach dem Spinnenvorfall offenbar keine Gedanken machte, dass es im Garten auch alle möglichen Kriech- und Krabbeltiere gab. Vor Jahren hatte sie in ihrer Praxis einmal eine Spinnenphobikerin gehabt, die sich nicht mal mehr auf ihren Balkon traute, weil dort ja eine Spinne auf sie lauern *könnte*. Anna war heilfroh, dass es bei Marie nicht so schlimm war: Was wäre aus ihrem schönen neuen Leben auf dem Land geworden, wenn ihre Tochter sich gleich nach dem Einzug für die nächsten Jahre im Haus verbarrikadiert hätte?!

Außerdem war sie froh, dass Marie, die nur in Ausnahmefällen Fleisch aß, gar nicht auffiel, dass Anna statt veganer Wurst ausnahmsweise echte gekauft hatte. Sie habe von dem veganen Zeug schon gehört, hatte die Frau in dem Laden gesagt, »aber wir haben das nicht. Und mal ehrlich: Ist das vegane Zeug nicht auch ein bisschen ekelig?«

Sascha

Der Maulwurfshaufen von gestern war noch da. Natürlich war er noch da.

Wenn Sascha sich nicht irrte, war er allerdings größer geworden.

Deutlich größer sogar.

Das passte zu dem, was er gestern Abend im quälend langsamen Internet gelesen hatte: Maulwürfe schoben bei einem Haufen manchmal Erde von unten nach, ob mit Kopf, Schnäuzchen und Schultern oder mit dem Hinterteil, darüber stritten sich die Quellen. Sascha tippte darauf, dass so ein Maulwurf beides beherrschte, so wie er unter der Erde praktischerweise auch vor- und rückwärtslaufen konnte. Dass der Haufen an Volumen gewonnen hatte, war also völlig normal. Nur leider passte das nicht so gut in die Optik des Geländes. Der Haufen war nun deutlich höher als das Gras und von Weitem zu sehen. Und er war an einer sehr ungünstigen Stelle platziert, nämlich genau dort, wo sich Sascha, der auf dem Grundstück ein paar parkartige Wege anlegen und Büsche und Bäume nachpflanzen wollte, eine zentrale Sichtachse vorstellte.

Aber vielleicht ließ sich die ein Stück nach rechts verschieben, indem man die Reihe der Sträucher links davon mit einem weiteren Busch vor dem Haufen perspektivisch fortsetzte? Das war etwas Aufwand, aber der Kleine sollte sich ja bei ihnen wohlfühlen. Schließlich kümmerte er sich dafür, hatte Sascha auch gelesen, um ihren Garten. Vernichtete Schädlinge. Belüftete den Boden. Produzierte Gartenerde – und beschützte Pflanzen vor den fiesen Wühlmäusen: Wenn er eine traf, rang er sie einfach nieder, mit seinen bloßen, aber sehr starken Grabehänden.

»Mega!«, rief es neben Sascha. »Ich dachte, der ist viel größer!« Marie hatte ihr Smartphone schon in der Hand – nein: Sie hatte es immer in der Hand –, bückte sich und fotografierte den Hügel von allen Seiten und aus der Froschperspektive.

Dann suchte sie im Internet nach einem Maulwurfsfoto. »O Mann, dieses Scheiß-Netz! Papa, ihr müsst unbedingt Glasfaser bestellen … Endlich! Guck mal, wie kuschelig und süß der ist!«

»Ich weiß!«, sagte Sascha. Kurz sahen sie beide auf das Bild eines Maulwurfs mit schwarzem, kurzem Fell, der mit seinem rosa Schnäuzchen aus einem Haufen in Richtung Kamera sah. Und ganz kurz schlang Marie dabei einen Arm um Saschas Hals wie früher. Einer der wenigen Momente, in denen seine Tochter noch mal so kuschelig und süß war wie im Alter von sechs oder sieben, nein, acht oder neun, vielleicht auch zehn oder elf Jahren. Jedenfalls vor der Pubertät.

Anna

Kaum waren Sascha und Marie von ihrer Maulwurfsafari wieder da, ging nebenan hinter der Hecke das Geschrei los.

»Kaveeeentsmann!«, »Kaventsmaaaaaaahaaaann!« »Kavennnnnnnntsmann!«, das war Lisas Tochter Ida, wieder und wieder rief sie den Hund. Und mit jedem »Kaventsmann!« zuckte Anna zusammen. So sehr sie Hunde liebte: Der ihrer besten Freundin war renitent, stocktaub oder völlig doof – übrigens Lisas Worte, nicht ihre.

Und trotzdem wusste Anna ganz genau, was jetzt als Nächstes kommen würde. DAS Konfliktthema.

Tatsächlich: Marie setzte ihre feierliche Miene auf.

»Also: Wann holen wir uns jetzt den Hund?«

Ihre Tochter wünschte sich seit Jahren einen, wie ungefähr die Hälfte der Jugendlichen in ihrer Klasse. Die Eltern der anderen Hälfte waren entweder eingeknickt und hatten einen Hund angeschafft oder dermaßen zermürbt von den endlosen Hundedebatten, dass sie sich entweder längst getrennt hatten oder kurz davorstanden. Tiere als Konfliktherd in Beziehungen, das kannte Anna auch aus ihrer Arbeit. Aktuell hatte sie ein älteres Paar, bei dem der Mann seit Jahren auf dem Sofa schlafen musste, da in seinem Bett der Hund, eine Dogge, lag.

Im Privatleben war Anna das Thema Hund offiziell völlig egal.

Heimlich war sie sehr dafür. Auch sie hatte sich als Kind leidenschaftlich und vergeblich einen gewünscht.

Sascha war offiziell wie inoffiziell strikt gegen Hunde. Klar, seine Aversion gegen jede Form von Unordnung und Dreck. In den familiären Diskussionen hatte er bisher aber immer mit ihrer zu kleinen Wohnung argumentiert – und das, sagte Marie ihrem Vater nun feierlich ins Gesicht, stimme jetzt ja nicht mehr.

Sascha wand sich sichtlich, aber Marie ließ ihn nicht von der Angel.

Schließlich holte er tief Luft. Anna wusste genau, was jetzt kam.

»Ein Hund macht alles unordentlich und schmutzig, verliert Haare, beißt die Möbel kaputt und verwüstet den Garten«, sagte Sascha.

Fast hätte Anna gelacht über ihre hellseherischen Fähigkeiten.

Maries Blick verfinsterte sich, ihre Backen begannen zu glühen. Gleich würde sie wütend hochgehen, Zeit für eine intelligent-chaotische Intervention nach dem so unbekannten wie unterschätzten Malmedy-Frowein.

»Und wenn ihr jetzt anfangt, mich zu nerven, beim ersten gemütlichen Sonntagsfrühstück, beiße ICH ins Tischbein und pflüge den Rasen um!«, rief Anna.

Marie und Sascha sahen sie verblüfft an. Und fingen an zu lächeln.

Irgendeinen Vorteil musste es doch haben, dass sie die ganzen Fachbücher las.

Später, als sie mit ihrem Mann den Kleiderschrank im Schlafzimmer einräumte, war der klar im Vorteil: Im Nu hatte er seine Klamotten sortiert nach Größen und Farben in seinem Schrankteil untergebracht, Pullover, Shirts und Unterwäsche dermaßen exakt übereinander auf Kante gefaltet, dass Marie Kondo nur so gejubelt hätte. Natürlich, Sascha musste nicht über Kompromisshosen nachdenken wie Anna. Und er hatte auch kein Oberteil-Dilemma. Seine schlaksige Figur hatte mit Veranlagung zu tun, aber auch damit, dass er viel lief. Und dass er, wenn er ein Stück Schokolade essen wollte, es fertigbrachte, tatsächlich nur ein Stück zu essen.

Wenn Anna ein Stück Schokolade essen wollte, brachte sie es fertig, auch nur ein Stück zu essen. Und dann noch ein Stück. Und noch eins. Und noch mal eins … Bis alles weg war.

Als Psychologin kannte sie dagegen natürlich viele gute Tricks – die bei ihr als Privatesserin aber allesamt nicht funktionierten.

Nein, in Disziplin und im Maßhalten war Anna tatsächlich nicht besonders gut. Also bis jetzt. Von früher besaß sie noch ziemlich viele teure Outfits, die sich vom Stil her immer noch super tragen ließen. In einige passte sie an guten Tagen gerade noch rein. In die meisten aber nicht mehr.

Sascha sagte immer: Unsinn, sie habe dieselbe tolle Figur wie früher.

Das war lieb. Aber Anna wusste, dass es nicht stimmte. Sie kannte ihre Kleidergröße; es war nicht mehr 38, erst recht nicht um die Bauchmitte und an den Oberschenkeln. So wichtig sie Body Positivity auch fand: Für sie persönlich war das keine Lösung, sie fühlte sich einfach nicht wohl.

Also: Parallel zu ihrem beruflichen Neustart würde sie sich wieder in Form bringen: Anna 2.0!

Das hieß weniger Süßes. Oder nichts mehr. Weniger Alkohol. Oder keinen mehr. Und mehr Sport. Na ja, was heißt mehr: überhaupt Sport. Das Leben auf dem Land war ideal dafür. Bewegte sich eine Gartenbesitzerin nicht sowieso zwangsläufig mehr; erst recht, wenn der Garten groß war? Aß, wer Apfel- und Pflaumenbäume im Garten hatte, nicht per se weniger kalorienreich? Und kostete das Pflücken der Früchte nicht auch noch zusätzliche Kalorien?

Jedenfalls teilte sie ihren Schrankteil in drei Parts: den ersten für die Klamotten, die zweifelsfrei passten. Den zweiten Bereich für die Kompromisskleider. Möglichst viele davon, das war das Ziel, sollten ihr bald wieder ohne Baucheinziehen und Luftanhalten passen.

Und dann gab es den dritten Schrankteil. Hierhin kamen alle Kleider, die viel zu eng waren, aber bald wieder zu Kompromisskleidern aufsteigen sollten. Es gab leider ziemlich viele davon.

Sie beschloss, es ergänzend zum Sportprogramm mit Autosuggestion zu versuchen. Wenn dann immer noch nichts daraus wurde, gab es noch dieses Mittel, das eigentlich gegen Diabetes war.

An diesem Punkt ihrer Überlegungen brach deutlich hörbar ein Streit zwischen Sascha und Marie aus. Gerufe, Geschrei, Wut, Geheul. Das Übliche.

Eigentlich war Annas erster und intensivster Impuls, die Geräusche einfach zu ignorieren, aber dann folgte sie ihnen doch und landete in Maries Zimmer.

Marie lag auf ihrem Bett, die Beine übereinandergeschlagen, ihre Kopfhörer im Ohr, und tippte in ihr Smartphone. Überall in ihrem Zimmer waren Kleider verteilt, nein fast überall: nicht im Schrank. Der, die Türen standen offen, war völlig leer. Sascha war nicht zu sehen.

Marie motzte herum, was sie denn jetzt auch noch wolle. Sie mache gerade eine Pause, das Einräumen sei erschöpfend, und da sei noch ihr neuer Instagram-Account. Außerdem müsse sie in der WhatsApp-Gruppe ein paar Newbies in Berlin erklären, wie das bei einer Demo mit dem Megafon laufe. Es sei sehr wichtig, es sei ein großer Protest »aller Vernünftigen« von Fridays for Future und anderen Gruppen geplant, »der größte bisher, um die Leute aufzurütteln und zu zeigen, dass wir noch da sind …«

»Newbies?« Anna zwang sich, die Unordnung um sie herum auszublenden.

Marie konnte erstaunlich gut hören mit ihren Kopfhörern. Sie verdrehte die Augen. »Digga! New Beginners!«

»Ah! Die gibt es noch bei euch? Trotz allem, was diese Greta angerichtet hat?«

»Mama!« Marie musste grinsen, weil Anna sie ihrerseits hartnäckig angrinste.

Sie fand es toll, dass ihre Tochter engagiert war. Sich für etwas einsetzte. Ihre Position vertrat. Auch gegenüber Sascha und seinem Ordnungswahn. Aber der war in diesem Fall völlig berechtigt.

»Ich muss auch hin.« Marie redete schon weiter. »Ohne mich geht das nicht.«

Was meinte sie?

»Nach Berliiin! Zur Demo! Am nächsten Freitag. Auch wenn es scheißweit ist!«

Da war sie, die erste Komplikation des Landlebens für ihre Tochter. Von Hamburg war Marie mit der Bahn in gut anderthalb Stunden in Berlin. Jetzt kam die Fahrt von hier mit dem Regionalzug dazu. Hin und zurück. Und das Warten auf den Anschluss.

»Vielleicht übernachte ich auch gleich in Berlin. Elena kennt einen Jungen, der große Bruder von einem aus ihrer Klasse, der kennt einen anderen, der wohnt in einer WG am Ostkreuz, wo für nette Leute immer ein Bett frei ist …!«

»Das machst du nicht! Du wirst da nicht übernachten!«

Marie war von Annas Ton so überrascht, dass sie ganz gegen ihre Gewohnheit nicht widersprach.

Anna nutzte die Gelegenheit zum Themenwechsel.

»Wenn du den Newcomern das Megafon erklärt hast, räumst du weiter auf.«

»Ja. Und wegen Berlin …«

»Reden wir noch.«

Anna knarrte zurück zum Schlafzimmer und stieß fast mit Sascha zusammen, der eben aus dem Bad kam, immer noch – oder schon wieder – aufgebracht. In der Hand hielt er Maries Schlafanzug.

»Wo sie geht und steht, lässt sie etwas fallen. Ich will das nicht mehr. Keine Kleider mehr auf dem Boden. Nicht auch noch mitten in unserem neuen Bad!«

Er marschierte in Richtung von Maries Zimmer.

Anna versuchte ihn aufzuhalten.

»Lass unsere Tochter doch weiter pubertieren. Wir machen einfach ihre Zimmertür zu, bevor ihre Kleider in den Flur quellen, wie der süße Brei im Märchen.«

Sascha fand das nur bedingt witzig. Auch der Hinweis, er lasse sich gerade wieder mal von seinem Kind provozieren, hielt ihn nicht auf.

Also nahm alles seinen üblichen Lauf, so absehbar wie das 132ste Mal *Dinner for One*. Maries Schlafzeug schwenkend, betrat Sascha das Zimmer seiner Tochter. Anna hörte, wie er sie mit wütender Stimme daran erinnerte, dass »Einräumen« vereinbart war, nicht »Herumliegen und Ins-Handy-Tippen«.

Marie murmelte etwas sicherlich Unverschämtes.

»Natürlich«, rief Sascha, »ich würde mich sehr gerne um meine eigenen Scheiß-Kleider kümmern, aber ich will dabei nicht immer über deine stolpern!«

Von Marie hörte Anna daraufhin genau die Antwort, die sie erwartete: keine. Ob sie irgendwelche unverschämten Gesten machte, sah sie ja nicht. Sascha kam immer mehr in Fahrt. Er schrie. »Gut! Gut!!! Wenn dich das alles so wenig interessiert, dann schlage ich vor, dass du deine Kleider einfach dort ablegst, wo sie niemanden im Haus stören. Und ich habe auch schon eine tolle Idee, wo: draußen, im Garten! Warte, ich zeige es dir ...!«

Anna hörte, wie Sascha das knarzende Fenster aufriss.

»Spinnst du, Papa!?« Das war die entgeisterte Marie.

Dann herrschte für einen kurzen Moment lang Stille. Die vor dem nächsten Gebrüll.

Anna schloss kurz die Augen und atmete vier Sekunden tief ein bis in den Bauch und sechs Sekunden laaangsam aus.

»Huch!«, rief eine Frauenstimme von draußen. »Was ist denn das? Ein Hausanzug für mich? Wie nett aber auch! Hallo?!«

Die Frau hörte sich an wie ihre Mutter, dachte Anna. Was Quatsch war, denn ihre Mutter war nicht hier, sondern in Oldenburg.

»Anna?! Sascha? Marie?«

Das konnte nicht sein! Anna lief in Maries Zimmer und starrte zwischen Sascha und Marie aus dem Fenster nach draußen.

Es war ihre Mutter. Mit ihrem Vater. Beide standen unten vor dem Haus, er auf seinen Gehstock gestützt, Maries Schlafanzug lag vor ihnen. Beide winkten nach oben. »Huhu, Kinder, habt ihr es schön hier!«

Tatsächlich hatten sich die beiden vor drei Stunden ins Auto gesetzt, um sie zu überraschen. Ihre Mutter war gefahren, ihr Vater wurde allmählich etwas tüdelig, ohne das einsehen zu wollen; ihr Auto hatte auch schon zwei Beulen.

Aber sie kamen gerade richtig, und sie hatten auch noch das Mittagessen mitgebracht: Rouladen, Apfelkraut und Klöße. Sascha ließ sich von so etwas immer korrumpieren, und Marie verwandelte sich in Sekunden in die vorbildliche Enkelin. Sie sparte sich die Frage, ob das Fleisch denn auch wirklich bio und fair geschlachtet war. Zapfte Oma und Opa mit engelsgleichem Lächeln Milchkaffee. Lief zum Auto, das die beiden irgendwo um die Ecke abgestellt hatten, holte die Töpfe mit dem Essen. Und begann ohne Motzen und Murren, ohne jegliche Aufforderung, den Tisch auf der Terrasse zu decken. Außerhalb der engeren Familie machte ihre Tochter gerne einen erstaunlich mustergültigen Eindruck, außer natürlich es ging gegen »miese CO_2-Produzenten«, »dreckige Umweltkiller« und »skrupellose Weltuntergangskapitalisten«.

Um es so zu sagen: Vor wenigen Minuten hatte sich die familiäre Stimmung noch auf dem Tiefpunkt befunden. Als Sascha und sie jetzt die Eltern mit vielen »Ahs« und »Ohs« und »Ist das wunderbar hier!« durch den Garten führten, war es wie in einem dieser romantisch-schnulzigen Familienfilme. Zum Bilderbuch-Idyll fehlte eigentlich nur noch: ein Hund. Anna musste lächeln, als sie sich bei diesem Gedanken erwischte.

Ihre Mutter hakte sich bei ihr ein und sagte, sie freue sich schon auf die Führung nach dem Essen »durch eure Villa«.

Sie meinte das stolz. Trotzdem.

»Mami, Villa – na ja … Und eigentlich ist es auch euer Haus …«

Ihre Mutter schmunzelte und machte eine abwehrende Handbewegung. »Alles gut. So können wir schon zu Lebzeiten sehen, was mit unserem Geld passiert.«

»Mami, du weißt, das werden wir euch nie vergessen!«, flüsterte Anna ihr ins Ohr und gab ihr ein Küsschen.

Sascha

Auch wenn sie mit ihrer spontanen Idee mal wieder einen gut geplanten Tag über den Haufen geworfen hatten: Erik und Karin waren großartige Schwiegereltern. Sie liebten ihre Tochter und ihre Enkelin innig, ihn fanden sie offenbar auch in Ordnung, und sie waren da, wenn man sie brauchte. Die Finanzierung des Hauses hätten sie ohne die Hilfe der beiden definitiv nicht hingekriegt. Die wahnsinnige Vorbesitzerin hatte so viel Geld verlangt, dass das ihr Budget für die Kreditraten völlig zerschoss. Zuerst hatte Sascha sich überwunden und mit Alexandra telefoniert. Seine Mutter lebte in einer Spät-Spät-Hippie-Kommune auf Ibiza. Zusammen mit sechs oder sieben Leuten, darunter ein ehemaliger Tour-de-France-Fast-Sieger, ein DJ und eine Schauspielerin, die vor 25 Jahren bekannt gewesen war. Die Finca hatte einen großen Pool und einen weiten Blick übers Meer, die Kommune betrieb etwas Landwirtschaft, ein Touristenrestaurant und neuerdings ein Schmuck- und Duftlabel, um das sich Alexandra kümmerte. Seine Mutter begann gleich wieder, über die Welt mit ihren Kriegen und Verwerfungen zu klagen, über ihre Migräne, das Kopfdrücken, die unfähigen Ärzte, das furchtbar schlechte spanische Gesundheitssystem, über die Hitze und den Klimawandel. Als sie mit ihrem üblichen Monolog am Ende war und sich noch kurz nach Saschas Befinden erkundigte, holte er Luft. Und sprach den Hauskauf und die plötzliche Finanzierungslücke von 86 000 Euro an. Es gab eine kurze Pause. Dann sagte seine Mutter, auch auf Ibiza sei alles verflucht teuer geworden, es werde immer schwieriger mit dem Wasser, sie müssten jede Menge Tricks anwenden, um ihren großen Pool weiterzubetreiben … Aber, wenn das Haus zu teuer sei: Warum Sascha mit seiner Familie nicht einfach in der Wohnung bliebe? Oder, noch besser, in eine Wohngemeinschaft zöge, so wie sie damals? Das sei eine geile Zeit gewesen. Sascha hatte es noch ein weiteres Mal versucht, da klagte sie so lange über die unverschämt gestiegenen Handwerkerpreise auf der Insel, bis er das Gespräch beendete.

Und seinen Vater konnte er sowieso nicht fragen. Niemand wusste, wo Jacques-Ives geblieben war, ein zwei Meter großer, recht unbegabter Maler aus der Nähe von Marseille, den Alexandra, damals war sie noch Sängerin, in einem Ashram kennengelernt und mit dem sie erst in Berlin, dann auf Goa gelebt hatte. Er war ihre große Liebe – bevor sie die zweite große Liebe, einen Weltumsegler namens Martin, kennenlernte, den sie zwei Jahre später für die dritte große Liebe, Bruno, verließ, der eine gewisse Nähe zur RAF hatte. Mit ihm und, als Bruno dann im Gefängnis saß, mit seinen Nachfolgern, lebten seine Mutter und er in wechselnden Städten in wechselnden Wohnkommunen mit wechselnden Besetzungen. Sascha waren vor allem die wechselnden Schulen und wechselnden Schulfreundschaften in Erinnerung geblieben. Und, wie er morgens in der nach Haschisch riechenden Küche, auf deren Fußboden Flaschen, Zigarettenkippen und Kleider wild durcheinanderlagen, etwas zum Frühstücken suchte.

Wenn er sich im Leben eins vorgenommen hatte, dann, seiner Tochter so etwas nicht zuzumuten. Niemals. Seine Tochter wiederum schien genau das darin zu bestärken, ihre Pubertät ohne Rücksicht auf Verluste auszuleben.

Vor ihm steuerten die beschwingten Schwiegereltern nun mit Anna ums Haus herum, um den hinteren Gartenteil zu begutachten. Vorbei am Maulwurfshaufen.

Der hatte sich wieder verändert.

Nein. Es gab jetzt einen zweiten Haufen.

Der war etwas kleiner und lag ein Stück hinter dem ersten. Offenbar hatte dem Tierchen der eine Haufen nicht gereicht für das, was es darin oder darunter normalerweise so tat: schlafen, Vorräte horten, Mist- oder Erdkugeln hin und her rollen. Sascha würde nachlesen, was genau das war.

Aber glücklicherweise sah man den neuen Hügel erst, wenn man schon sehr nahe war, denn vom Haus aus gesehen lag er genau hinter dem ersten.

Na ja, fast genau.

Sascha blieb etwas zurück, um die Passform rechts außen schnell und unauffällig mit dem Schuh zu korrigieren.

»Oh! Glückwunsch!« Karin kam strahlend zu ihm. »Da habt ihr ja schon einen fleißigen, kleinen Gartenhelfer. Wo es Maulwürfe gibt, ist die Welt noch in Ordnung!«

Der Spruch kam Sascha bekannt vor.

»Wir hatten bei uns in all den Jahren bisher leider nur ein einziges Mal einen Maulwurf. Und er war viel zu schnell wieder weg, ich weiß auch nicht, warum. Erinnerst du dich, Erik? Erik, erinnerst …?«

»Ich erinnere mich!«, trompetete der Schwiegervater von vorne.

Dann war Marie bei ihnen und fotografierte den kleinen Haufen so angetan von allen Seiten, als sei er mindestens aus purem Gold.

»Nachwuchs! Wie cool, ich poste das mal schnell … Was ich eigentlich sagen wollte: Essen ist fertig!«

»Oh, du hast gekocht?«, lachte Karin und kniff ein Auge zu. »Was gibt es denn?«

»Oma, lass dich überraschen!«, lachte Marie zurück.

Was konnte seine Tochter charmant sein, wenn sie mit anderen Leuten redete! Aber die wollten auch nicht, dass sie aufräumte.

Anna

Auf einmal begann ihr Vater zu rufen.

»Huch, hallo! Sehen Sie genug? Hören Sie genug? Ja?«

Alle starrten ihn an. Er stand an der alten Eiche, die er hatte aus der Nähe bewundern wollen. Und niemand anders war zu sehen.

Was ihn nicht zu stören schien. Er rief weiter. »Wollen Sie nicht gleich dazukommen, dann verstehen Sie alles noch viel besser?!«

»Papi!?«

Er drehte sich zu Anna um und zeigte an dem Baum vorbei.

»Augen!«

»Papi, wie bitte?«

»Da sind Augen. Und sicher auch Ohren!«

»Augen? Ohren? Wo denn?«

»Im Gebüsch!« Er deutete auf die Hecke. Nicht auf die zum Grundstück von Lisas Familie, sondern auf die zur anderen Seite. »AUGEN! OHREN!«

Irgendwo hinter dieser Hecke stand auch ein Haus, aus ihrem Obergeschoss sah man das Dach. Wer dort wohnte, wussten sie noch nicht, die Hecke war mindestens dreieinhalb Meter hoch. Anna hatte längst bei den neuen Nachbarn klingeln und sich mit einer Flasche Crémant vorstellen wollen, sie hatte es einfach noch nicht geschafft. Aber Augen und Ohren in der Hecke? Anna sah nichts.

»Vielleicht hast du dich geirrt?«

Unwillkürlich hielt sie den Atem an. Ihr Vater hatte in letzter Zeit schon einiges verwechselt, verlegt und verloren, Hausschlüssel, Autoschlüssel, Gehstöcke und jede Menge Geheimzahlen und PINs. Aber Visionen hatte er bis jetzt noch nicht gehabt. Und im Moment wirkte er völlig normal.

Völlig normal beleidigt.

»Ausgeschlossen. Ich irre mich nicht. Ich habe in der Schule über 40 Jahre lang jeden Tag in Augen gesehen. Ich weiß, wie Augen aussehen. Und da waren welche.«

Anna wechselte einen Blick mit Sascha. Wortlos kamen sie überein, das Thema nicht weiterzuverfolgen und sich aufs Essen zu konzentrieren, das wie erwartet schmeckte: ganz hervorragend.

Später bei der Runde durchs Haus gab es noch mehr »Ahs«, »Ohs« und »Entzückends«. Anna war so happy. Einige Male bot sie ihren Eltern an, über Nacht zu bleiben, Platz war ja genug. Aber die beiden beharrten darauf zurückzufahren. Annas Mutter schwor heilige Eide, sie könne auch noch die doppelte Strecke schaffen, »wenn auch nicht ganz so schnell wie Sascha an Weihnachten«. Alle lachten.

Sie spielten eine Runde Cricket, dann gab es Kaffee und einen Marmorkuchen. Den hatte Anna schnell aus einer Backmischung zusammengerührt. Ihren ersten Kuchen überhaupt. Er schmeckte!

Bevor sie wieder ins Auto stiegen, blieben die Eltern noch einmal am Tor stehen. Ihre Mutter flüsterte ein »so entzückend!«

Und ihr Vater begann feierlich über die Wiese zu schreiten. Wurde immer schneller. Lief plötzlich auf die Hecke zu, in einem Tempo, das Anna ihm gar nicht zugetraut hätte, rief »Na, wen haben wir denn da?!« und schlug mit seinem Stock ein paar Zweige beiseite.

Irgendetwas sprang mit großem Krachen und Knacken davon.

Triumphierend kehrte ihr Vater zurück.

»Die habe ich erwischt! Eine Frau. Sie ist gerannt wie ein Hase.«

»Eine Frau? Hast du sie gesehen?«

Er schüttelte den Kopf. »Ich habe das an den Augen erkannt. Katzengrüne Augen. Und sie hatte rote Haare!«

Marie fragte, ob es nicht vielleicht ein Fuchs gewesen sei.

Annas Vater wirkte noch beleidigter als vorhin.

»Sag mal, mein Kind, habe ich all die Jahre Jugendliche unterrichtet oder Füchse?« Er drehte sich in Richtung Hecke: »Wenn Aug und Ohr aus Büschen ragen, kommt die Astsäge zum Tragen!«

Als ihre Eltern winkend und hupend gefahren waren und Marie, ihr Smartphone in der Hand, ins Haus gerannt war, um sich von der vorbildlichen Enkeltochter sofort wieder in den muffeligen Social-Media-Junkie zu verwandeln, legte Sascha ihr den Arm um die Schulter.

»Mach dir keine Gedanken. Vielleicht saß wirklich ein Mensch in der Hecke.«

Anna sah ihn an. »Glaubst du das im Ernst?«

»Klar! Wer weiß, ob das hier nicht ganz normal ist!«

Anna merkte, wie ihre Mundwinkel nach oben wanderten und sie sich gleich wieder etwas besser fühlte.

Sascha zog sie an sich und gab ihr einen Kuss.

»Das Leben ist anstrengend genug«, sagte er leise. »Wie schön, dass wir uns nicht auch noch von einer pubertierenden Tochter verrückt machen lassen, oder?«

Sascha

Um 5:45 Uhr stieg die Sonne über die Wipfel und tauchte den See in goldenes Licht. Sascha fiel in Spurt, ihm stieg der süßlich-intensive Duft der in den Hecken blühenden Flieder in die Nase, und bog ab auf den Feldweg, der vom Ufer hochführte.

Um 6:15 Uhr warf er sich auf die knarzende Veranda und begann mit Liegestütz, er schaffte fünfzehn, trotz seiner vom Mähen immer noch mitgenommenen Arme und Hände. Der Himmel war strahlend blau. Es würde wieder ein warmer Tag werden, auf den Zeitungswebsites standen die ersten Artikel, dass es wieder zu trocken für die Jahreszeit sei.

Um 6:25 Uhr kippte er zwei Gläser Wasser.

Um 6:30 Uhr stand er unter der Dusche.

Um 6:40 Uhr knöpfte er das weiße Hemd zu.

In der Küche schnitt er Apfel und Banane und mischte sein Müsli mit Haferflocken, Nüssen, Rosinen und Leinsamen. Er liebte es, als Erster aufzustehen, dann, wenn noch alles frisch, leise und die Küche noch ordentlich war, der Tisch leer und ohne einen Krümel, wenn alle Gläser, Tassen und Teller im Schrank in Reih und Glied auf ihren Einsatz warteten, die Tassen mit dem Henkel nach rechts.

Nach dem Essen zentrierte er den Wasserhahnausfluss exakt in der Waschbeckenmitte, rieb den Wasserhahn mit dem Tuch ab, strich mit dem Staubwedel über die Fensterbretter und die Kanten der Küchenschränke.

Dann trat er mit seinem Hafermilchkaffee und seinem Smartphone auf die Terrasse und sah schon mal in die Nachrichten und in die Mails. Oder versuchte es zumindest, alles lud nach wie vor sehr langsam.

Eine schwarz-weiß gefleckte Katze schlich an ihm vorbei durch den Garten und bog um die Hausecke.

Sascha stellte die Tasse ab und ging hinterher.

Wo das Gras noch nicht gemäht war, stand es schon wieder ein paar Zentimeter höher, man konnte ihm fast beim Wachsen zusehen. Höchste Zeit, dass er weitermachte. Ihm fiel ein, dass er noch im Baumarkt anrufen musste, bevor die unverschämten Wachleute glaubten, sie kämen mit ihrem Verhalten davon.

Die beiden Maulwurfshaufen waren noch da. Es war kein neuer dazugekommen.

Vielleicht reichten dem Tier ja zwei Hügel.

Erleichtert ging er zurück zum Haus und stieß fast mit Marie zusammen. Die, Rucksack auf dem Rücken und Radhelm auf dem Kopf, hastete mit einem kurzen »Hallo!« an Sascha vorbei zum weiß gestrichenen alten Wintergarten hinter dem Haus, in dem ihr Rad stand. »Scheiße!«, rief sie, weil die Tür klemmte, dann hatte sie das Bike draußen, sprang auf, hetzte, in den Pedalen stehend, zum Gartentor, riss es auf, knallte es hinter sich zu (immerhin!) und raste auf dem Feldweg davon in Richtung Landstraße.

Sie war spät dran. Das war sie in der Stadt auch schon immer gewesen. Nur drohten hier viel heftigere Konsequenzen: Wenn Marie den Zug nicht erwischte, würde sie mit dem nächsten fahren müssen und eine Stunde zu spät zum Unterricht kommen. Wie konnte es sein, dass seine sonst so kluge Tochter sich das jeden Morgen antat, nur weil sie nicht früher aufstehen wollte?

Das Gartentor schwang langsam und in Zeitlupe wieder auf.

Sascha wusste genau, wie es im Haus aussah: dass die Überbleibsel von Maries Frühstück, Müslischüssel, Haferflocken, Bananenschale, Milch, auf Küchentisch und Tresen wild durcheinanderstanden und -lagen. Und dass auf dem Fußboden im Bad ein Kleiderhaufen war. Die einzig spannende Frage war nur: Wo versteckte sich ihr nasses Handtuch?

Er konnte nicht anders, er musste schnell die Küche aufräumen und den Kleiderhaufen wütend in Maries Zimmer pfeffern, bevor er fuhr.

Dann lenkte er seinen neuen E-Scooter vorsichtig auf dem kiesigen Sandweg durch die Siedlung. Jetzt, Anfang Mai, war die Luft am Morgen schon richtig warm. Der Fahrtwind blies das Sakko vorne auseinander. Unpraktisch, aber der Anzug war ein Muss. Bei Schicks durfte man selbst in Saschas Job nicht zu sehr nach Öko aussehen, das assoziierte die obere Führungsriege, die Silver Ager unter den Vorstandsvorsitzenden, immer noch mit müffelnder Kleidung, Körnermüsli und In-der-Mülltonne-Herumhüpfen (zwecks Abfallverdichtung). Nein, es kam auf nachhaltige Smartness an. Deshalb auch der Scooter, Reichweite 45 Kilometer, wasserdicht, Schnellwechselakku und vor allem: leicht und klappbar. Mit dem würde Sascha ab jetzt, »komplett CO_2-frei«, zum Bahnhof im Nachbarort fahren, dann mit der Regionalbahn nach Hamburg und anschließend wieder umgekehrt zurück.

Er erreichte die Landstraße, neben der ein asphaltierter Fuß- und Radweg verlief. Der erwies sich auf die Dauer als ziemlich löchrig und holprig, und kurz vor dem Nachbarort führte er einfach auf die Autospur. Die war in deutlich besserem Zustand. Und die Autofahrer waren nett hier auf dem Land, sie grüßten ihn mit der Lichthupe, ein paar hupten sogar.

Den Bahnhof erreichte er gut getimt um 8:12 Uhr, der Regionalzug würde um 8:17 Uhr fahren. Da seine Handflächen immer noch dick verpflastert waren und ihm etwa zwanzig auf dem Bahnsteig wartende Leute gespannt zusahen, benötigte Sascha deutlich mehr als die drei, vier Handgriffe aus der Bedienungsanleitung, um sein Gefährt zusammenzuklappen. Beim nächsten Mal würde das schneller ablaufen, auch den kleinen Finger würde er sich nicht mehr einklemmen. Zumindest nicht so heftig, dass er prustend auf und ab hüpfen musste (keiner seiner Beobachter verzog eine Miene). Aber er war pünktlich um 8:17 Uhr fertig.

Nur der Zug kam nicht.

Die anderen Wartenden schien das kein bisschen zu beunruhigen; sie widmeten sich ihren Smartphones.

Hatte er sich vielleicht in der Abfahrtszeit geirrt?

Nein, auch die Bahn-App zeigte 8:17 Uhr an.

Um 8:29 Uhr fuhr der Zug dann endlich ein. Ohne irgendeine Entschuldigung. Und er war voll, richtig voll. Die Leute standen sogar zwischen den Sitzen im Gang. Sascha gratulierte sich mehrfach selbst dafür, ein Scootermodell gewählt zu haben, das zusammengefaltet nicht mehr Platz einnahm als eine kleine Golftasche.

Kaum war der Zug losgefahren, drängte sich ein Zugbegleiter zu ihm durch und wollte sein Ticket sehen. Und zwar, registrierte Sascha mit leichter Überraschung, ausschließlich sein Ticket.

Um 8:53 Uhr war der Zug am Hauptbahnhof, um 9:12 Uhr rollte Sascha mit seinem Scooter in die Firma. Wortwörtlich, er hatte sich das vorher überlegt: Er stieg nicht ab, sondern fuhr einfach durch die Drehtür in die große Empfangshalle, winkte den verblüfften Empfangsleuten hinterm Tresen freundlich zu und drehte unter dem großformatigen Ölporträt, das den verstorbenen Firmengründer Dieter Schicks mit seinen zwei Jagdhunden zeigte, langsam eine Ehrenrunde.

Noch bevor er lässig absprang, umringten ihn neugierige Kolleginnen und Kollegen. Alex und Chris aus dem Vertrieb wollten wissen, wie schnell der Scooter fuhr, Max aus der Logistik interessierte, wie lange das Laden des Akkus dauerte, IT-Chef Ralf rief, er wolle auch aufs Land ziehen und so ein Ding haben, und Mia vom Marketing wollte damit später draußen eine Runde fahren. Sascha merkte sofort: Die paar Hundert Euro für den Scooter waren klug angelegt gewesen für sein Image als smarter Innovator. Und dass seine Hände so verpflastert waren, weil er ein durchgehendes Pferd am Halfter gepackt und aufgehalten hatte, beeindruckte alle noch mal zusätzlich.

Ohne eine Portion Fame ging es nicht in seinem Job. Sascha und sein Team waren bei Schicks beratend für alle Bereiche tätig. Das hieß aber auch: Durchsetzen oder anordnen konnten sie gar nichts. Bis zum Abtritt des greisen Patriarchen via Schlaganfall vor fünf Monaten war das ganz schön frustrierend gewesen. Danach dachte Sascha sich die Sache mit den Sustainability-Punkten aus. Und Ariane, die neue Vorstandsvorsitzende, drückte es, kaum war sie im Amt, begeistert durch. Das System war so einfach wie wirkungsvoll: Die Sustainability-Punkte wurden von Sascha an Abteilungs- und Bereichsleiter vergeben, die seine Empfehlungen umsetzten – und, das war der Clou, sie flossen in deren Zielvereinbarungen ein. Wer da wirklich gut abschneiden wollte, brauchte auch Saschas Punkte. Ariane, auch sie hieß mit Nachnamen Schicks, war die Enkelin des Firmengründers und hatte in dem Traditionsbetrieb gleich das Duzen eingeführt, nachdem sie mit 29 Jahren jüngste Konzernchefin ever geworden war. Sie war für »ihr Leuchtturmprojekt« im Bereich Sustainability groß von der Wirtschaftspresse gefeiert worden.

Seitdem hatte Sascha einen super Draht zu ihr. Den wollte er nutzen, um die gesamte Produktions- und Lieferkette noch nachhaltiger zu machen. Jetzt aber, das war zumindest seine Idee, sollte die Firmenkantine von Schicks die erste wirklich klimaneutrale Kantine eines großen deutschen Konzerns werden. Wieder so ein Leuchtturmprojekt, mit dem sich seine Vorstandsvorsitzende (Sascha wusste allmählich, wie sie tickte) auf X, Instagram und TikTok brüsten konnte. Und es war gar nicht so schwer, um eine Kantine klimaneutral zu gestalten, musste man doch nur an den richtigen Stellschrauben drehen: konsequent bio und nachhaltig kaufen. Zum fischigen Freitag noch den Meatless Monday und den Cold Thursday einführen. Die Abwärme der Kühlschränke im Winter zum Heizen des Raumes nutzen und ein Tool installieren, das mittels KI den tatsächlichen Bedarf an Essensmengen voraussagte (und wieso musste jedes Essen auch für die Late-Shower reichen?). Den Rest konnte man fair und ernsthaft kompensieren. Außerdem, eine Idee seines Referenten Björn, stand im Konzept ein echtes Gimmick: drei Kabinen mit Generator-Trimmrädern in einem Nebenraum. Auf denen konnte, wer wollte, in der Arbeitszeit, also bezahlt, ein paar Pfund abstrampeln, also Sport machen – und zugleich Strom für den Betrieb der Kantine erzeugen! Sascha wusste, dass Journalisten auf so etwas ansprangen. Er war sicher, auch Ariane würde sehr angetan sein: Das war ein goldener Apfel, den sie nur zu pflücken brauchte, um noch mehr PR, Aufmerksamkeit und Likes zu generieren!

Er hatte ihr das Konzept geschickt. Seine Büroleiterin Anke hatte in Arianes Büro auch schon nachgefragt. Dort hieß es, Saschas Mail liege ihr vor, aber sie habe jede Menge Wichtiges zu tun.

Gut, er konnte warten. Er hatte auch so genug zu tun. Und nebenbei arbeitete er an seinem Image als nachhaltiger Innovator. In keinem Meeting vergaß er zu erwähnen, dass er heute zum ersten Mal völlig emissionsfrei mit seinem E-Scooter von seinem neuen Ökohaus auf dem Land hergependelt war. Gut, Ökohaus war sehr dick aufgetragen. Im Keller ihres neuen Heims brummte eine 25 Jahre alte Gasheizung, und er hatte es bisher nicht mal geschafft, auf grünen Strom umzustellen. Aber zumindest das ließ sich schnell erledigen, und dann stimmte die Geschichte mit dem emissionsfreien Fahren sofort. (Die neue Heizung würde er erst nach der jährlichen Sonderzahlung angehen können, und wenn seine Familie zustimmte, die nächsten zwei Urlaube ausfallen lassen.)

Und gut kam jedes Mal auch die Story von den halb wilden Hengsten, die er mit bloßen Händen gestoppt hatte.

Bei seinem fünften Meeting fiel Sascha auf, dass der Blick des Chefs Expansion Ost, ein alter arroganter Sack, der immer Einstecktuch trug, dennoch auffällig lange – fast schon spöttisch? – auf seinem Brustkorb verweilte.

In der Bürotoilette bemerkte Sascha, dass beide Revers seines Sakkos vor seiner Brust auseinanderklafften. So, als habe er sie vorne auseinandergeklappt, um anderen zu imponieren und seine breite Brust zu betonen. Der Sakkokragen ließ sich leider auch nicht einfach wieder anlegen, offensichtlich hatte ihn der Fahrtwind beim Scooterfahren aus der Form gebracht.

In einer Toilettenkabine versuchte Sascha es mit Gegenfalten. Mit heftigem Gegenfalten. Ohne Erfolg. Irgendwann begann auch noch sein Handy zu vibrieren. Er ignorierte es, breitete das Sakko auf dem Toilettendeckel aus, setzte sich darauf und wippte, bis die Toilette knackte.

Auch das war nicht zielführend. Das Handy vibrierte immer noch. Auf dem Display sah er, dass es seine Assistentin war. Aber er konnte unmöglich auf der Toilette einen Anruf entgegennehmen. Man wusste nie, wer in einer der anderen Kabinen saß.

Er drückte Anke weg. Und gleich noch ein zweites und drittes Mal, weil sie immer wieder anrief – verstand sie denn nicht?!

Erst nachdem er sein Sakko am Waschbecken gründlich angefeuchtet hatte, gelang es ihm, es wieder in Form zu bringen. Jetzt war es zwar vorn dunkel vor Nässe, aber heute stand kein Meeting mehr an. Sascha würde einfach an seinem Schreibtisch sitzen und arbeiten können, bis das Sakko getrocknet war.

Er huschte aus der Toilette, durch den Flur und an Ankes Tür vorbei in sein Büro. Schloss lautlos die Tür. Ließ sich auf den Drehstuhl fallen.

Und sah sich auf seinem Monitor einer jungen blonden Frau mit langem, geflochtenem Zopf und Strohhut gegenüber, die mit Schmollmund und gelangweiltem Blick auf ihr Smartphone schielte. Im Hintergrund waren Meer und Palmen zu sehen. Sie blickte hoch. »Da bist du ja. Ich wollte gerade wieder los!«

Ariane!

Sascha war völlig überrascht. Warum war sie live, hatte er einen Termin zum Videocall mit ihr vergessen?

Später würde er erfahren, dass Arianes Assistent überraschend bei Anke angerufen und sie gebeten hatte, schnell, also sofort, die Verbindung mit Sascha herzustellen. Und Anke daraufhin verzweifelt versucht hatte, ihn zu erreichen.

»Warum ist denn dein Sakko vorne so dunkel – ist das nass?« Ariane starrte ihn an wie ein Insekt. »Und was hast du mit deinen Händen gemacht? Du hast jetzt aber keine Depressionen oder so was, oder …? Na, egal!«

Sascha erwähnte die Hengstherde, die er mit bloßen Händen gestoppt hatte, deswegen die Pflaster. Aber sie redete schon weiter. Von einem »megageilen« Projekt.

Die Kantine! Er hatte es gewusst, er hatte es gleich gewusst …!

Okay, dass sie von »Garten Eden« sprach, war vom Wording

her ein wenig übertrieben. Oder dachte sie daran, ausschließlich vegane Gerichte anzubieten?

Nein, langsam wurde Sascha klar: Ariane meinte etwas anderes.

Etwas, das zu einem »Garten Eden« werden sollte, pünktlich zum 60-jährigen Schicks-Jubiläum im Oktober.

»Garten Eden?«

Ariane rollte ihre himmelblauen Augen. »Na, so habe ich es eben auf Insta genannt. Du weißt viel besser, wie es heißt: naturnah-nachhaltiges Habitat für Humanoiden. Oder so.«

»Äh – und wo soll das sein?«

Wieder Augenrollen. Blieb das von der Pubertät bis Ende 20 so?

»Überall! Wir machen aus dem kompletten Firmengelände einen coolen Ökogarten. Die volle Natur mit allem. Vielleicht noch mit einer Ökogolfecke, dann muss ich dafür nicht mehr bis nach Schottland fliegen …!«

Sie lachte kreischend.

Sascha war überrascht. Echt überrascht.

Wie es aussah, wollte Ariane das Gespräch schon fast wieder beenden, sie schielte auf ihr surrendes Smartphone.

Er fragte schnell noch, ob ihr sein Konzept für die klimaneutrale Kantine gefallen habe.

»Äh, was? Ach so, das habe ich noch nicht gelesen. Hey, wenn dein Sakko vorne so nass ist – wieso ist dein Hemd dann trocken? Strange! … Egal.« Ihr Phone summte wieder, sie warf einen Blick darauf. »Ich muss. Franziska schickt die Details. Du meldest dich? Und – bitte keinen Scheiß machen mit deinen Händen. Oder deinen Handgelenken! Ins Wasser gehen ist auch keine Lösung, also wegen des Sakkos … Sag einfach Bescheid, wenn du ein Coaching brauchst. Oder ein paar Tage zum Runterkommen in einer coolen Klinik. Ich kenne eine in der Schweiz – äh, egal! Also: Ciao!«

Den Details in Form einer kurzen Mail entnahm Sascha, dass der größte Schicks-Konkurrent, die UDO-Gruppe, Wiederaufforstungsprojekte in Afrika und im Amazonasgebiet initiiert hatte. Ariane, die mit der Chefin von UDO ab und zu golfte, hatte im Gegenzug vor ihren Hunderttausenden Followern verbreitet, dass solche Projekte im Ausland »mega« seien, die Schicks-Gruppe engagiere sich natürlich auch überall dort in Asien und Südamerika, wo sie produziere. Es käme aber darauf an, auch in Deutschland etwas zu ändern. Und deshalb wolle sie mit einem Pilotprojekt vorangehen und aus dem tristen, im 60er-Jahre-Stil gestalteten Firmengelände des Hauptsitzes einen ökologischen »Garten Eden« machen.

Und zwar in Nullkommanichts. In wenigen Monaten.

Eine tolle Idee. Sascha hätte sich nur gewünscht, dass sie mit ihm vorher darüber gesprochen hätte, um ihr das Ganze ausreden zu können. Denn der Konzern war um Jahrzehnte langsamer als die sozialen Medien. Als Schicks noch via Fax-Dekret vom Patriarchen regiert wurde, dauerte es allein drei Monate, bis Sascha die Erlaubnis bekam, den neuen kleinen Parkplatz vor dem Südhaus nicht asphaltieren zu lassen, wie seit Dekaden üblich, sondern ihn mit Rasengittern, Büschen und Bäumen etwas naturnaher zu gestalten. Intern galt das schon als Revolution: Wollte Sascha, der Jungspund, der Emporkömmling, den verdienten Managern mit ihren edlen Wagen und teuren, blank geputzten Schuhen tatsächlich eine Schlammpiste zumuten? Es hätte niemals geklappt, wenn er, damals noch Referent für Sustainability, nicht mit Ariane, damals noch reiche Erbin in spe, im Fahrstuhl über das Vorhaben ins Gespräch gekommen wäre (er hatte sich einen halben Tag in der Halle rumgetrieben, bis er sie endlich einsteigen sah). Und sie kicherte, ihretwegen könne der Platz ruhig eine wilde Piste sein, dann mache der Vierradantrieb ihres SUV endlich Sinn. Sascha erzählte sofort überall herum, dass die Konzernerbin die naturnahe Gestaltung des Parkplatzes unterstütze, worauf sogar Plomeier aus der Innenverwaltung, genannt »Der Beißer«, den Widerstand aufgab.

Die Umgestaltung des kompletten Firmengeländes bis zum Jubiläum am 25. Oktober aber war eine ganz andere Nummer. Und es war nur noch ein gutes halbes Jahr Zeit.

Vor Ariane wäre das schlicht unmöglich gewesen. Und jetzt?

Sascha zog sein Sakko aus und berief eine außerordentliche Sitzung seines Teams ein. Nach zwei Stunden glaubte er, dass dieser Garten Eden nicht völlig unmöglich war. Aber wahnsinnig ambitioniert.

Und dann musste er sich beeilen, zum Zug zu kommen. Er hatte noch viel vor.

Anna

Heute war der Tag. Ihr Tag!

Sie war an einem wunderbaren Ort. Sie hatte außerdem jede Menge Zeit, denn sie musste nicht in die Praxis. Die Sonne schien, der Himmel war blau, die Vögel sangen, die Eichhörnchen wuselten über ihr in den Bäumen hin und her, zwischendurch rannte eins sogar übers Hausdach. Überall blühte es, in den Hecken, in den Bäumen, in der Wiese. Käfer und Bienen brummten und summten durch die Luft. Und zum Glück weit und breit kein irrer Nachbar, der stinkende Autoreifen verbrannte wie in Juli Zehs *Unterleuten*. Anna war sowieso nur bis zu der Stelle gekommen, an der der arme, unschuldige Hund auf dem Bahnhof ausgesetzt wurde, dann konnte sie nicht mehr.

Das Einzige, was sie jetzt noch tun musste, war, den Stuhl raus auf die Terrasse zu tragen, sich hinzusetzen, Jasmintee zu trinken, Haferkekse zu knabbern – nein, das passte nicht zum Kleiderschrank-Masterplan – also gut: einen kleinen Apfel zu knabbern und lässig ein paar Themen für den Podcast aufzuschreiben.

Aber so lange sie auch knabberte: Es kam keine Idee.

Zumindest keine brauchbare.

Um es aus der Perspektive des äußeren Nichtkindes zu analysieren: Ihr Tag war das bisher also doch nicht. Wäre sie als Klientin zu sich selbst gekommen, sie hätte sich eine klassische

Blockade bescheinigt. Therapie: ablenken, entspannen. Etwas anderes machen. Zum Beispiel Startpowerroutine. Oder Yoga. Vielleicht auch beides.

Sie ging kurz ins Bad und sah in den Spiegel – Perspektivwechsel! –, dann ins Wohnzimmer und las sich selber ein paar Buchtitel aus dem Regal vor – Aktivieren der Synapsen! –, dann wieder zurück auf die Terrasse. Klatschte in die Hände – sinnliches Aktivieren! –, nahm ihre Tasse vom Stuhl, wo sie sie abgestellt hatte. Wollte einen Schluck nehmen, aber sah gerade noch rechtzeitig, dass im Tee etwas schwamm. Ein flockiger Klumpen.

Vogelscheiße. Das passte ja!

Sie schüttete die Brühe in hohem Bogen in die Hecke. Irgendetwas huschte empört schnaufend davon.

Gab es hier Wildschweine?

Das war also schon höchst erfolgreich die Startpowerroutine gewesen. Jetzt kam Yoga. Anna stellte sich breitbeinig hin, stützte die Hände in die Hüften, legte den Kopf in den Nacken, sah in die Wipfel der Bäume und ließ ihren Atem aus- und kreative Energie einströmen.

Ein und aus. Ein und aus.

Sie dachte an nichts. An absolut nichts. Auch nicht an Julia, mit der sie gestern telefoniert hatte. Julia hatte nachgeforscht, tatsächlich existierte im deutschsprachigen Raum noch kein Podcast zu Beziehungsthemen in der Art, die ihnen vorschwebte. Ein Podcast im Stil eines Gesprächs, lässig und nah am Hörer, präsentiert von zwei – hoffentlich würde es so wirken – klugen, aber entspannten Frauen. Fast seltsam, dass es das noch nicht gab. Oder eine große Chance. »Wir müssen schnell machen. Hast du schon ein Thema?« Julia war richtig aufgeregt gewesen.

Anna nicht, jedenfalls nicht sehr, sie war schließlich Profi, oder?

Alles, was sie tun musste, war, sich etwas einfallen zu lassen.

Im Grunde ein Leichtes.

Sie öffnete die Augen wieder, ließ den Blick durch den Garten schweifen. Da hinten standen die Apfel- und Zwetschgenbäume. Mit deren Früchten sie im Herbst Kuchen backen würde.

Stopp. Nicht prokrastinieren! Es ging jetzt nicht um Kuchen. Es ging um Themen.

Ihr fiel das Notizbuch ein, das sie immer mit sich in der Handtasche herumtrug. Der letzte Eintrag war zweieinhalb Jahre alt: »Über neues Projekt nachdenken!« Ach. Ja, super!

Vielleicht war es hier draußen einfach zu schön. Vielleicht war es hilfreich, wenn sie drinnen eine kleine Yogaeinheit einlegte, um sich besser sammeln zu können. Sie konnte ja die Terrassentür auflassen – nein, lieber nicht, irgendwo jaulte gerade eine Kreissäge los.

Also Tür zu, im Wohnzimmer im Schneidersitz auf dem Boden, Kopf leer machen, Augen zu, nichts denken. Nur atmen.

Nur atmen.

Argghh, es klappte wieder nicht. Erstens war die mistige Kreissäge immer noch zu hören, zwar nur, wenn man sich auf sie konzentrierte, aber unprofessionellerweise tat Anna genau das. Und dann knallte ihr durchs Fenster die Sonne ins Gesicht. Klar, die fehlenden Vorhänge! Und da war noch der ganze andere Kram: An der Wand türmten sich Bücherkisten und lehnten Regalbretter. Jemand musste das alles noch zusammenbauen. Sie hatte Sascha vorgeschlagen, einen Allround-Handwerker zu suchen, hier auf dem Land war das sicher jeder zweite, der auch die Lampen anbringen konnte. Und vielleicht sogar die Vorhänge. Aber ihr Mann wollte lieber alles selbst erledigen. Jemand anders mache das doch nie so gut, wie man es selber haben wolle. Nur wann er all das erledigen würde, da hatte sich Sascha noch nicht festgelegt.

Ihr Handy summte. Marie! Ihre Tochter war aufgeregt. Sie flüsterte.

»Mathehau...ben vergssen!«

»Marie?«

»In meiem Zimr!«

Anna hatte so eine Ahnung, um was es ging, seufzte und lief die Treppe hoch.

»Ich bin jetzt in deinem Zimmer. Marie?«

»Foto schnell!«

Ein Foto der Mathehausaufgaben, und zwar schnell – ein neuer Fall fürs SEK Mama. Anna schaute sich um. Auf dem Schreibtisch – nichts. Unter der Bettdecke – nichts. Da, unter einem Haufen abgestreifter Socken und Schlüpfer blitzte ein zerknicktes Stück Papier hervor. Mit Rechenaufgaben.

»Ich habe sie, Marie! Marie? Hallo?!«

Sie hatte aufgelegt. Eine SMS ploppte auf: »Schnell, ist schon da!!!!!!« Anna wusste, der Mathelehrer verstand keinen Spaß, es sei denn, er kam von ihm selber – à la: »Wer beherrscht den Satz des Pythagoras? Nur ein Mathe-Ass!« Sie machte ein Foto und simste es ihrer Tochter. Dass die nicht mehr antwortete, war ein gutes Zeichen. Es hieß so viel wie »Alles in Ordnung! Danke Mama, sehr lieb von dir!« SEK Mama: Mission erfüllt.

Anna beschloss, drinnen zu bleiben.

Vielleicht konnte sie sich oben besser fokussieren?

Von dem kleinen Kiefernholztisch im künftigen Gästezimmer aus sah sie in die Baumkronen und in den Himmel. Ein paar Möwen kurvten durch die Luft – oder waren es Schwalben? Auf einmal waren alle weg, denn da hinten flog ein großer Greifvogel. War das vielleicht, es sah fast so aus – ein Adler?

Nein, fokussieren konnte sie sich hier auch nicht.

Sie ging nach unten in Saschas Zimmer. Und ertappte sich dabei, wie sie auf die exakt ausgerichteten Buchreihen und Stifte starrte und über Neurosen nachdachte.

Das Handy brummte wieder. Die Praxis. Sie hörte danach die Mailbox ab. Mona fragte, ob sie nicht doch einen neuen Klienten annehmen könne.

Nein, mailte sie zurück, leider.

Und als sie dann wieder in der Küche saß, brummte ihr Handy ein weiteres Mal. Sie kannte die Nummer. Saschas Mutter. Eine echt exzentrische Person. Ein zeitfressender Althippie. Und wenn man nur die Krümel aus den Taschen ihrer Schlagjeans konsumierte, man würde an einer Überdosis sterben.

Früher wäre sie trotzdem drangegangen, weil Sascha sich wohlweislich vor Telefonaten mit seiner Mutter drückte und Alexandra Anna deswegen leidtat.

Aber es wurde dann immer ein halbstündiges Gespräch, mindestens, bis Alexandra sich ausgeklagt hatte über den Zustand der Welt, den Zustand Ibizas, ihren persönlichen Zustand.

Das ging jetzt nicht, sie hatte zu tun.

Später kam ein Anruf mit unterdrückter Telefonnummer.

Sie ging ran, nicht dass etwas mit ihren Eltern war.

»Na endlich! Ich rufe schon die ganze Zeit an. Was ist los?«

Anna holte Luft. »Du, Alexandra, ich kann nicht sprechen. Leider. Ich bin in einem Termin.«

»Aber du bist doch zu Hause! Ich muss dir etwas erzählen. Also, was da in den USA so passiert …«

»Alexandra, es geht jetzt nicht. Ich muss aufhören, ja?!«

Die Schwiegermutter redete ungerührt weiter.

Anna versuchte es noch drei weitere Male. Dann tat sie, als könne sie nichts mehr hören, und unterbrach die Verbindung.

Sofort klingelte es wieder. Anna schaltete das Handy auf stumm. Fokussieren, fokussieren!

Eine SMS ploppte auf: »Ruf mich bitte zurück!«

Sie hatte eine Idee. Sie würde das neue Sportzeug anziehen, eine kleine Runde laufen und dann frisch weitermachen mit der Arbeit. Der Sport würde ihr Denken ankurbeln. Und sie hätte überhaupt schon mal damit angefangen.

Sie lief Richtung See. Nach etwa hundert Metern raste ihr in der Kurve ein SUV entgegen. Anna sprang zur Seite. Der SUV hupte und bremste, dass der Kies nur so flog.

Ein Verrückter!

Die getönte Scheibe surrte herunter. Anna machte sich darauf gefasst, irgendeinem blöden, alten Sack die Meinung zu geigen.

Eine platinblonde Frau, jünger als sie, mit Tanktop und Perlenkette, lehnte sich aus dem Fenster und strahlte sie an. »Hey, ihr seid gerade hergezogen, oder? Das ist aber schön! Willkommen! Ich bin Violet!«

Sie ließ den Motor leicht aufheulen, als wollte sie das Gesagte unterstreichen.

»Wir wohnen unten am See.« Wieder tippte sie das Gas an. »Kommt doch mal auf einen Kaffee vorbei. Oder auf einen Drink! Tschühüß, ich muss weiter!«

Sie gab ein letztes Mal Gas, winkte, und der SUV raste los, sodass die Kieselsteine Anna nur knapp verfehlten.

Sie hatte wirklich noch keine lange Strecke zurückgelegt, aber sie entschied sich umzukehren. Nicht, dass sie am Ende zu erschöpft war, um weiterzuarbeiten.

Zum Entmüden drehte sie noch eine Runde durch den Garten.

Bei den Maulwurfshaufen bewegte sich etwas!

Anna blieb sofort stehen.

Da kam Erde hoch! Immer mehr schwarze, krümelige Erde schob sich aus dem Boden, jetzt war es schon ein kleiner Hügel. Der immer größer wurde.

Anna stand still und traute sich kaum zu atmen. Unglaublich, sie war dabei, wie ein Maulwurfshaufen entstand! Und, vielleicht bildete sie sich das ein: Schaute da nicht sogar das rosafarbene Schnäuzchen aus der frisch aufgewühlten Erde?

Auf einmal fiel ihr auf, dass etwas im Garten anders war. Die Vögel schwiegen plötzlich. Alle. Nur zwei, drei Amseln schimpften laut »Zick, zick, zick!«, sie wollten gar nicht aufhören. Und irgendwo piepste es ganz leise.

Dann glitt neben Anna ein großer Schatten übers Gras.

Sie sah nach oben. Der Greifvogel! Ohne die Flügel zu bewegen, kreiste er tief über dem Garten. Kam immer tiefer. Fast schon bedrohlich. Womöglich fraßen solche Vögel ja Maulwürfe?

Anna klatschte in die Hände. Sofort stieg der Greif nach oben, drehte ab und verschwand. Die schimpfenden Amseln waren still, die anderen Vögel begannen wieder zu singen.

Der frische Haufen bewegte sich nicht mehr. Vielleicht hatte sie ihrem Maulwurf gerade das Leben gerettet. Immerhin das, auch wenn sonst heute wirklich nicht ihr Tag war.

Sascha

Ihr Grundstück lag herrlich im Schein der Abendsonne, als er mit dem Scooter ankam. Und der breite lederne Doppelgürtel, den Sascha im Internet bestellt hatte, um ihn während der Fahrt um seine Brust zu schnallen, war ein voller Erfolg: Die Revers des Sakkos standen kein bisschen ab.

Allerdings waren aus den zwei Maulwurfshaufen mittlerweile drei geworden. Der neue lag ein kleines Stück hinter den beiden ersten in Richtung Kompost. Und leider nicht in einer Linie mit den anderen beiden, was hieß: Man sah ihn. Ziemlich prominent. Er ließ sich auch nicht zurechtrücken wie Haufen Nummer zwei. Es machte immer mehr Sinn, die Büsche von links fortzusetzen, mittlerweile würden sie drei neue benötigen, die Haufen dahinter zu verstecken und die Sichtachse an einer anderen Stelle zu planen. Er würde nachher gleich eine Skizze zeichnen. Allmählich musste das kleine Tier ja durch sein mit den Erdarbeiten.

Anna hatte zum Abendessen eine Gemüse-Reis-Pfanne mit Tofu gemacht, es sei quasi das Einzige, was sie heute zustande gebracht habe, sagte sie, nicht sonderlich gut gelaunt. Offenbar hatte sie sich mit ihrem Podcast sehr gequält. Und sie fragte, ob Sascha denn nicht auch die Verantwortung für ein paar Mahlzeiten in der Woche übernehmen könne, denn sonst käme sie zu nichts.

»Natürlich!«, sagte Sascha, auch wenn er gerade nicht wusste, wie er das mit Arbeitszeit und Arbeitsweg vereinbaren sollte. Spontan dachte er an einen zweiten Gefrierschrank mit einem Pizzavorrat.

Und dabei fiel ihm ein, dass er auch noch eine Frage hatte, nämlich, ob es Anna etwas ausmachen würde, die Zutaten gleich nach dem Kochen wieder in die Schränke zu räumen, den Küchentresen abzuwischen und kurz zu staubsaugen und abzustauben; er mache das schließlich immer so.

An der konsternierten Art, wie ihn Anna ansah, erkannte er, dass es ihr etwas ausmachte. »Sascha«, sie klang bestimmt, »wir brauchen eine Putzfrau. Ich frage mal Lisa, die haben eine.« Sascha machte den Versuch, zu sagen, dass sie noch nie eine Putzfrau gehabt und das in ihrer alten Wohnung immer wunderbar hingekriegt hätten.

»Ernsthaft? Wir haben hier vier- bis fünfmal so viel Raum. Wir kommen nicht mal dazu, die Lampen aufzuhängen. Und du willst, dass wir das alles auch noch alleine sauber machen?«

Sascha hielt es für klüger, jetzt nicht den Vorschlag zu machen, dass sie sich die Putzarbeit doch einfach intelligent aufteilen könnten, auf ein, zwei Abende pro Woche und einen gemeinsamen Putztag am Wochenende.

Er verzichtete auch darauf, die immer noch erschreckend hohe Kreditrate zu erwähnen, die die Bank von nun an bis in alle Ewigkeit Monat für Monat von seinem Konto einziehen würde.

Vielleicht konnten sie das Geld für die Putzfrau irgendwie wieder einsparen, zum Beispiel indem sie auf den zweiten Gefrierschrank verzichteten.

Beim Essen erzählte Anna, dass sie heute doch noch etwas Sinnvolles getan, nämlich ihrem Maulwurf vielleicht das Leben gerettet habe.

Sascha ertappte sich bei dem Gedanken, ob es so schlimm gewesen sei, wenn Anna zufälligerweise NICHT im Garten gewesen wäre. Gleich danach schämte er sich. Auch der Maulwurf hatte ein Recht, zu leben.

Marie konnte es ihrerseits nicht fassen, dass ihre Mutter nicht an das Wichtigste gedacht hatte: an Fotos von dem Vorfall.

Bei der Gelegenheit sah sie in ihr Smartphone. »Random!!! Schon mehr als 700 Likes!«

Sascha fragte, wofür. Marie stieß genervt die Luft aus.

»Für meinen Nature-live-Account! Die Leute lieben das!«

Marie begann zu tippen, um die Fotos vom dritten Haufen hochzuladen. Ließ ihr Smartphone dann sinken und sah ihre Eltern bedeutungsvoll an.

Wenn ihre Tochter sich freiwillig vom Handy löste, musste es um etwas ganz Besonderes gehen.

»Hey, wir brauchen einen Namen!«

»Für wen?«

»FÜR DEN MAULWURF!«

An dieser Stelle machte Sascha einen Fehler. In einem Anflug unvorsichtiger Nostalgie regte er an, das Tier doch einfach »Kleiner Maulwurf« zu nennen. Wie der in den Kinderbüchern hieß, aus denen er Marie – gleich der zweite Fehler! – noch »vor ein paar Jahren« vorgelesen habe.

Marie reagierte todesbeleidigt. Sie war zwar bei jeder Gelegenheit todesbeleidigt. Aber jetzt war sie richtig todesbeleidigt, sozusagen enorm todesbeleidigt, und zwar doppelt: Erst mal empfand sie es als Affront, dass er »vor ein paar Jahren« und nicht »vor vielen Jahren« gesagt hatte. Und außerdem, bemerkte sie schnippisch, sei »Kleiner Maulwurf« eine vorurteilsbehaftete, generische Behauptung, wie sie nur ein alter weißer Mann aufstellen könne.

»Denn was ist, wenn es sich um eine Maulwürfin handelt?«

Dass Sascha daraufhin vorschlug, das Tier dann doch einfach »Kleine Maulwürfin« zu nennen, empfand Marie ebenfalls als nicht erlaubte, generische Aneignung. Denn das Tier konnte ja genauso gut eben doch männlich sein. Oder auch keins von beiden. Tatsächlich gebe es Maulwürfe, die nach Bedarf ihr Geschlecht wechseln könnten. »Und haben sie nicht trotzdem alles Recht der Welt, NICHT diskriminiert zu werden?«

Ätzender Blick auf Sascha.

Der entschied sich, lieber zu schweigen, als den Zorn der ganzen LGBTQ+-Community auf sich zu ziehen, und allem voran den von Marie. Die diskutierte jetzt weiter: Überhaupt wisse er doch gar nicht, ob es sich um einen körperlich kleinen Maulwurf handle. Oder um einen eher großen! »Aber was heißt schon ›klein‹ oder ›groß‹, was ist das zugrunde liegende Maß, wo beginnt die verletzende Diskriminierung?« Auch ein Maulwurf habe schließlich Gefühle, und gerade weil Sascha im Vergleich ein Riese sei, dürfe er nicht vergessen, dass jegliche diskriminierende Größenbezeichnung, egal welche, geeignet sein könnte, der armen Kreatur Gewalt anzutun. Einer Kreatur, die sich dem Menschen gegenüber nicht einmal verbal wehren könne. »Haben wir überhaupt das Recht, über einen Maulwurf zu sprechen, bevor wir nicht seine Sprache beherrschen …?«

Das war die Chance, auf die Sascha gewartet hatte, um ihren Redefluss zu stoppen.

»Aber wäre nicht genau DAS wieder kulturelle Aneignung?«

Treffer! Marie sah ihn überrascht an und schwieg.

Da griff Anna ein. »Ja, wir brauchen einen ordentlichen, körpergrößenunabhängigen, diskriminierungsfreien Namen!«

Ihre Tochter kam wieder in Fahrt. »Und der muss ausdrücken, wie toll, megasüß, supernützlich, kuschelig und absolut schützenswert Maulwürfe selbst dann wären, wenn sie nicht schon längst streng unter Naturschutz stünden!«

Leider fiel Sascha trotz heftigem Überlegen kein Name ein, der all das in sich kongenial vereinte. Aber war das erstaunlich bei diesen Anforderungen? Bei Schicks hätte man mit einer vergleichbaren Aufgabe zwei Arbeitsgruppen und drei aushäusige Agenturen betraut. Ansonsten erinnerte sich Sascha daran, dass in einem von Kafkas Werken ein Zweimetermaulwurf auftauchte, aber er erinnerte sich nicht, wie dieser Hüne hieß. (Und was, wenn es »Goliath« war? War ein solcher Name gemäß Marie nicht wiederum diskriminierend für alle anderen Maulwürfe, die nicht so groß waren?)

Aber selbst wenn Sascha auf einen Namen gekommen wäre, er hätte den Teufel getan, diesen vorzuschlagen. Denn als alter weißer Mann war ihm klar, dass er, so wie seine Tochter gerade drauf war, nur noch eins machen konnte: alles falsch.

Doch da rief Marie schon triumphierend: »Ich hab's! Blacky! Da ist alles drin! ALLES! Und genderneutral ist es auch! Blacky! Ja, Blacky, das ist es!«

Sascha hätte bei »Blacky« zwar eher an ein Pony gedacht. Und er verstand nicht recht, warum dieser Name nicht ebenfalls als Diskriminierung ausgelegt werden könnte. Müsste der Maulwurf nicht konsequenterweise Maulwurf of Color heißen? Beziehungswiese ganz korrekt Maulwurf:in of Color? Aber er würde dazu schweigen. Was politische Correctness anging, konnte er gegen Marie nur verlieren.

Der Maulwurf hieß also nun Blacky. Und stand unter dem persönlichen Schutz ihrer Tochter. Die wieder ins Handy sah. »Cool! Sehr cool! 788 Likes!« Und dann rief sie: »Lasst uns rausgehen, hier in der App steht, der Sternenhimmel ist heute mega, viel schöner als in der Stadt!«

Sascha fiel ein, dass er sich im Netz noch über Maulwürfe informieren wollte, aber er beschloss, das lieber morgen in zwanzig- bis dreißigfacher Geschwindigkeit im Büro zu erledigen.

Anna

Am nächsten Freitagabend luden Lisa, Moritz und Ida sie zum Grillen ein, ohne Anlass, das sei eben so auf dem Land.

Die Einladung bedeutete eine deutliche Abwechslung in ihrem Speiseplan: Die letzten drei Tage hatte Sascha als frisch ernannter Abendessen-Zuständiger stets Linsensuppe aus der Dose serviert, der Abwechslung halber einmal mit Würstchen, ebenfalls aus der Dose. Sobald er Zeit habe, hatte er jedes Mal gesagt, werde er einen weiteren Gefrierschrank kaufen und jede Menge delikater Gefriergerichte, falls er mal nicht dazukäme, an den Tagen seiner Essenszuständigkeit »etwas Frisches« zuzubereiten.

Offen blieb aus Annas Sicht: War ihr Mann tatsächlich der Ansicht, eine Dosensuppe sei »etwas Frisches«?

Für klärende Gespräche war zu wenig Zeit, denn jeden Abend verschwand Sascha sofort im Garten, um »noch ein paar Bahnen« zu mähen, und tauchte zwischendurch nur auf, um Schmerzmittel zu nehmen und sich die geschundenen Handflächen neu verbinden zu lassen.

Er musste es mal wieder übertreiben. Auch mit dem Maulwurf, und obendrein scheute er leider nicht davor zurück, auch ihren Freunden auf die Nerven zu gehen.

Lisa und Moritz hatten Essen für eine ganze Party aufgefahren: Auf dem großen weiß gedeckten Tisch in der Wiese standen

Schüsseln mit Gemüse, Brot und dampfenden Kartoffelhälften, dazu grillte Moritz-Würstchen, Schaschlikspieße und Steaks. Alles sah so köstlich aus, dass Anna sich spontan entschloss, heute mal nicht darauf zu achten, wie viel sie aß und trank. Da sie in der letzten Woche, obwohl das mit dem Sport noch nicht so richtig klappte, schon zweieinhalb Kilo abgenommen hatte, vor allem durch Saschas Linsenzwangsdiät, konnte sie sich das leisten. Behauptete sie jetzt mal. Und auch einen zweiten Crémant.

Marie und die fast gleichaltrige Ida streiften barfuß durch den Garten und fotografierten sich und den großen, enorm geduldigen Kaventsmann, um die Fotos dann so begeistert zu posten, als hätten sie den ersten Leonberger Deutschlands entdeckt. Als Marie dann zum Essen neben ihnen saß, packte sie erwartungsgemäß das Thema »Hund« aus.

Sascha sagte, vielleicht wollte er lustig sein, vielleicht war es der Wein, wieso Hund, sie hätten doch jetzt einen Maulwurf. Maries Blick konnte verächtlicher nicht sein.

Und dann, Moritz hatte eben begonnen, ein paar crazy Geschichten aus seiner Werbeagentur zu erzählen, die anscheinend von Neurotikern und Psychopathen bevölkert war, fragte Sascha die Nachbarn tatsächlich nach ihren »Erfahrungen mit Maulwürfen«.

Moritz lächelte verwundert. »Maulwürfe, ach, die sind für uns kein Thema.«

Sascha gab sich nicht damit zufrieden, so sehr Anna sich das auch gewünscht hätte. »Kommt ihr gut mit den Haufen zurecht?« Er zeigte in Richtung der kleinen Hügel, die sich bei Moritz und Lisa aus der Wiese reckten. Es waren mehr als bei ihnen.

Moritz verzog das Gesicht so erstaunt, als habe er die Haufen bisher gar nicht bemerkt. »Ach so, die? Kein Problem. Alles fein!«

Anna wollte die Sprache auf Wichtigeres bringen, aber Sascha redete schon weiter. Wie denn die »statistischen Erfahrungen« der Nachbarn seien: Ob es eine bestimmte Menge, eine Höchstzahl an Haufen pro Tier gebe? Nur um Bescheid zu wissen, wegen der Gestaltung des Gartens …

Lisa und Anna wechselten augenrollende Blicke.

Moritz blieb ostentativ entspannt. »Wir haben noch niemals die Maulwurfshaufen gezählt. Hey, das ist Natur! Und es ist kein Biber. Der untergräbt euer Haus nicht, mach dir keine Sorgen! Also: Wir lassen die Maulwürfe in Ruhe und sie uns. Noch ein Würstchen? Diese scharfen, spanischen sind große Klasse!«

Anna wollte nun dringend das Thema wechseln. Aber Lisas und Moritz' Tochter Ida kam ihr zuvor. »Paps, zu dem Schmitter hast du aber etwas anderes gesagt!«

Moritz' Grinsen verschwand. »Nein – er hat mir erzählt, dass es tatsächlich Leute gibt, die mit Maulwürfen Probleme haben …«

Marie fragte, wer »der Schnitter« sei.

»Schmitter.« Moritz machte eine wegwerfende Handbewegung. »Ein Rentner, der Leuten im Garten hilft. Und der eine Strategie gegen Maulwürfe entwickelt haben will. Aber was soll man gegen die haben?«

Er lachte und trank sein Weinglas leer.

Ida wollte wieder etwas sagen, aber Marie rief dazwischen, dieser Mann sei wohl kriminell. Maulwürfe seien Lebewesen wie andere auch, sie verdienten Toleranz und Wertschätzung und sie seien streng geschützt. Und, rief sie mit rotem Kopf, sollte sie jemals diesen Maulwurfsfeind dabei erwischen, wie er nur einen Haufen zerstöre, werde es ihm übelst ergehen.

Es entstand eine Pause. Ganz kurz war es so still, dass Anna sogar ein leises Piepsen im Ohr hatte.

Dann redete sie schnell los.

»Kann ich bitte noch einen Schluck von diesem fantastischen Wein haben? Er erinnert mich an einen, den Sascha und ich vor Jahren getrunken haben, als wir am Ätna waren …«

Der Maulwurf war erst mal vergessen. Das zart goldene Abendlicht zauberte einen sanften Schimmer auf ihre Gesichter. Die Vögel drehten noch mal auf. Und Anna würde mit Sascha demnächst ein ernstes Wörtchen reden.

Sascha

Samstags um 8:10 Uhr trank Sascha den ersten Kaffee auf der Terrasse. Und überlegte. Sollte er vor dem Laufen um die Hausecke schauen oder besser danach? Er entschied sich für davor.

Er hatte es geahnt.

Neun!

Neun Haufen waren es mittlerweile, wie von einem Riesen hingewürfelt über eine Fläche von etwa zehn mal zehn Metern.

Und klar, eigentlich hätte er »Wow, dieses fleißige Tierchen!« denken müssen. Aber er dachte daran, dass, um alle neun Haufen zu kaschieren, schon einige Sträucher nötig waren. Und eine ganz andere Gartenplanung, als er neulich erst skizziert hatte.

Aber was hatte es für einen Sinn, zu planen, wenn Blacky immer weitermachte?

Im Büro, wo das Internet ein Traum war, hatte Sascha unzählige Seiten über Maulwürfe angesehen. Und nirgends eine Antwort auf die Frage gefunden, wann es so einem Tier denn nun reichte mit dem Haufenbau. Ein Maulwurf legte nicht nur diverse Erdkammern an, in denen er schlief oder Vorräte lagerte, sondern auch lange Gänge, in denen er auf die Jagd nach Würmern und Insekten ging. Umso länger diese Gänge waren, desto mehr Kammern benötigte das Tier, um sich auszuruhen und zu essen. Und umso mehr Kammern es gab, desto mehr Gänge waren wiederum notwendig. Blackys Bautätigkeit war ein permanenter Aufschaukelungskreis – das war nicht sehr beruhigend.

Sascha zog sein Laufzeug an und ging zum Tor. Der Himmel leuchtete blau, wie immer, seit sie hier lebten (war das in der Stadt auch schon immer so gewesen?), die blühenden Büsche da hinten ließen vor Trockenheit schon die Zweigspitzen hängen. Es ging kaum Wind, die Luft war noch morgenkühl, aber versprach, wieder warm zu werden. Es roch nach Blumen. Nach Stall. Und nach Benzin. Genau, von irgendwoher drang ein Geräusch, als schraube jemand einen metallenen Kanister auf oder zu.

Sascha lief nur eine schnelle Runde um den See, er hatte heute viel vor, und achtete auf Maulwurfshaufen. In fast allen Gärten, an denen er vorbeikam, sah er welche, nur nicht auf dem akkurat gepflegten Rasen des ehemaligen Bauernhofs direkt am Seeufer. Dort kauerte ein älterer Mann mit grüner Kappe und grüner Multitaschenweste und starrte auf den Boden. Konzentriert. Als ob er meditiere.

Hatte Sascha ihn nicht schon einmal gesehen? Und war das wirklich ein Stethoskop in seinen Ohren?

Zu Hause sah Sascha nach, ob es mittlerweile zehn Haufen waren. Glücklicherweise nicht.

Um 8:58 Uhr brummte ein paar Gärten weiter ein Rasenmäher los. Ein Motormäher! Dann startete anderswo ein zweiter, kurz darauf ein dritter. Heute war es hier definitiv lauter als in der Stadt. Und offenbar war Samstag DER Rasenmäh-Tag. Aber nicht zu fassen, dass die Leute immer noch oldschool mähten!

Auch auf dem Nachbargrundstück dröhnte es los. Sascha lugte durch die Hecke: Moritz saß auf einem Rasentraktor, wie Sascha ihn im Baumarkt gesehen hatte. Und nicht mal er mähte elektrisch. Dabei gab sich Moritz doch immer so up to date, einen Tesla fuhr er auch.

Sascha merkte, wie auch ihn die Unruhe packte. Er schlang zwei Bananen herunter, kippte Kaffee nach und wickelte so lange Mullbinden um seine Handflächen, bis die bei Druck nicht mehr schmerzten. In den letzten Tagen hatte er immer seine alten Skihandschuhe über die Bandagen gezogen, aber die passten nun auch nicht mehr.

Er knotete sich zwei Gästehandtücher um die Hände.

Es sah sicher nicht sehr stylisch aus, aber als er den Mäher anschob, war der Schmerz absolut erträglich.

Nachdem er die erste Bahn gemäht hatte, standen am Tor ein Mann und eine Frau, zwei Spaziergänger, die ihn feixend beobachteten. Als er auf sie zusteuerte, liefen sie schnell weiter.

Sascha betrachtete sich im spiegelnden Wohnzimmerfenster.

Es stimmte.

Er sah aus wie ein flügelamputierter Storch. Wie ein lächerlicher flügelamputierter Storch.

Er warf den Mäher zur Seite, riss die Handtücher ab, holte seinen Geldbeutel und ging zum Auto.

Er hätte es lieber gehabt, wenn Schnappauf heute nicht im Baumarkt gewesen wäre, viel lieber, aber Schnappauf war da. Und erkannte ihn sofort. »Oh. Hatten Sie einen Unfall?«

»Nein, nein. Ich habe ein paar Pferde aufgehalten.«

»Pferde?«

»Durchgehende Pferde. Sie haben mich mitgezogen. Was denken Sie, wie meine Fußsohlen aussehen! Aber ich bin hier, weil ich einen Rasenmäher kaufen möchte.«

»Sind Sie mit dem anderen nicht zufrieden?«

»Doch, doch, sehr zufrieden. Ich möchte mir nur ein Zweitgerät zulegen. Für zwischendurch. Und der Abwechslung halber diesmal eins mit E-Motor.«

Schnappauf verzog keine Miene.

Die Auswahl des Mähers war eine Sache von wenigen Minuten, Sascha nahm das Akku-Topmodell.

Dann fiel ihm die Sache mit der Leiter ein. Und, dass er noch immer nicht für die Entlassung der zwei potenziellen Gewalttäter gesorgt hatte.

Schnappauf war sichtlich beeindruckt von Saschas Erlebnis. Nur sei der Chef heute leider nicht da.

Sascha fragte, ob sich aktuell nicht wenigstens seine Leiter wiederbeschaffen ließ.

Schnappauf verschwand und kam mit einer Leiter zurück. Aber Sascha hatte sich zu früh gefreut.

»Leider gibt es nirgendwo eine Notiz über den Vorfall, das tut mir sehr leid. Ich werde das klären. Aber wenn Sie die Leiter dringend benötigen, kann ich Ihnen vorerst eine identische anbieten, mit fünfzehn Prozent Rabatt …«

Die Leiter hatte oben am rechten Holm einen kleinen Kratzer. Es war die Leiter, die er bereits gekauft hatte. Seine Leiter!

Schnappauf versicherte, das werde sich aufklären, nur im Moment könne er leider nichts machen. Hilfsweise räumte er Sascha 7,5 Prozent Rabatt auf den Rasenmäher ein. Und auf den großen Gasgrill, den Sascha auch gleich mitnahm.

Um es kurz zu sagen: Der Mäher war ein Traum. Der E-Motor surrte deutlich leiser als die Benziner auf den anderen Grundstücken. (Wäre es dort ruhiger gewesen – die Nachbarn hätten das vielleicht sogar wertschätzen können.) Wenn er den Hinterradantrieb zuschaltete, fuhr das Teil von alleine, Sascha musste nur lenken. Das Gras landete in einem großen Sack. Und: Sobald sie auf Ökostrom umgestellt hatten, war auch dieses Mähen zu hundert Prozent CO_2-neutral.

Warum hatte er dieses tolle Gerät nicht gleich genommen?!

Dazu kam noch etwas: Blackys Haufen ließen sich viel leichter freimähen als mit dem Handgerät. Danach sah man sie allerdings noch deutlicher. Aber das Gras nur um die Haufen herum länger zu lassen, war auch keine Lösung, im Gegenteil, dadurch wurden sie nur betont.

Es war ein Dilemma. Wie machte Moritz das?

Sascha sah vorsichtig durch die Hecke. Moritz war mit seinem Knattertraktor schon auf der anderen Seite seines Grundstücks, noch, ein, zwei Bahnen, dann war er fertig. Und, Sascha konnte es nicht glauben: Kein einziger Maulwurfshaufen war mehr zu sehen. All die Hügel, über die sie noch beim Grillen gesprochen hatten: Sie waren weg.

So war das. So war das also! Deswegen hatte sich Moritz derart entspannt gegeben: Weil er beim Mähen die Hügel einfach niederwalzte! Aber so tun, als sei er, Sascha, völlig neurotisch!

Sascha wusste nicht, wie Ida so drauf war, aber Moritz hatte großes Glück, dass Marie nicht mitbekam, was er da tat.

Und wie sah das eigentlich rechtlich aus? Standen Blackys Haufen genauso unter gesetzlichem Schutz wie er selber? Sascha zückte sein Handy und googelte das in quälender, ländlicher Langsamkeit. Nein, offenbar war nur der Maulwurf so streng geschützt.

Er würde das später in Ruhe nachlesen, jetzt mähte er weiter.

Plötzlich stieß der Mäher vor ihm gegen eine unsichtbare Wand, sprang in die Luft, der Griff schlug Sascha in den Bauch.

Er bekam keine Luft mehr, krümmte sich, rang nach Atem.

Was war los? Was war passiert?

Dann sah er vor sich die schwarze, krümelige Erde. Die Reste eines großen Maulwurfshaufens.

Ein neuer Haufen. Versteckt im hohen Gras, weit entfernt von den anderen Haufen, an einer Stelle, mit der Sascha nicht gerechnet hatte. Mitten im Garten.

Und es war nicht der einzige. Rundherum entdeckte Sascha fünf weitere. Und ein Stück weiter noch zwei.

Blacky hatte expandiert. Heimlich. Hinterrücks. Während er, Sascha, bei den anderen Haufen da hinten treudoof gewartet hatte, dass das Tier seine Hügelei beenden würde, war der Maulwurf einfach abgetaucht. Um zig Meter weiter im Schutz der langen Halme einen neuen, viel größeren Bauabschnitt zu eröffnen.

War das fair? Nein! Wertschätzend? Nein!

Als Sascha die Haufen freigemäht hatte, sah er erst das ganze Ausmaß von Blackys Werk. Die neue Hügelexplosion war ziemlich genau mitten auf der Wiese. Im optischen Zentrum des Gartens, durch das später fast alle Sichtachsen laufen würden. Etwas davor zu pflanzen, das war schlicht unmöglich! Und ob vom Gartentor, vom Haus, vom Gartenhaus oder von den Hecken: Aus jedem Blickwinkel stachen die neuen Haufen sofort ins Auge. Wie eine Krankheit. Eine Seuche: Erdpocken!

Als sei er, Sascha, nicht mal in der Lage, das eigene Grundstück in Ordnung zu halten.

Nein. Bei aller Natur- und Tierliebe. Nein!

Er wollte nicht, dass sich dieser Maulwurf in seinem Garten weiter breitmachte. Ihn verunstaltete. Verwüstete. Entwertete.

Er würde etwas unternehmen.

II.

Anna

Also wenn es ihrem Mann wirklich auf etwas ankam, dann konnte er sich gehörig ins Zeug legen.

Zuerst das Vorgespräch mit ihr. Spätabends, sie beide im Bett liegend. Anna mit einem Buch in der Hand, Sascha, ohne Buch, mit unter dem Kopf verschränkten Armen und zunehmend existenzieller Miene. Irgendwann atmete er tief.

»Schatz, ich kann nicht mehr. Ich kann einfach nicht mehr.«

Bedeutungsvolle Pause, in der Anna versuchte, zu erraten, was es war, das ihn derart bewegte.

Dann endlich bewegte Sascha sich selber. Setzte sich, stand auf und ging zur Tür, drehte sich um und sah sie an – Abschied nehmend???

»Was ist? Wohin willst du?«

Sie musste zugeben, dass sie doch etwas besorgt war.

»Ich hole mir nur irgendeinen Schnaps oder Wein. Ich brauche das jetzt.«

Das minderte ihre Besorgnis nicht, im Gegenteil. Sascha achtete normalerweise sehr auf seine Gesundheit, und seit sie ihn kannte, war er noch kein einziges Mal aus dem Bett aufgestanden, um »irgendeinen« Schnaps oder Wein zu holen. Er trank sowieso kaum Alkohol.

Jetzt kam er zurück mit einem Glas Rotwein. Zu ihrer leichten

Beruhigung eben nicht mit irgendeinem; es war ihr Lieblingsrotwein aus Frankreich. Er nahm einen tiefen Schluck. Noch einen. Leerte das Glas komplett.

»Ich muss – mir dir reden.«

Jetzt flüsterte er fast.

O Gott! …

»Der Maulwurf. Ich halte das nicht mehr aus. Es geht so nicht.«

Puh!

Da ihr Mann sie ansah, sehr ernsthaft und etwas hilfebedürftig, konnte Anna nicht das tun, was sie am liebsten getan hätte, nämlich in befreites Lachen auszubrechen. Obwohl es sauschwer war, auch nur ansatzweise so ernst zu bleiben wie der tragisch dreinschauende Sascha. Der gestand ihr, was sie längst wusste. Nämlich, dass die Haufen »seinen« Garten verschandelten, ihm fast den Verstand raubten, und er es nicht mehr aushalte und etwas tun müsse. Nicht gegen den Maulwurf, aber zumindest gegen ein paar Haufen. Es gehe nur um die störendsten. Die neuen, die Blacky hinterlistig-hinterrücks genau in der Mitte des Gartens platziert habe. Und vielleicht um ein paar der alten. Die unförmigsten.

Vielleicht ließen sich diese entfernen, im Einklang mit der Natur und allen Elementen, ganz schonend, mit großer Rücksicht auf den lieben Blacky. Ob Anna da viel dagegen hätte, sehr viel, sehr, sehr viel?

Hm, nein, das hatte sie nicht. Konnte sie gar nicht haben vor Erleichterung. Dass Sascha beispielsweise nicht in die Stadt zurückwollte, weil er den Lärm, die Enge und Betriebsamkeit vermisste, die kleine Wohnung, in der er jeden Quadratzentimeter im Griff hatte, den kurzen Weg zur Arbeit, den Supermarkt direkt gegenüber. Natürlich: Sie war eine Maulwurffreundin. Aber sie war auch eine Menschenfreundin. Eigentlich hatte sie mit ihrem Mann ja ein Wörtchen reden wollen, wegen dessen überzogenem

Fokus auf den Maulwurf. Aber jetzt, wo er alles selber zugab, war der falsche Moment, da musste sie keine Psychologin sein. Für Sascha waren die Haufen im Garten einfach ein furchtbar großes Ding. Und wenn es ihm besser ging, wenn ein paar davon weg waren; warum nicht?!

Sascha war sichtlich erleichtert über ihre Reaktion. »Könntest du – würde es dir etwas ausmachen, vielleicht mit Marie darüber zu sprechen?«

»Ich?«

»Ja. Du kannst momentan besser mit ihr …«

Er tat ihr fast leid, aber sie musste ihm sagen, dass er das schon selber tun müsse.

Daraufhin starrte Sascha plakativ ins Leere und holte sich seufzend ein zweites Glas Rotwein.

Konnte es sein, dass dieser Mann Angst vor seiner Tochter hatte?

Obwohl er es dann doch ganz geschickt anstellte. Nämlich, als Marie beim Abendessen über ihre Pläne für den nächsten Abend sprach.

Da war diese große Umweltdemo in Berlin. Obwohl Marie sogar geschrien und geheult hatte, war Anna strikt bei ihrer Position geblieben: Ihre 16-jährige Tochter durfte danach keinesfalls bei unbekannten Bekannten von Bekannten in einer namenlosen Männer-WG mit einem warum auch immer freien Bett übernachten. Nein, sie sollte mit dem Zug aus Berlin zurückkommen, der um 21:25 Uhr in Hamburg sein würde und mit dem sie den letzten Anschlusszug zu ihnen noch kriegen würde.

Jetzt aber fragte ihre Tochter allen Ernstes, ob sie nicht auch mit dem letzten Zug aus Berlin kommen könne. Dem allerletzten. Der erst um 00:32 Uhr in Hamburg eintreffen würde. Sofern er nicht verspätet war.

Nein, sie sei nicht verrückt, sagte Marie schnell, sie würde nach der Demo mit zwei Freundinnen aus Berlin, die sie seit Ewigkeiten nicht mehr gesehen hatte, so gerne noch etwas essen gehen. »Mama, ich bin doch groß, in den USA dürfte ich jetzt schon Auto fahren ...«

Sascha kam Anna zu ihrer Überraschung mit der Antwort knapp zuvor.

»Aber das ist doch kein Problem. Es ist Freitag, Wochenende. Und ihr habt sicher viel zu reden nach so langer Zeit. Ich kann dich in Hamburg am Bahnhof abholen, wirklich überhaupt kein Ding!«

Marie sah ihren Vater an, genau wie Anna ihn ansah: wie Brot. Beide wussten genau, dass Sascha es hasste, abends noch mal aus dem Haus zu müssen, um Stunden mit dem Auto durch die Gegend zu fahren.

»Äh, Papa – echt?«

»Na klar. Kein Problem.« Sascha lächelte auch Anna an. »Schatz, unsere Tochter ist groß! Sie weiß, was sie tut, sie wird keine Dummheiten machen.«

War das derselbe Mann, der sich wegen herumliegender Handtücher aufregte und schrie, Marie werde wohl nie erwachsen?

Tatsächlich warf sich Sascha dann am nächsten Tag zur passenden Abholzeit in sein schwarzes Sakko. Verschwand pfeifend. Und rief um kurz nach halb ein Uhr nachts aus Hamburg an, um zu sagen, mit Marie sei alles gut, sie habe nur furchtbaren Hunger und er mache mit ihr noch kurz einen Abstecher in einen coolen Imbiss im Schanzenviertel.

Anderthalb Stunden später wurde Anna einiges schlagartig klar. Als Marie in der Tür stand. Mit rotem Kopf und sauempört.

»Ich fasse es nicht! Dieser alte weiße Mann versteht meine Werte nicht! Kein bisschen!«

In der folgenden Wutrede identifizierte Anna die Worte »Blacky« und »Haufen«, womit für sie die Lage einigermaßen klar war.

Abgang Marie mit Treppenpoltern und Türengeknall – wie toll, dass sie keine Nachbarn im Haus hatten!

Auftritt Sascha mit gesenktem Kopf und Blut am Kragen – nein, es war nur Ketchup.

»Warum«, ächzte ihr Mann, »kann man mit unserer Tochter nicht reden? Warum benimmt sie sich immer noch wie ein Kleinkind? Es geht doch nur um ein wildes Tier, um einen irren Maulwurf, nicht um einen Hund oder so!«

Anna dachte kurz nach.

»Kann sein, dass genau das der Punkt ist«, sagte sie dann.

Sascha

Um 5:45 Uhr stieg die Sonne über die Wipfel und tauchte den See und seine Ufer in goldenes Licht. Sascha fiel in schnellen Spurt, immer wieder stieg ihm der süßlich-intensive Duft des in den Hecken blühenden Flieders in die Nase. Er steigerte das Tempo, verließ den Seeweg und bog auf den Feldweg ab, der das Ufer hochführte.

Um 6:15 Uhr warf er sich auf allen vieren auf die knarzende Veranda, um wie gewohnt mit Liegestützen zu beginnen, verzichtete aber, als seine geschundenen Handflächen wilder Schmerz durchzuckte.

Der Himmel war wieder strahlend blau.

Um 6:25 Uhr kippte er zwei Gläser Wasser.

Um 6:30 Uhr stand er unter der Dusche.

Um 6:35 Uhr verband er seine Hände neu.

Um 6:45 Uhr knöpfte er das weiße Hemd zu.

In der Küche schnitt er Apfel und Banane und mischte das Obst mit Haferflocken, Dinkelflocken, Nüssen, Rosinen und Leinsamen.

Nach dem Essen wischte er die Arbeitsfläche, alle geraden Oberflächen und die Vorderseiten der Küchenschränke ab. Sortierte kurz die Gewürzgläser auf dem Regal. Justierte den Wasserhahn. Und ging dann mit einem Hafermilchkaffee und seinem Smartphone auf die Terrasse und wartete auf Marie.

Die schwarz-weiß gefleckte Katze bog um die Hausecke in Richtung Maulwurfshaufen. Sascha hatte erst den Impuls, sie zu verjagen, um Blacky zu schützen – aber nein halt, bahnte sich da vielleicht eine für alle Seiten akzeptable, weil biologische Lösung an? Aber dann fiel ihm ein, was er mittlerweile über Maulwürfe wusste. Die hatten an Kopf und Schwanz Sinneshärchen, dermaßen empfindlich, dass sie selbst minimalste Erschütterungen registrierten. Es reichte, dass ein Regenwurm in zwanzig Metern Entfernung in einen ihrer Gänge plumpste. Oder er, Sascha, auf der Terrasse seine Kaffeetasse absetzte. Die Katze konnte also noch so schleichen, sie hatte sowieso keine Chance.

Wumm! Türknallen. (Blacky musste das vorkommen wie ein halber Weltuntergang.) Marie!

Seine Tochter, Rucksack auf dem Rücken, Radhelm auf dem Kopf, hastete mit einem »Hi!« an Sascha vorbei hinters Haus zum Anbau, in dem ihr Fahrrad stand. Hinter einer halb verglasten Holztür, die sich nach außen öffnen ließ.

Momentan allerdings nicht. Denn ausgerechnet vor dieser Tür befanden sich zufälligerweise zwei große Maulwurfshaufen.

Um ehrlich zu sein: Sie waren nicht zufälligerweise dort.

Und um ganz ehrlich zu sein: Sie stammten nicht einmal von einem Maulwurf.

Es war nicht einfach gewesen, die Erde so aufzuschütten, dass es ungefähr so aussah, als handle es sich um echte Hügel. Sascha hatte längere Zeit hinter dem Komposthaufen geübt, bis er endlich darauf kam, einen Trichter aus Zeitungspapier zu verwenden, die Erde von oben portionsweise mit dem Handschuh erst zusammen-, dann durchzudrücken und dabei kreisförmige Bewegungen zu machen.

Das Ergebnis fand er jetzt sehr okay. Und hoffte, dass es Marie, die spät war wie immer, genauso gehen würde.

Er behielt recht. »Scheiße!«, hörte er sie rufen. Sie kam zurück, und er sah schnell in sein Smartphone, damit sie nicht glaubte, er beobachte sie.

»Scheiße!« Dann stand sie vor ihm, und wie er mit einem scheinbar überraschten Blick feststellte, sah sie sehr aufgebracht aus. »Vor dem Fahrradschuppen sind zwei Maulwurfshaufen! Ich kriege die Tür nicht auf.«

Sascha zuckte mit den Schultern. »Na und? Ich habe dir doch gesagt, dass Blacky sich immer mehr ausbreiten wird, egal ob uns das stört oder nicht. Er denkt, es ist sein Garten, er nimmt keine Rücksicht auf uns …«

»Du verstehst nicht! Die Haufen sind direkt vor der Tür. Ich kriege mein Fahrrad nicht raus!«

»Oh. Doch, das verstehe ich. Und es tut mir wirklich leid für dich.« Sascha tat, als beschäftige er sich mit einer wichtigen Mail.

»Papa! Was soll ich machen? Ich muss jetzt zum Zug!« Jetzt klang ihre Stimme, als würde sie gleich anfangen zu heulen. Diese Pubertären hatten absolut keine Nerven.

Sascha zuckte wieder nur bedeutungsvoll mit den Schultern.

»Papa!!! Kannst du mich mit dem Auto fahren?«

»Zum Bahnhof?« Sascha sah auf. »Tut mir leid. Ich habe gleich einen wichtigen Videocall. Da kann ich nicht im Auto sitzen.«

»Papa! Du MUSST mich fahren!«

»Das geht leider nicht. Und außerdem: DU als Umweltschützerin willst mit dem Auto fahren, obwohl du Fahrrad fahren könntest?«

»Nein … Ich will nicht! Aber Blacky zwingt mich dazu!«

»Was? Du lässt dich von einem Maulwurf zwingen, die Umwelt zu zerstören?«

Sascha bemühte sich um genau den leicht arroganten Ton, der seine Tochter zuverlässig auf die Palme brachte. Was ihm leichtfiel, wenn er an die »Unterhaltung« in dem Schnellimbiss in der

Schanze dachte, bei der sie ihm ihre Pommes samt Ketchup an den Kopf geworfen hatte.

»Scheiße! Scheiße!« Marie verschwand wutschnaubend. Und kehrte nach sehr kurzer Zeit zurück.

»Kann man eins von den Fenstern im Schuppen öffnen?«

»Von außen? Wie das?«

»Es einschlagen?«

»Vergiss es! Das kostet dich viele Monate Taschengeld.«

»Aber Papa, WAS SOLL ICH MACHEN? Ich darf bei Frau Vollmer nicht mehr zu spät kommen, ich war bei ihr schon zweimal zu spät, die ist grausam, die macht mir meine Note kaputt!«

Sascha zuckte wieder die Schultern. »Tja. Das tut mir leid.«

»PAPA! DU MUSST MICH FAHREN!!!«

»Wie gesagt, das geht nicht. Bedank dich bei Blacky! Was hast du mir im Imbiss zugebrüllt? Jeder einzelne seiner/ihrer/esser Haufen ist wichtig, und ich bin zu dumm, um das zu verstehen. Denkst du das immer noch?«

Mit geballten Fäusten vollführte Marie vor der Terrasse eine Art stummen Veitstanz. Dann drehte sie mit entschlossener Miene um und galoppierte wie ein durchgehendes Pferd in Richtung Fahrradschuppen.

Sascha folgte ihr gerade noch rechtzeitig, um zu sehen, wie sie mit einem gellenden Wutschrei die Schuppentür aufzog und damit die Haufen abräumte.

Er ließ sich nicht anmerken, dass nun er innerlich einen wahren Jubeltanz vollführte.

Marie sprang aufs Rad, hetzte, in den Pedalen stehend, Richtung Gartentor, sah unterwegs kurz auf ihr Handy und legte eine Vollbremsung hin.

»Papa! Bitte! Ich schaffe es nicht mehr mit dem Rad, bis der Zug abfährt! Bitte! BITTE!«

Jetzt weinte sie tatsächlich.

Es wurde Zeit für den zweiten Teil seines Plans. Sascha hatte den Autoschlüssel längst in der Tasche, und wie zufällig stand das Tor schon offen. »Na gut!«

Seine Tochter warf ihr Rad hin, spurtete zum Auto und sprang hinein. Sascha lief hinterher und simulierte einen Anruf, bei dem er einen Videocall absagte, »wegen einer sehr dringenden Sache, sagen Sie das dem Vorstand«. Er hechtete hinters Lenkrad, ließ den Motor aufheulen, raste aus dem Grundstück und über den Feldweg und bog mit quietschenden Reifen und ausbrechenden Hinterrädern auf die Landstraße ein.

Einerseits der Dramatik wegen.

Andererseits, weil tatsächlich nur noch sieben Minuten Zeit bis zur Abfahrt des Zuges waren. So schnell war Sascha hier noch nie unterwegs gewesen, er überholte sogar einen Einheimischen (der sich darüber dermaßen freute, dass er Sascha mit blinkender Lichthupe folgte). Und er war heilfroh, dass alle Rehe des Waldes blieben, wo sie waren: im Wald.

Am Bahnhof hatte er nach einer spektakulären Vollbremsung sogar noch Zeit für einen Spruch: »So, dann hat dich der alte weiße Mann trotzdem doch noch rechtzeitig zum Bahnhof chauffiert.«

Bevor sie aus dem Auto sprang, hauchte ihm seine Tochter eine Entschuldigung zu.

Pfeifend fuhr Sascha zurück. Das war ein Erfolg, auf dem sich aufbauen ließ. Jetzt musste er noch zwei weitere Haufen simulieren.

Anna

Erstaunlicherweise schimpfte Sascha gar nicht über die neuen Haufen, die beiden am Fahrradschuppen und die zwei hinter dem Busch am Weg zum Haus. Im Gegenteil, er war gut gelaunt, als er von unterwegs anrief, um darum zu bitten, dass sie, Anna, essensmäßig ja nichts vorbereiten solle. Das war ein guter Plan, denn er war ohnehin dran. Aber als er jetzt ankam, hatte er statt Konserven Bio-Tiefkühlpizzen dabei.

Anna half ihm, wieder mal den Tisch auf die Terrasse zu tragen. Dieses Hin- und Hergeschleppe, sie hätten längst zu Ikea fahren müssen!

Marie war sichtlich angetan, dass es ihr aktuelles Lieblingsessen Käse-Birnen-Nuss-Pizza gab. Ansonsten war sie ungewöhnlich nett zu ihnen und zu Sascha fast schon höflich. Vermutlich hatte sie ein doppelt schlechtes Gewissen.

Aber es war schon bemerkenswert, wie zielsicher der kleine Maulwurf mit zwei Haufen die Fahrradschuppentür blockiert hatte!

Beim Essen fing Sascha dann noch mal mit der Sache an. Wie froh er sei, dass das heute morgen noch mal gut gegangen sei. Und dass der Verlust zweier Haufen Blacky offenbar nicht viel ausgemacht habe; das Tier habe nicht etwa Depressionen bekommen, sofern es die bei Maulwürfen gebe, sondern einfach zwei neue Hügel errichtet, direkt am Weg.

Hinter dem Busch, dachte Anna, sodass sie kaum zu sehen waren – wie rücksichtsvoll von Blacky.

Marie blies die Backen auf.

Wobei es noch großes Glück sei, fuhr Sascha fort, dass Blacky die neuen Haufen nicht wieder vor dem Radschuppen gegraben habe. Was, nach allem, was er bisher gelesen habe, jederzeit wieder passieren könne. Aber er sei Laie, Marie habe da deutlich mehr Ahnung als er.

Marie nickte, zuckte mit den Schultern und fragte, auf was Sascha hinauswolle. Sie fragte altersgemäß verkürzt nämlich: »Hä?«

Sascha zog einen gefalteten Zettel aus der Tasche. Bat Marie, ganz cool zu bleiben und sich das erst mal anzuhören, denn es werde sich lohnen. Dann unterbreitete er seiner Tochter seinen Plan, die störendsten, nur die störendsten der Hügel zu entfernen, aber das ganz sanft, behutsam, umweltfreundlich und selbstverständlich maulwurfschonend. Um die Passierbarkeit des Gartens, die Benutzbarkeit von Haus und Radschuppen zu erhalten. Und, okay, ein bisschen der Optik wegen.

Marie kannte sich tatsächlich aus. Sie schüttelte den Kopf. Denn die Haufen stellten auch eine Art Lüftungssystem dar, durch das Sauerstoff in die Gänge käme und umgekehrt CO_2 abziehe. Sie seien also notwendig, damit der Maulwurf atmen könne.

»Aber nicht alle Haufen sind nötig«, beharrte Sascha. »Es gibt Gartenbesitzer, die nehmen sie sogar komplett weg. Sämtliche Haufen. Und was macht der Maulwurf? Er erstickt nicht, er schreit nicht, er häufelt einfach neue Haufen auf. Komm, du hast es doch heute selber gesehen. Vorschlag: Ich trage nur die Hälfte aller Hügel ab. Ganz vorsichtig. Und wenn es Blacky damit schlecht geht …«

»Hahaha. Wie willst du das merken? Und selbst wenn das ginge: Ich brauche die Haufen für meinen Insta-Account.«

Sascha schien kurz aus dem Konzept zu kommen. »Wie? Wieso?«

»Digga!« Marie schlug sich vor die Stirn. »Ihr Alten! Ich mache fast jeden Tag Posts und Storys, in denen die Haufen auftauchen. Tausende von Leuten haben sie gesehen. Das Ding ist: Ich kann nicht einfach damit aufhören.«

Sascha schwieg kurz. »Wie viele Likes hast du am Tag?«

Marie lächelte. »So 400 bis 500.«

Sascha schien zu glauben, er habe sich verhört. »Nur mit Bildern von Maulwurfshaufen?«

»Was heißt nur?!«

Sascha blies die Backen auf. »Also hör mal, wir in der Firma posten auch auf Insta. Und wir sind froh, wenn wir zwanzig, dreißig Likes haben ...«

»Okay. Euer Account auf Insta – na ja!« Marie drehte die Augen nach oben.

»Aber du musst doch gar nicht mit dem Posten aufhören«, sagte Sascha. »Ich verspreche dir, es werden immer genug Haufen bleiben, damit Blacky atmen kann und du fotografieren kannst. Du kannst selber auswählen, welche!« Er machte eine bedeutungsvolle Pause. »Und wenn alles gut läuft, pass auf, ich habe lange darüber nachgedacht, sehr lange ...«

Er lehnte sich effektvoll zurück.

»... dann reden wir noch mal über einen Hund!«

Marie saß da wie versteinert.

Sascha grinste. »Und du hast nie wieder ein Problem, an dein Rad zu kommen!«

Ihre Tochter war gedanklich schon nicht mehr dabei. Langsam breitete sich auf ihrem Gesicht ein Lächeln aus.

Sascha

Was für ein Gefühl. Großartig. Erhebend. Eine Erlösung!

Vorher hatte er sich selber noch leicht peinlich berührt dabei ertappt, dass er pfeifend in seinem Arbeitszimmer saß, einfach so, und die Stifte auf der Tischplatte parallel zur Tischkante anordnete. Und zum Fensterbrett. Und zum Fensterkreuz.

Aber jetzt stand Sascha im dunklen Garten, die LED-Lampe auf dem Kopf, die Schaufel in der Hand. Und stach in den ersten Haufen, dessen Schicksal mit seiner Tochter feierlich und fair ausgehandelt war. Ein paarmal schippen, dann war die Erde im Eimer. Er trug ihn feierlich zum Kompost und kippte ihn aus.

So einfach konnte es sein!

Bevor er sich an den nächsten machte, zog Sascha kurz das Papier aus der Hosentasche, das Marie und er gemeinsam verfasst hatten. Auf der einen Seite stand, von ihnen beiden unterschrieben, die Vereinbarung, die den Anteil der Maulwurfshaufen festlegte, der verschwinden durfte: exakt die Hälfte, also aktuell siebzehn Stück von derzeit 34. Und in der auch fixiert war, dass für künftige neue Hügel dieselbe Quotenregelung galt. Alles mit dem Ziel, Blacky in seinem/ihrem/essem persönlichem Pursuit of Happyness nicht existenziell zu stören.

Auf der anderen Seite des Blattes befand sich eine grobe Skizze des Grundstücks, auf der die Haufen verzeichnet waren. Marie und er hatten jeden einzelnen begutachtet und diskutiert. Und nun trugen alle, die wegkonnten, ein rotes Kreuz – Sascha hätte singen können! Aber dafür war es doch ein bisschen spät.

Trotzdem war es ihm wichtig gewesen, gleich loszulegen. Sofort. Unverzüglich.

Außerdem hatte die späte Uhrzeit einen weiteren Vorteil: Marie war im Bett und träumte von Hunden. Oder war auf Instagram unterwegs. Oder verteilte Kleider auf dem Fußboden, um ihre Eltern zu erfreuen, jedenfalls hatte sie längst »Gute Nacht« gesagt. Viel besser, als wenn sie jetzt um Sascha herumgehibbelt wäre, in der Hand ihre Kopie der Maulwurfsvereinbarung. Obwohl: Sascha ging fest davon aus, dass seine Tochter morgen jeden einzelnen Haufen nachprüfen würde.

Aber er konnte nun endlich etwas tun.

Mit jedem Eimer Erde, den er wegschüttete, fiel Sascha ein mindestens ebenso großer Haufen Erde vom Herzen. Es war wie ein innerer Trommelwirbel.

Vor allem, weil er es geschafft hatte, mit Marie noch auszuhandeln, dass die Hügel, die optisch am meisten störten, die neuen direkt in der Gartenmitte, fast komplett verschwinden durften. Dafür ließ Sascha im Randbereich entsprechend mehr Haufen übrig, Hauptsache, die Gesamtzahl stimmte, und ob Blacky nun durch den einen oder den anderen Haufen atmete, war doch statistisch ziemlich egal. Marie hatte bei seinem Vorschlag zwar etwas den Atem angehalten, aber am Ende war sie doch kompromissbereit gewesen (der Hund!).

Als alle siebzehn vereinbarten Haufen weg waren, hätte Sascha glatt noch weitermachen können, aber das war natürlich gegen die Vereinbarung. Also beschloss er, dort, wo er die Haufen entfernt hatte, noch schnell das Gras glatt zu mähen; der neue Akkumäher war so leise, dass man ihn bei den Nachbarn nicht hören würde.

Sascha holte das Gerät aus dem Fahrradschuppen, setzte den Akku ein, zog den Sicherungshebel und wollte eben den Startknopf drücken, als …

»Hey, hallo!« Eine weibliche Stimme.

Er fuhr zusammen und leuchtete mit der Stirnlampe einmal rund um sich.

Niemand zu sehen. Hatte er sich geirrt?

Er legte den Daumen wieder auf den Startknopf.

»Hallo! Sie da!«

Die Stimme kam von hinten.

Aber so sehr er den Kopf mit der Lampe hin- und herdrehte: Da war nur die Hecke.

Er räusperte sich. »Meinen Sie mich?«

»Es ist mitten in der Nacht. Sie sind hier nicht bei sich in der Stadt. Unterlassen Sie den Lärm. Sonst kommt die Polizei.«

Die Frauenstimme schien tatsächlich aus der Hecke zu kommen. Aber so sehr Sascha den Kopf mit der Leuchte drehte, er konnte nicht sehen, woher genau.

»Äh, ich wollte nur … das ist ein Akkumäher. Der ist total leise! Und Entschuldigung: Wer sind Sie denn?«

Keine Antwort. Nur Blätterrascheln.

Sein Schwiegervater hatte recht gehabt. Sascha rollte den Mäher wieder in den Schuppen.

Anna

»Das mit den Fressanfällen ist nur das eine. Das andere ist das Gegenteil: Ich könnte den ganzen Tag kotzen.«

Lara Zielke lehnte sich zurück und strich sich durch die kurzen blonden Haare mit der blauen Strähne.

»Oder ich erschieße ihn.«

Lara Zielke beugte sich vor, machte mit ihren ohnehin schon ziemlich aufgespritzten Lippen einen Schmollmund und sah Anna in die Augen.

»Oder, noch viel besser: Ich erschieße mich!«

Anna bemühte sich, weiterhin teilnehmend-neutral zu gucken. Lara Zielke war eine neue Klientin, Anna hatte aber schon vor dem Umzug eingewilligt, sie noch anzunehmen, weil sie ihr altes Buch gelesen hatte, oder zumindest eine kurze Zusammenfassung oder Rezension ihres Buches, und darauf bestanden hatte, nur zu Anna gehen zu wollen und zu niemand anderem.

»Immer gerate ich an den Falschen! Was ist los mit mir?« Jetzt rollten Tränen über ihr Gesicht. Sie begann zu schluchzen. »Und das passiert nicht nur mir. Zwei Freundinnen geht es auch so. Ständig! Nein, drei … ALL meinen Freundinnen geht es auch so! Das ist so crazy!«

Sie schnäuzte sich, vorsichtig wegen ihres Make-ups.

Anna lächelte sie mitfühlend an und wartete ein bisschen, bevor sie die nächste Frage stellte. Und während dann die Therapieeinheit weiterlief und sie versuchte, Lara Zielke zu dem Punkt zu lenken, ob die bei der Auswahl der falschen Männer nicht vielleicht auch falsche Entscheidungen traf, meldete sich ein Gedanke in ihrem Kopf und blieb beharrlich: Konnte nicht genau das ein ideales Thema für die erste Podcast-Folge sein?

Nicht dass sie in den letzten Tagen nicht schon jede Menge Themen gesammelt hätte. Genauer gesagt zwei Dutzend. Von »Die Bedeutung von Kommunikation: Wie offene Gespräche Beziehungen stärken« bis »Wie man aus einer toxischen Beziehung rauskommt«.

Aber bei keiner der mehr als 20 Ideen hatte Anna gedacht: Genau, das ist es! Und Julia, der sie alle weitergeleitet hatte, auch nicht.

Aber »Ich bin Single – warum gerate ich immer an den Falschen?«, das klang wirklich gut. Nach der Stunde würde Anna mal in die Datenbanken und Studien sehen.

Die Einheit war gerade vorbei, Lara Zielke nahm ihren Rucksack, lächelte und schnäuzte sich noch einmal die verheulte Nase, um zu gehen, da brach draußen vor der Tür Geschrei los.

Das typische Geschrei. Mona vom Empfang rief: »Halt! Bleiben Sie hier. Hey, was tun Sie da?! Bleiben Sie stehen! Stehen bleiben oder ich rufe die Poli…«

Die Absätze von feinen Lederschuhen klackerten draußen auf dem Holzfußboden. Dann flog die Tür des Behandlungsraumes auf und krachte gegen die Wand.

»Anna! Anna! O Anna!«

Es war Mats Schröder, Dr. Mats Schröder, im Anzug, in den Händen ein Bund langstieliger roter Rosen. Die Nähte seiner Anzughose krachten, als er sich auf die Knie warf und übers Fischgrätparkett des Therapieraums in Annas Richtung schlitterte, wobei er nicht vergaß, ihr die Rosen dramatisch entgegenzustrecken.

Lara Zielke stand mit offenem Mund da.

»Anna!«, schrie Mats Schröder. »Liebste Anna, ich möchte Ihnen, ich MUSS Ihnen diese Rosen überreichen. Sie sind fast so schön wie Sie! Und sie drücken aus, was ich aus vollem Herzen über uns beide denke!«

Mona erschien in der offenen Tür, in der Hand das beeindruckend große Rezeptionspfefferspray. Anna machte eine abwehrende Handbewegung und lächelte dann Schröder an.

»Herr Schröder. Sie wissen genau, dass daraus nichts wird.«

»Doch! Wir beide fliegen gemeinsam weg. Wir fliehen. Wie die Liebenden in der Literatur – wäre das nicht ein romantischer Anfang? Wir fliehen dorthin, wo wir sein können, wie wir sind. Sie und ich. Wo wir frei sind, frei wie die – die Pfauen! Oder die Lemuren!«

Lara Zielke bewegte sich wieder. Langsam hob sie ihr Smartphone, aber fror sofort ein, als Anna ihr einen warnenden Blick zuwarf.

Schröder schien die Klientin gar nicht wahrzunehmen.

»Anna! Fliegen Sie mit mir nach Rom. Ich bezahle alles.«

Mats Schröder, Dr. Mats Schröder, warf Anna die Rosen entgegen.

»Mega!« Lara Zielke riss die Augen auf.

Anna ließ die Rosen vorbeisegeln, sah Lara Zielke milde mahnend an und räusperte sich.

Lara Zielke schnaubte kurz und zickig und ging.

Und Anna machte Dr. Mats Schröder wieder einmal ganz eindeutig klar, dass sie nirgendwohin mitkommen würde und dass es für ihn Zeit war zu gehen.

Was er tat. Nicht ohne die freundliche Ankündigung, zurückzukommen, denn: Eine Frau wie Anna träfe er niemals wieder.

Die Blumen ließ er da. Anna schenkte sie Mona, für den Schreck. »Der arme Mann«, sagte Mona. »Auch einer von denen, die sich immer die Falschen aussuchen.«

»Kennst du das?«

Mona zog eine Grimasse. »Geht mir auch immer so!«

Als sie wieder im Feierabendstau stadtauswärts ruckelte, rief Anna Julia an. »Hey, ich habe UNSER Thema!«

Julia fand es auch gut. Wollte aber sicherheitshalber noch mal nachsehen, ob andere Podcasts in letzter Zeit etwas Ähnliches gehabt hatten.

Noch während Anna im Auto saß, schickte sie ihr eine SMS mit einem Daumen-hoch-Zeichen.

Vor lauter Freude stoppte Anna, als sie beim Vorbeifahren an einem Gebrauchtmöbelgeschäft ein »Sale«-Schild im Schaufenster sah und genau daneben eine weiße Kommode – die Schrammen hatte, deren Farbe abblätterte, die aber perfekt vor die künftig blaue Wand in ihrer neuen Küche passen würde, wenn man die alte Farbe abschliff und sie neu strich. Sie überlegte nicht lange. Sie nahm sie mit.

Sascha

Sascha war bester Laune. Offenbar auffällig bester Laune. Als er mit Anke die Termine und To-dos und die Ergebnisse der Evaluation der Subunternehmer aus Kolumbien durchgegangen war, hatte die ihn leicht erstaunt angesehen, und als er sie fragte, ob etwas nicht in Ordnung sei, hatte sie gesagt nein, im Gegenteil, alles sei wunderbar. Was bei ihr nichts anderes hieß, als dass in letzter Zeit eben NICHT alles wunderbar gewesen war.

Aber er musste zugeben: Ihm ging es gerade ziemlich gut.

Gestern Abend, Anna war bei Lisa zum feierlich verabredeten Mädelsabend gewesen, hatte er im Gartenhaus, dem künftigen Gerätehaus, die neue Werkbank aufgebaut und, das ging enorm schnell, gleich auch noch das Schubladenelement. Sein handwerkliches Geschick hatte sich in den wenigen Wochen hier gewaltig gesteigert. Mittlerweile brauchte er am Bahnhof auch nur noch sieben Sekunden, um den E-Scooter zusammenzuklappen. Und das Beste: Es gab keine neuen Maulwurfshügel!

Hatte Blacky, geschockt über den Verlust der Hälfte seiner Haufen, doch das Weite gesucht? Das hätte Sascha leidgetan – aber wenn er sich dafür nun anderswo besser fühlte … vielleicht im Garten der Nachbarin, die immer in der Hecke saß und deshalb nicht so auf Maulwurfshaufen achten konnte?

Oder hatte Blacky eingesehen, dass er/sie/es es anfangs mit den Hügeln heillos übertrieben hatte?

Die Quellen im Internet, die sich Sascha vor der ersten Konferenz ergoogelte, sprachen eher für Variante eins. Denn dass Maulwürfe fähig waren, etwas einzusehen, galt unter Experten als unwahrscheinlich, dass sie bescheiden sein konnten erst recht, im Gegenteil: An einem einzigen Tag verschlangen sie glatt ihr eigenes Körpergewicht an Würmern und Insekten.

In der Teamrunde mit Anke, Björn und seiner Stellvertreterin Saskia fragte die, ob es schon Neues zum Umbau des Firmengeländes gebe. »Es ist alles zeitlich ja schon ziemlich knapp!« Sie schob ihre Brille mit den runden Gläsern nach unten und dann wieder nach oben. In letzter Zeit machte sie das ständig.

»Ach so, ja, das läuft längst.« Sascha setzte ein souveränes Lächeln auf.

Auch wenn nicht stimmte, was er gesagt hatte. Er hatte bei ihrem letzten Gespräch die Umgestaltung des Firmengeländes zur Chefsache gemacht und selber mit Planungsbüros sprechen wollen, die den Umbau machen sollten. Aber er war einfach noch nicht dazugekommen, sein Schreibtisch war dermaßen voll, und irgendwie hatte ihn die ganze Maulwurfsache auch so in Atem gehalten, dass er das Firmengelände glatt ein bisschen vergessen hatte.

Aber an einem der nächsten Tage würde er Gas geben. Vollgas. Er war sehr schnell und professionell, 60 Minuten bei geschlossener Tür, dann hätte er drei oder vier Planungsbüros um Kartierung, Besichtigung und Konzept mit Kostenvoranschlag gebeten. Nichts gegen Saskia, aber sie hätte für den gleichen Job zwei Tage benötigt. Kein Grund für sie, hier plakativ die Besorgte zu geben.

Das war eher bei anderen Themen nötig. Etwa bei der Baumwolle. Die bekam Schicks aus Indien und Pakistan, in guter Qualität und zu einem guten Preis. Zu einem zu guten – Sascha hatte den Verdacht, dass einige der Zulieferer trotz Verbotsklausel Kinder arbeiten ließen. Oder bei Südamerika. Es gab das Gerücht, dass Gelder, mit denen Schicks in Bolivien, Kolumbien und Ecuador neue Schulen aufbaute, vor Ort offenbar in Nobelautos investiert wurden.

An der Baumwolle war Björn dran, an Südamerika Saskia. Und das schon ziemlich lange. Als sie nach der Sitzung in seinem Büro auftauchte, dachte Sascha, sie käme deswegen zu ihm.

Aber Saskia wollte noch einmal ganz scheißfreundlich sagen, dass sie ihn sehr gern bei der Sache mit den Planungsbüros unterstützen könne, falls er noch nicht dazugekommen sei (Brille runter, Brille rauf). Es sei doch dumm, wenn das nicht rechtzeitig hinhaue. »Es ist ein so wichtiges Projekt. Auch für Ariane!« Brille runter, Brille rauf.

Sascha bedankte sich ebenso freundlich für ihr Angebot, wiederholte, dass er längst an den Planungsbüros dran war, und fragte nach der Südamerika-Sache.

»Fast fertig«, sagte sie. »Die Ergebnisse kommen in Kürze. Wobei: Unsere A-Prio ist das Firmengelände, nein?«

Sascha stellte klar, dass beides wichtig war. Und Südamerika viel heikler.

Saskia setzte eine ironische Miene auf und verschwand.

In letzter Zeit hatte sie sich verändert, eher auf unangenehme Art. Ungefähr seit Ariane Vorstandsvorsitzende war. Oder Sascha ihr Chef?

Im Zug erschien, offenbar hatte er fast immer und überall Dienst, sein spezieller Freund, der Schaffner. Um ihn, ausschließlich ihn, zu kontrollieren.

Nur die Autofahrer, die ihn auf dem Scooter sahen, grüßten so nett wie eh und je. Allein auf dem relativ kurzen Landstraßenstück, wo er die Autospur nehmen musste, hupten drei Leute, zwei weitere winkten per Lichthupe. Und einer, er fuhr einen großen Pick-up, hupte, lichthupte und rief sogar irgendetwas aus dem Autofenster.

Sascha verstand es zuerst nicht, er winkte freundlich zurück. Erst dann fiel ihm auf, dass der Tonfall gar nicht so freundlich gewirkt hatte, der Mittelfinger auch nicht.

Konnte es sein, dass der Pick-upper der Ansicht war, Sascha habe hier mit seinem E-Scooter nichts zu suchen?!

Was ihn, als er weiter nachdachte, zur Frage führte, ob all die anderen Huper und Lichthuper das etwa auch nicht so freundlich gemeint hatten?

Saschas Laune war schon leicht lädiert, als er das Gartentor öffnete.

Und sofort sah, was los war.

Er war wieder da.

Eine ganze Kette von Maulwurfshügeln zog sich durch die Mitte des Grundstücks, zehn Stück in Linie!

War es eine letzte Verzweiflungstat Blackys? Nahm er/sie/es noch mal alle Kraft zusammen, um zu rebellieren, zu protestieren wegen der weggenommenen Haufen? Sascha hatte gelesen, dass so ein Maulwurf eine wahre Kampfmaschine war, ein tierischer Berserker, der im Verhältnis zu seiner Körpermasse enorme Mengen Erde bewegen konnte: gut das Zwanzigfache! Kein Mensch wäre dazu in der Lage.

Trotzdem, Blacky tat ihm fast leid, denn Sascha war sicher: Er/sie/es würde nicht lange durchhalten.

Anna

Sie glaubte es nicht: Wie toll war das denn!? Was hatte sie nur für einen großartigen Mann?!

Sie war mit Besen und Putzzeug zum Gartenhaus marschiert, um ihr neues Studio schnell etwas frisch zu machen und die Spinnen zu verjagen, bevor sie sich dorthin zurückzog, um den Podcast vorzubereiten. Sie konnte es gar nicht erwarten loszulegen, sie hatte sich schon durch einen Haufen Material gelesen, das sie zum Glück größtenteils abgespeichert auf dem Rechner hatte, sodass sie das ewig langsame Internet nur bei ein paar Fragen bemühen musste. Aber auf Dauer, das war klar, ging das so nicht. Sascha, den sie zum x-ten Mal gefragt hatte, ob er sich denn endlich an die Glasfaser-Bestellung gemacht habe, hatte gemurmelt, er wolle das gleich morgen tun. Was eine zufriedenstellende Antwort gewesen wäre, wenn er nicht genau dasselbe schon mehrfach behauptet hätte. Draußen kletterte das Thermometer gerade über 27 Grad, im Häuschen unter den Bäumen war es angenehm kühl. Ein idealer Ort zum Arbeiten.

Und – sie glaubte es einfach nicht: Da hinten stand ein Tisch! Mit anthrazitfarbenen Metallbeinen und Eichenplatte. Minimalistisch, etwas rough, aber gerade deswegen passte er vor die blassroten Backsteinwände. Perfekt! Genau so etwas hatte sie sich hier vorgestellt.

Woher wusste Sascha das? Hatte sie ihm schon erzählt, was sie hier vorhatte?

Oder war es Lisa gewesen? »Hey, Sascha, mach deiner Allerliebsten mal eine Freude, ich weiß zufälligerweise genau, was sie gerade sehr gut brauchen kann …«

Andererseits hätte es Lisa nicht ausgehalten, zusammen mit Anna eine Flasche Wein zu leeren, wie sie es vorgestern getan hatte, OHNE eine Andeutung zu machen.

Und das hatte sie definitiv nicht. Sie hatten ausführlich über Gott und die Welt geredet, über Sascha, über Moritz nur ganz kurz, aber dafür über die sprechende Hecke. Sascha hatte Anna erzählt, was ihm neulich nachts passiert war, noch bevor er den Rasenmäher hatte starten können, und das hatte sie nun Lisa verraten. »Ist das nicht frech? Uns immer so zu beobachten?«

Erstaunlicherweise fand Lisa das gar nicht so verwerflich. »Weißt du, ich glaube, das machen fast alle hier. Also – außer uns natürlich. Wir haben für so was keine Zeit. Aber eigentlich ist Sophie ganz nett.«

Sophie hieß sie also. Sie war eine Lehrerin, hatte Lisa erzählt, die im Sommer ganze Nachmittage auf ihrer Sonnenliege verbrachte. Wenn sie nicht gerade in der Hecke saß.

Anna hatte die spontane Idee gehabt, diese Sophie gleich mal freundlich zu besuchen, und sie waren beide auf dem Fahrweg längere Zeit an einer sehr hohen Hecke entlanggegangen, bis sie an ein ebenfalls sehr hohes Holztor mit Kamera und Videosprechanlage kamen. Sie klingelten, die Kamera leuchtete, aber niemand machte auf.

»Sie lebt etwas zurückgezogen«, sagte Lisa auf dem Rückweg. »Einige Einheimische hier bleiben gern unter sich.«

Anna hatte sich vorgenommen, es gelegentlich wieder zu probieren und einen Crémant mitzunehmen.

Aber wie gesagt: kein Wort von Lisa zu diesem fantastischen Schreibtisch. Die Arbeitsplatte war sogar höhenverstellbar. Ihr lieber Sascha hatte das irgendwann, als sie dachte, er sei hinter Blackys Haufen her, klammheimlich aufgebaut, um sie zu überraschen.

Jetzt brauchte sie nur noch einen Stuhl. Vorerst holte sie einen aus der Küche mit einem dicken Kissen und setzte sich. Schon das war toll!

Sie holte ihren Laptop und eine große Tasse starken Kaffee und fing an zu schreiben. Schon nach zweieinhalb Stunden war sie mit der ersten Fassung des Konzepts fertig.

Vor dem Überarbeiten machte sie eine Pause, fuhr mit dem Auto in die Gärtnerei zwei Orte weiter und kaufte Fingerhut, Akelei und Freesien. Auf dem Rückweg entdeckte sie einen kleinen Wochenmarkt, kaufte an einem Imkerstand Honig, bekämpfte an einem Bäckerwagen den Impuls, eine lecker aussehende Nougatschnitte zu kaufen, und nahm stattdessen ein kleines Vollkornbrot. Als sie zurückfuhr, ließ sie alle Fenster herunter, damit sie während der Fahrt die Vögel hörte. So schön war das Arbeiten auf dem Land!

Der Podcast würde gut werden, das wusste sie.

Sascha

Nach einer Woche hatte Sascha den Verdacht, dass es sich bei den ständig neuen Haufen im Garten keineswegs um Blackys letztes Aufbäumen handelte. Sondern dass der Maulwurf einfach weitermachte. Was hieß weiter: Er produzierte mehr Haufen als je zuvor. Als wolle er es Sascha heimzahlen, dass der die Hälfte seiner Haufen entfernt hatte und/oder diesen Verlust so schnell wie möglich wieder ausgleichen. Jeden Tag gab es neue Hügel. Nie weniger als drei, meist waren es fünf, sechs oder sieben, einmal sogar neun. Neun braune, hässliche Hügel auf einen Schlag!

Manche der Neuzugänge erhoben sich ganz frech genau dort, wo Sascha schon einmal welche weggenommen hatte. Andere an völlig überraschenden Orten: Versteckt zwischen den drei Eiben auf der Südseite des Grundstücks. Passgenau unter dem linken Gartentorflügel. Hinter dem Kompost, in der Ecke, in der Sascha üblicherweise die Haufenerde entsorgte (Wollte Blacky ihn damit verhöhnen? Hatte er/sie/es womöglich nach seinen alten Haufen gesucht? Nein, das war absurd …).

Fest stand: Dieser Maulwurf konnte so kuschelig tun und schützenswert sein, wie er wollte, er strengte sich wirklich an, sich unbeliebt zu machen. Ging man nach den Hügeln, bewegte er sich mittlerweile unter einem Drittel ihrer Grundstücksfläche – und zwar, als wolle er sie ärgern, bevorzugt in dem Bereich um Haus und Tor, den sie, die Menschen, am meisten nutzten.

Abend für Abend diskutierte Sascha mit der strengen Marie die neuen Haufen und entfernte dann die vereinbarten fünfzig Prozent. Oft wiederum unter Maries strengen Augen. Und mit der alten Grabeschaufel aus dem Gartenhaus; das trockene Holz des Stiels ächzte furchtbar; und bis es brechen würde, schien es eher eine Sache von Tagen als von Wochen zu sein. Aber bisher hatte Sascha gezögert, eine neue Schaufel zu kaufen. Er hatte die irrationale Hoffnung, dass Blacky schon bald einfach von selbst wieder verschwand.

Sascha hatte gelesen, dass das oft vorkam: Gestern noch pflügte ein Maulwurf ungerührt durch den Garten, heute war er weg. Ausgewandert, umgezogen, gefressen, egal, Hauptsache weg.

Aber dieser Maulwurf dachte nicht daran, ihm den Gefallen zu tun. Er spielte Katz und Maus mit Sascha. Fuhr seine Haufenproduktion bis zum Anschlag hoch. Weil er es konnte.

Sascha bemerkte deutliche Parallelen zu den Kleiderhaufen und Handtüchern, die Marie überall hinterließ.

Und schon eine knappe Woche nach Beginn der Wegräumvereinbarung gab es mehr Maulwurfshügel im Garten als jemals zuvor. Da half es nicht mal, dass Sascha heimlich ein paar Haufen extra entfernt hatte.

Anna verstand das Problem nicht so richtig. Sie empfand das, was Blacky tat, nicht als Provokation. Und leider schien sie all die Mühe, die sich Sascha gab, um den eskalierenden Maulwurf einigermaßen im Griff zu halten, auch nicht sehr wertzuschätzen.

Im Gegenteil, sie sagte, andere Dinge seien auch wichtig. Vielleicht sogar wichtiger: Wann sich Sascha denn nun wirklich um den Glasfaser-Anschluss kümmere? (Das würde er definitiv gleich morgen machen.) Ob er sich nicht mehr beteiligen wolle beim Ausräumen der Umzugskartons? (Doch, natürlich, sobald er etwas Zeit hätte.) Wann sie denn endlich einmal zusammen zu Ikea fahren würden? (Auch sofort dann, wenn er endlich mal Zeit hätte.) Und ob er bitte die Tage ernster nehmen könne, an denen er fürs Abendessen zuständig sei?

Gut, da hatte sie einen Punkt. Er war einige Male nicht dazugekommen, rechtzeitig etwas zu besorgen, Dosen mit Linsen oder Erbsen waren zu seiner Überraschung dann auch keine mehr da gewesen, offenbar hatte niemand welche gekauft. (Dafür war der Vorratsschrank sehr staubig, obwohl die neue Putzfrau schon ein paarmal gekommen war, aber das war ein anderes Thema.) Und als er von der Firma aus angerufen und Anna gebeten hatte, das mit dem Essen ausnahmsweise zu übernehmen, hatte sie gesagt, sie könne nicht.

Okay, hatte Sascha gerufen, er werde versuchen, noch ein paar Fertiggerichte zu besorgen. Anna hatte geseufzt. Und später, Marie hatte den Teller mit Linsen zurückgeschoben und sich vorwurfsvoll zwei Brote mit Schokocreme gemacht, hatte sie wieder ihren psychologisierenden Blick aufgesetzt. »Du könntest doch auch mal etwas grillen. Aber dafür müsstest du dir die Zeit nehmen, den Grill aufzubauen.«

Da hatte sie so was von recht. Von allen Psychologinnen dieser Welt schaffte sie es nicht nur am besten, die richtigen Fragen zu stellen, sie schaffte es obendrein am allerbesten, den Finger in Wunden zu legen. Und dass er einen Grill gekauft hatte, war ihm glatt entfallen. Kein Wunder, wenn einem so ein Maulwurf ständig dazwischenfunkte! Noch etwas fiel ihm ein. Die beiden unverschämten Wachleute mussten endlich entlassen werden.

Konnte ihm nicht mal irgendjemand etwas abnehmen?

Früher, in der Stadt, war es für Anna nicht so kompliziert gewesen, ihm mal zu helfen. Jetzt war das irgendwie anders. Natürlich, er respektierte voll und ganz, dass sie endlich wieder mehr ihr Ding machen wollte.

Aber offenbar war mit diesem Podcast für sie ein Mordsaufwand verbunden. Das Tutorial, das ihr sicher geholfen hätte, hatte sie nicht mal angeguckt. Vielleicht war das so eine Prinzipsache.

Überhaupt hatte sie sich irgendwie verändert. Allein schon, wie sie im Alleingang beschlossen hatte, das Gartenhaus, das er als Gerätehaus eingeplant hatte, zu ihrem neuen Office zu machen, statt des Zimmers im ersten Stock. Und wie sie gleich noch seine neue Werkbank als Schreibtisch okkupiert hatte!

Aber wenn sie damit glücklich war, und das schien sie zu sein, war das okay.

Anna

Draußen an der Eiche blitzte kurz ein Licht auf. Dann war es an den Zwetschgenbäumen. Jetzt tastete es sich die Hecke entlang.

Sascha schlich wieder mal mit der Lampe durch den Garten. Er achtete zwar sehr darauf, nicht in Richtung des Hauses zu leuchten, und dachte sicher, sie merke es nicht – aber hey, wofür waren sie so lange verheiratet?! Außerdem, Kunststück, fehlten immer noch die Vorhänge.

Jedenfalls: Ihr Mann beschäftigte sich eindeutig zu viel mit diesem Maulwurf. Allmählich kam es ihr vor, als drehe sich Saschas Leben, wenn er zu Hause war, um kaum noch etwas anderes als um Blacky und dessen Nebenwirkungen.

Umso größer war die Überraschung mit ihrem neuen Schreibtisch gewesen.

Und Sascha konnte, das fand sie so nett, immer noch so arglos tun. Unglaublich, wie früher, als sie sich kennenlernten.

Wie war das noch an dem Abend gewesen, nachdem sie den Tisch entdeckt hatte? »Danke, du Süßer!« Sie hatte ihm einen Kuss gegeben.

Sascha guckte sehr fragend. Er saß auf dem Sofa, wartete mal wieder darauf, dass sich eine Seite, sicherlich über Maulwürfe, zäh aus dem Internet lud.

Anna strahlte ihn an. »Ich war heute im Gartenhaus. Das ist

so lieb von dir! Eine super Überraschung! Schatz, du kannst Gedanken lesen. Genau so einen Schreibtisch habe ich mir hier immer zum Arbeiten gewünscht. Das ist so genial! Woher wusstest du …?«

Sascha schaute sie mit großen runden Augen an. Entweder war er geistig ganz weit weg gewesen – oder, nein, er tat bloß so. Früher hatte er öfter solche Witze gemacht. Er stammelte irgendwas von »Werkzeug« oder »Werkbank«.

Anna grinste. »Nicht von dem supertollen Tisch ablenken …! Und die paar Gartengeräte aus dem Baumarkt, die du da neben der Tür abgeladen hast, stören überhaupt nicht, mach dir keine Sorgen, die können ruhig so lange im Gartenhaus liegen bleiben, bis einer von uns Zeit hat, sie runter in den Keller zu tragen. Oder bis der Handwerker kommt, um die Fußbodenheizung zu verlegen!«

»In den Keller …«, echote Sascha, »… Fußbodenheizung?« Ein bisschen übertrieb er es schon mit der gespielten Alzheimerei.

Sie gab ihm noch zwei weitere Küsse und erzählte, wie gut sie an dem Tisch hatte arbeiten können, besser als überall anders in Haus und Garten. »Das ist jetzt ein magischer Ort. Danke!!! Ich muss mir nur noch einen Schreibtischstuhl besorgen. Aber das mache ich selbst, komm du ja nicht auf die Idee!«

»Schreibtischstuhl …« Sascha musste, warum auch immer, dringend aufstehen und schnell mal die Sofakissen durchordnen, das Gesicht hatte er abgewandt, weil er vermutlich fast vor Lachen platzte.

Anna rief, er sei ein ganz schlechter Schauspieler. Und sie zwickte ihn von hinten in den Bauch und kitzelte ihn, bis er so kichern musste wie sie.

Das Gartenhaus eignete sich auch toll als improvisiertes Studio. Sie hatten den Podcast hier produziert statt in der Stadt. Julia hatte in ihrem VW-Bus zwei mobile Akustikwände und ihre Podcasting-Ausrüstung mitgebracht, Sie nahmen einen Tag lang auf, und am Tag darauf schnitten sie alles zusammen. Es war ein Riesenspaß. Zuletzt hatten sie noch ein cooles Cover mit wirbelnden Grafiken, Emojis und leicht chaotischen Fotos von sich gestaltet und eine Hosting-Plattform beauftragt, den Podcast bei Apple und Spotify hochzuladen.

Und dann?

»Abwarten«, sagte Julia. »Wird schon. Die Hörer brauchen ein bisschen Zeit, bis sie uns finden.«

Julia hatte Erfahrung mit Podcasts. Aber Anna war ungeduldig. Kaum war ihr Podcast live, hatte sie zum ersten Mal nach den meistgespielten Titeln bei Spotify und Apple gesucht und musste über sich selber lachen, denn sie war fast enttäuscht, dass *Ist es kompliziert?*, Folge 1: »Ich bin Single – warum gerate ich immer an die Falschen?« nicht sofort dort auftauchte.

Gestern hatte sie wieder geguckt. Heute schon dreimal.

Natürlich war das immer noch viel zu früh.

Draußen im Garten blitzte wieder Saschas Taschenlampe auf. Anna ging nach nebenan in die dunkle Küche und stellte sich ans Fenster. Als ihre Augen sich akklimatisiert hatten, konnte sie erstaunlich gut sehen; es war fast Vollmond und der Himmel wolkenlos.

Oben im Flur knarrte der Fußboden. Marie. Sie polterte die Treppe herunter. Anna machte schnell das Licht an, öffnete den Kühlschrank und sah hinein.

Marie kam in die Küche, stellte sich wortlos neben sie, nahm sich eine Tasse Milch und rührte Kakao hinein, viel Kakao.

»Alles gut?«

Ihre Tochter nickte, kippte den Kakao wie ein Trinker seinen Brandy, nahm einen der Kopfhörer aus dem Ohr, sagte, sie müsse noch Physik lernen, winkte kurz. Und stapfte die Treppe hoch zurück in ihr Zimmer.

Sie hatte in der Schule gerade viel zu tun. Alle Prüfungen kamen quasi auf einmal.

Und Anna bewunderte es, wie Marie sich bei den ständigen Gesprächen mit ihrem Vater über Blackys Haufen auf einmal zusammennehmen konnte. Wie sie verhandelte, ohne die Beherrschung zu verlieren – weil es ihr darum ging, die Schöpfung vor unnötiger Zerstörung zu bewahren beziehungsweise vor ihrem Vater. Was in dem Fall dasselbe war.

Außerdem dachte Marie an den Hund. »Guckt mal, was es für Süße gibt«, hatte sie gestern gesagt und ihnen strahlend Bilder von Labradoodles, Goldendoodles und Aussidoodles gezeigt, Hunderassen, die auf TikTok und Insta gerade gehypt wurden, eigentlich waren es keine Rassen, sondern Kreuzungen, drei- oder vierfarbig, ein paar davon hatten leichte Knickohren. Anna hätte jeden dieser Hunde sofort genommen.

»So süß!«, wiederholte Marie. »Und sie verlieren keine Haare. Papa! Das ist doch für dich eine Sorge weniger, oder?«

Sascha hatte gequält gelächelt.

»Wann holen wir jetzt einen?« Marie sah sie beide abwechselnd an.

»Bald, sehr bald«, sagte Sascha. »Aber bitte hab noch etwas Geduld, ich komme gerade nicht dazu! Einen Hund kauft man nicht mal eben schnell im Supermarkt.«

Marie ließ nicht locker. Sie zeigte wieder auf ihr Handy. »Hier, ich war auf der Webseite vom Tierheim, da gibt es Hunde, die man retten kann …«

»Marie! Ich verspreche dir, dass wir bald darüber reden.«

»Okay, dann suche ich mir schon mal einen aus und zeige ihn euch, einverstanden?«

Anna hätte das eine ganz gute Idee gefunden. Aber für Sascha war das schon viel zu konkret.

»Marie, wir sprechen BALD. Wir setzen uns in Ruhe zusammen …«

»Aber WANN?«

»Wenn ich auch Zeit hatte, mich vorzubereiten. Nächste oder übernächste Woche. Ich habe im Moment so viel zu tun.«

Im Moment betraf das mal wieder den Garten. Anna machte das Licht aus, ging zum Fenster und wartete, bis sie wieder etwas sah.

Sascha stand neben der Hecke, hatte seine Stirnlampe auf dem Kopf und beugte sich nach vorn wie ein Storch auf Froschfang, um das Licht auf den Boden zu richten. In der Hand hielt er die Schaufel.

Er bewegte den Lichtkegel mit dem Kopf hin und her. Richtete sich auf, drehte sich einmal um sich selber. Trat zur Hecke, hielt den Kopf hinein. Machte einen Schritt zurück und griff mit der freien Hand an die Lampe. Die wurde zuerst schwachrot, dann intensivgrün und begann schließlich, hektisch zu blinken. Sascha hielt den Kopf jetzt dicht vor die Hecke und begann, seitlich an ihr entlangzugehen in Richtung Komposthaufen, immer schneller, bis er sprang wie ein elektrischer Hampelmann auf Speed. Zwei-, dreimal flatterte etwas aus den Büschen, einmal verfehlte es Sascha nur knapp. Durch die Scheibe hörte Anna das empörte Schimpfen eines Vogels.

Sascha erreichte das Ende des Gartens und kam zurückgehüpft. Als er die Stelle erreichte, an der er gestartet war, hörte er auf zu hüpfen und stellte die Lampe auf schwachrotes Dauerlicht. Dann sah er sich um wie ein Dieb und begann zu graben.

Das machte er jetzt fast jeden Abend. Er dachte wahrscheinlich, so würde Marie es nicht bemerken. Anna hoffte sehr für ihn, dass das tatsächlich so war, dass in diesem Moment nicht Marie oben in ihrem Zimmer am Fenster stand, so wie sie hier unten, und beobachtete, wie Sascha die feierlich ausgehandelte Vereinbarung zu den Maulwurfshügeln eiskalt brach. Mal wieder. Auch gestern hatte er Haufen im Schutz der Dunkelheit verschwinden lassen, vor ein paar Tagen schon einmal.

Anna hatte Sascha zur Rede stellen wollen, unter vier Augen, aber entschied sich nach langem inneren Hin und Her doch dagegen. Wenn das ein Ventil für seine Maulwurfsmanie war, etwas, das ihnen allen half, dann konnte man das übersehen, solange es gut ging.

Die viel wichtigere Frage war ja: Wieso steigerte Sascha sich derart in diese Sache mit Blacky hinein? Investierte so viel Energie und Zeit, ging Anna furchtbar auf die Nerven, gefährdete das Verhältnis zu seiner Tochter. Ob und wie ihn das auch im Job tangierte, das wusste sie gar nicht. Früher hatten sie über alles gesprochen, aber seit Blacky redete Sascha kaum noch über etwas anderes. Wenn er nicht gerade draußen herumstiefelte und Haufen beseitigte. War das schon eine behandlungsbedürftige Neurose?

Oder würde er endlich einsehen, dass das dauernde Gegrabe im Garten sinnlos war? Weil, egal wie viele Hügel er wegräumte, Blacky immer neue buddelte, das war einfach sein biologisches Programm. Maulwürfe hatten offenbar große Ausdauer, in einem Wissenschaftsnewsletter war Anna gerade eine Studie spanischer Wissenschaftler untergekommen, laut der sich das Gang- und Höhlensystem eines einzigen Maulwurfs über mehr als 3000 Quadratmeter erstrecken konnte.

Sie nahm ihr Smartphone, suchte die Mail und schickte sie weiter an Sascha mit dem Kommentar: »Schau mal, Schatz, das Graben hat sowieso keinen Sinn, ist alles Biologie!«

Dann merkte sie, wie müde sie war. Sie ging schlafen, ohne auf Sascha zu warten.

Sascha

Sascha las diese verdammte Studie im Zug. Der war noch voller als sonst. Die Autobahn Richtung Hamburg war gesperrt, eine Brücke wurde ausgewechselt, vielleicht lag es daran. Jedenfalls hatte er gerade noch einen Stehplatz vor dem WC im Zwischenwagenbereich bekommen, stand eingeklemmt zwischen einer schwitzenden Halbnackten mit Kaffeefahne und einem Schwitzenden im Polyesterhemd, der obendrein kein Deo mochte. Den zusammengeklappten E-Scooter hatte er so hinter sich geklemmt, dass niemand auf die Idee kommen konnte, er nähme jemandem einen Stehplatz weg. Sascha kämpfte akute Anflüge von Platzangst nieder und versuchte, mit möglichst wenig Atmen auszukommen und sich abzulenken, indem er konzentriert seine Mails las.

Und dabei stieß er eben auf die Studie, die Anna ihm geschickt hatte, und ihm blieb erst recht die Luft weg. Denn das bedeutete nichts anderes, als dass jeder Maulwurf ungeheure 3000 Quadratmeter für sich persönlich in Anspruch nahm. Und konnte nichts anderes heißen, als dass, wenn auf einem Grundstück weniger Platz war – bei ihnen »nur« 1800 Quadratmeter –, das Tier versuchen würde, auf dieser Fläche trotzdem die ursprünglich für 3000 Quadratmeter vorgesehene Menge an Gängen, Höhlen und Haufen unterzubringen. In ihrem Garten würden sich also fast bald doppelt so viele Erdhügel drängen wie anderswo!

Wenn man Blacky ungehemmt weitermachen ließ.

Der Zug stoppte beim nächsten Halt. Die Tür nach draußen ging auf, alle sogen gierig die frische Luft ein. Dann tauchte ein Mann auf und starrte mit finsterer Miene in den Zwischenwagenbereich.

Es war der Schaffner.

Er erkannte Sascha ebenfalls, konnte gar nicht erwarten, dessen Fahrkarte zu sehen, und zeigte auf den kaum erahnbaren Scooter hinter Saschas Rücken. »Haben Sie für Ihr Sperrgepäck eine Fahrkarte?«

»Nein«, erwiderte Sascha. »Wieso? Das ist nur mein E-Roller.«

»Sagte ich doch. Sperrgepäck!«

»Aber Sie wollten dafür noch nie ein Ticket sehen …«

»Haben Sie dafür eine Fahrkarte oder nicht?«

»Warum sollte ich? Einen E-Roller kann man im Zug als Handgepäck mitnehmen.«

»7,90«, sagte der Kontrolleur. »7,90 zuzüglich 7,90, nein: 12,70 Zugverkaufsgebühr. Oder sofort aussteigen.«

Spontan hielt Sascha das Aussteigen zwar für die attraktivere Alternative. Aber dann wäre er zu spät zu seiner eigenen Planungsrunde gekommen. Er entschloss sich zu zahlen. Konnte man Zugbegleiter wegen Willkür anzeigen? Er würde das später googeln.

Anna

Wieder nichts, nirgendwo! Nicht mal ganz hinten. Oder ganz, ganz hinten. Verflixt!

Anna klappte den Laptop zu und atmete aus. Leicht genervt. Sie lehnte sich in ihrem neuen Schreibtischstuhl nach hinten, sah durch die Fenster ihres Studios in das üppige Grün der Büsche draußen und versuchte, die große Fliege zu überhören, die von innen gegen die Scheiben ansummte. Seit fünf Tagen scrollte sie mit nach wie vor schön langsamer Internet-Geschwindigkeit immer wieder durch die Podcast-Charts, bei Apple, bei Spotify und anderswo. Bei allen Rankings spielten vermutlich die Downloads in einer bestimmten Zeitspanne und die Abonnenten eine Rolle, vielleicht auch die Bewertungen. Welche Rolle genau, das wurde nicht verraten, war aber auch egal, Hauptsache, so viel wusste Anna mittlerweile, ein Podcast kam in eine dieser Listen, unter die Top Ten, Top 20, oder auch die Top 50 oder 100, Hauptsache irgendwo. Damit die Leute auf der Suche nach Neuem darauf stießen, dass es ihn gab, damit Journalisten, Blogger und andere Menschen mit vielen Followern auf ihn aufmerksam wurden, damit sie ihn gut – oder ihretwegen auch furchtbar – fanden und ihn besprachen.

Aber nichts passierte. Seit fünf Tagen war die allererste Folge ihres Podcasts *Ist es kompliziert?* jetzt draußen. Und sie war noch in keiner der Bestenlisten aufgetaucht. Nicht mal auf Platz 99 oder 100, so viele Podcasts gab es nun ja nicht. Nein, nirgends!

Gerade hatte Anna wieder in die Aufnahme reingehört. Es war ein klasse Thema, und sie hatten das wirklich gut gemacht, ein super Gespräch geführt, mit Beispielen, Ursachen, Hilfestellungen, mit viel Trost und viel Hoffnung – in diesen 59 Minuten steckte so viel!

Aber offenbar fanden das die Hörer nicht. Und das mit den Chartlisten war kein Irrtum, denn die Download- und Abspielzahlen, die sie auf der Website des Hosters einsehen konnten, waren: hm, nun ja, entsprechend … dürftig.

»Wir müssen Geduld haben. Das kommt sicher noch«, sagte Julia, wenn sie telefonierten. Das machten sie jetzt täglich, um zu überlegen, was sie für den Erfolg ihres Stücks noch tun konnten. »Wir müssen einfach noch ein bisschen bekannter werden. Den Podcast bei YouTube bringen. Alle Leute ansprechen oder anmailen, die wir kennen. Ich frage auch ein paar Kolleginnen, ob sie einen Tipp unterbringen können. Du kennst doch sicher auch noch Journalistinnen von früher?« Wie es aussah, fing die Arbeit jetzt erst an; Anna hatte sich das irgendwie einfacher vorgestellt.

Ihr Handy begann zu surren. Eine unbekannte Nummer. Aus München. Jemand von Apple oder Spotify, der ihr sagen wollte, dass ein Riesenirrtum geschehen war, dass *Ist es kompliziert?* versehentlich falsch gelistet worden war und schon längst die Charts anführte? Eine Journalistin, die die erste Folge gehört hatte und ein Interview mit Anna führen wollte?

Sie räusperte sich und ging ran.

»Hey, du Knallerfrau! Wie geht's?« Es war Emilia. Eine Studienkollegin, die nach der Promotion drangeblieben war, sich von Vertrag zu Vertrag gehangelt, einen super Job nach dem anderen gemacht hatte und mittlerweile Professorin an der Uni München war. Letztes Jahr hatte sie eine große Einstandsparty geschmissen, Anna war hingefahren und hatte jede Menge alter Kolleginnen getroffen.

»So«, sagte Emilia am Telefon. »Es ist so weit, unser jährliches Kompendium geht in den Endspurt. Und du bist diesmal fest eingeplant … Ehrlich gesagt: Es ist so chaotisch, alle liefern entweder gar nichts oder das Falsche, ich bin heilfroh, dass du an Bord bist.«

Es dauerte etwas, bis es bei Anna klingelte. Ja, damals beim Wein auf der Dachterrasse in München hatte sie Emilia in einem offenbar sehr selbstlosen Moment zugesagt, für einen dicken Reader zum Thema »Krisen überwinden in der Partnerschaft« einen langen Text zu schreiben. Über reale und idealisierte Rollenbilder in Partnerschaften. Und einen anderen, noch längeren Text über psychodynamische Verfahren in der praktischen Paartherapie zu lektorieren, der von einer männlichen 65-jährigen Koryphäe käme, bekannt für sein Selbstbewusstsein, also seine Sturheit. Das allein war kein Problem – wäre die Abgabe nicht schon in wenigen Wochen gewesen.

Sie konnte Emilia nicht sitzen lassen, nachdem die so fest mit ihr rechnete. Sie musste da durch.

Anna unterdrückte den Impuls, die dämliche Fliege umzubringen, die sich immer noch den Kopf an der Scheibe einrannte. Stattdessen öffnete sie ein Fenster und wedelte das Insekt nach draußen.

Sascha

In der Konferenz fragte Saskia, noch besorgter als beim letzten Mal, wann denn endlich die Angebote für den Umbau des Firmengeländes kämen.

Sascha sagte lässig, einige Angebote seien schon da. Er habe nur noch ein paar Rückfragen und würde sie dann in die Runde geben.

»O toll!« Saskia beugte sich vor. »Das wurde ja Zeit. Wie viele Büros sind denn konkret angefragt?«

Sascha antwortete, dass er das nicht auswendig wisse, dass es aber eine ganze Reihe sei, und leitete geschäftig zum nächsten Punkt über.

Später schloss er sorgfältig seine Tür, setzte Kopfhörer auf und machte sich an die Videocalls. Zuerst kontaktierte er die zwei Planungsbüros, mit denen er zuletzt zusammengearbeitet hatte, wegen des naturnahen Parkplatzes und der Frage, ob das Regenwasser vom Dach der Firmengebäude nicht in eine Zisterne fließen könne statt in die Kanalisation.

Wobei das aktuell eine hypothetische Frage war: Sascha konnte sich nicht erinnern, wann es das letzte Mal geregnet hatte. Die Chefin von Human Natureplan auch nicht, überall vertrockne alles. Und als sie hörte, weshalb Sascha anrief, lachte sie verzweifelt: Bis nächstes Jahr im September sei die Umgestaltung des Firmengeländes vielleicht machbar, sie werde gerade zugeschüttet mit Aufträgen für die naturnahe, Wasser sparende Umgestaltung von Betriebsgeländen, weil dort, obwohl alle wässerten wie wild, die Pflanzen in Massen abstarben. »Jahrelang hat niemand an den Klimawandel glauben wollen, das ist die Quittung!«

Zu Saschas Überraschung sah sich auch der Chef der anderen, kleineren Firma erst im nächsten Jahr in der Lage, den Auftrag auszuführen. Er fragte aber noch, was es mit dem Anruf aus der Buchhaltung bei Schicks auf sich habe. Eine Frau habe für die Statistik wissen wollen, ob sein Unternehmen gerade mit Schicks in Kontakt sei.

»Sie haben Nein gesagt?«, fragte Sascha.

»Sie haben ja erst heute angerufen.«

Sascha erkundigte sich nach dem Namen der Frau. Es gab niemanden bei Schicks, die so hieß.

Saskia? Hatte sie nachprüfen wollen, ob Sascha schon etwas unternommen hatte? War sie deshalb so bestimmt aufgetreten? Und, wenn ja: Warum? Was hatte sie vor?

Ihm fiel ein, dass er neulich Saskia mit Ariane gesehen hatte, sie kamen aus dem Fahrstuhl, beide unterhielten sich und lachten.

Er hatte gedacht, das Zusammentreffen sei Zufall gewesen. Was, wenn nicht?

Blödsinn, natürlich war es Zufall.

Sascha rief bei drei anderen Büros für ökologische Gartengestaltung an. Bei allen war es das Gleiche. Diesen Oktober? Vergessen Sie's! Die vielen Aufträge, das herausfordernde Wetter. »Das begünstigt auch Schädlinge«, seufzte eine Landschaftsplanerin von Centric Naturing.

Sascha fiel etwas ein. »Auch Maulwürfe?«

»Nein, die leiden darunter, dass es weniger Würmer und Insekten gibt, wenn der Boden so trocken ist. Sie müssen sich mehr anstrengen, um sich zu ernähren. Müssen tiefer nach Nahrung graben.«

»Und bringen mehr Erde an die Oberfläche als sonst?«

»Ja, das kann sein. Warum fragen Sie?«

»Ach, mich hat unser Facility-Mann angesprochen. Er kann die Maulwürfe auf unserem Gelände nicht leiden.«

Sie lachte. »Der Mann ist schon älter? Maulwürfe sind streng geschützt … da drohen hohe Strafen. Aber gerade ältere Männer, die Generation Ziergarten, die kaufen im Baumarkt auch diesen ganzen nutzlosen Anti-Maulwurf-Kram – diese Typen, ich sage Ihnen!« Sie lachte wieder.

Sascha achtete darauf, artig mitzulachen, es war schließlich eine Videokonferenz. Wie alt musste man sein, um für eine höchstens dreißigjährige Planerin als älterer Mann zu gelten?

Er bot einen Aufpreis, wenn die Umgestaltung noch dieses Jahr stattfinden könne.

Sie lehnte bedauernd ab. »Wir schicken unser Angebot für nächstes Jahr.«

Auch bei den übrigen zwei Firmen winkte Sascha mit mehr Geld. Auch sie bedauerten. Und außerdem hätten sie ihre Honorare längst angehoben.

Es gab noch andere Planungsbüros. Sascha war sicher, dass er eins finden würde.

Die restliche Stunde bis zum nächsten Meeting nutzte er, um schnell noch etwas zum Maulwurf nachzugoogeln, denn zu Hause brauchte er immer noch ewig. (Bald, sehr bald, würde er Glasfaser bestellen.)

Spätestens nach der Dreihundert-Quadratmeter-Studie war ihm klar geworden: Ein Maulwurf ließ sich durch keine Quotenregelung aufhalten, durch keinen Kompromiss. So sehr er für die Umwelt, für alle Tiere, für Klima- und Naturschutz war und alle LGBTQ-

Maulwürfe voll respektierte, so süß seine Familie ihn/sie/es obendrein fand – es gab nur einen Weg: Blacky musste verschwinden.

Wie sperrte man einen Maulwurf aus einem Garten aus?

Im Netz eine Antwort auf diese Frage zu finden, war so langwierig, dass er sein nächstes Meeting verschieben musste.

Als er später nach Hause fuhr, war er jedoch genau darüber informiert, wie es funktionierte: mit Netzen, die man in den Boden einarbeitete. Oder mit Barrieren, die man rund um das Grundstück herum metertief in den Boden rammte.

Aber all das bedeutete immensen Aufwand. Hohe Kosten. Und vor allem: Es funktionierte nur, BEVOR ein Maulwurf in den Garten kam. Nicht, wenn er schon da war.

Bevor Sascha in den Zug stieg, ihm war nicht nach Debatten, kaufte er per App prophylaktisch ein Extraticket für seinen Roller.

Umsonst. Der Zug war fast leer. Und weit und breit kein Kontrolleur zu sehen.

Anna

»Das ist völlig normal am Anfang.« Lisa hob ihren Latte macchiato und prostete ihr zu. Sie beide saßen vor dem Gartenhaus in der Sonne bei ihrem After-Work-Coffee, den sie eben mit sofortiger Wirkung eingeführt hatten.

Beide hatten taffe Arbeitstage hinter sich. Lisa hatte über Stunden mit einem Unternehmer, der diverse Müllkippen betrieb, über eine positive PR-Strategie gesprochen, die keineswegs einfach zu entwickeln war, da Müllkippen im Allgemeinen nicht sehr positiv besetzt sind. Anna hatte versucht, diverse Journalistinnen und Journalisten zu erreichen, um sie zu überzeugen, den Podcast anzuhören, und hatte die Absage einer Journalistin vom *Abendblatt* kassiert, die Anna zwar von früher kannte, die sich aber vom Thema nicht angesprochen fühlte. Wenigstens hatte ein Interview mit einer Frau vom NDR geklappt, es war kürzer gewesen als erhofft, sehr kurz sogar, aber es würde bald gesendet werden. Hoffentlich.

Ansonsten fühlte sich Anna podcastmäßig völlig durch.

Lisa wirkte auch durch, sie hatte Schatten unter den Augen.

»Beim ersten Mal klappt es nur sehr selten, dass ein Podcast gleich in die Charts schießt. Eigentlich nur bei Leuten, die man sowieso schon kennt. Weißt du, bei so was muss man dranbleiben.« Lisa lächelte. »Ich habe mal für diesen Landtagsabgeordneten Endemann PR gemacht. Der war kaum fähig, einen geraden Satz rauszubringen, dachte aber, er müsse unbedingt noch einen Podcast abliefern, weil das alle machen. So etwas Langweiliges hast du noch nie gehört. Alles, was mir blieb, war, das als den skurrilsten Podcast ever zu verkaufen. Und tatsächlich, nach ein paar Wochen war er in den Charts. Die meisten Hörer dachten, das sei Comedy.« Sie lachte ihr XXL-Lachen.

»Du meinst, es gibt Hoffnung?«

»Aber hallo! Ihr müsst auf Social Media Werbung machen, auf Insta, TikTok, ihr braucht eine Website, am besten noch einen Blog. Alles Arbeit, aber damit baut ihr eine Community auf.«

Auf einmal fiel Anna ein, wieso ihr latent vor allem grauste, was mit Internet zu tun hatte.

»Sag mal, Lisa: Wenn du die PR für das Glasfaserprojekt machst – kennst du auch jemanden, den man ansprechen kann, damit man schnell einen Anschluss bekommt? Weißt du, Sascha wollte das machen, seit Wochen, aber bis der mal dazukommt …«

»Klar. Nichts leichter.« Lisa lächelte. »Eine Freundin von mir managt die Firma, die die Kabel verlegt.«

»Oh, klasse! Denkst du, du könntest …«

Lisa hob den Daumen. »Wird gemacht.« Sie beugte sich vor. »Ich habe den Podcast übrigens gestern gehört. Ich fand ihn toll.«

»Wirklich?«

»Ja. Ich lag im Bett, konnte nicht einschlafen, Moritz war wieder mal weg, und …«

»Wieder mal weg?«

»Wieder mal weg.« Sie begegnete Annas Blick. »Also, es ist kompliziert.«

»WHAT? Was heißt das denn?«

»Also … Moritz hat angefangen wegzugehen.«

»Wegzugehen?«

»In irgendwelche Kneipen. Mit den Leuten vom Tennis.«

»Okay ... Wenn er nicht volltrunken nach Hause kommt ...«

»Findest du, ich sehe so abstoßend aus?«

»Nein! Überhaupt nicht! Vor allem wenn du dein gestreiftes Matrosenshirt anhast, kann ich mir keinen Mann vorstellen, der nicht ...«

»Hör auf!« Lisa lachte kurz, dann wurde sie wieder ernst. »Weißt du, wann er mich zum letzten Mal geküsst hat? Ich nicht!«

»Und wie findest du es, dass Moritz in die Kneipe geht?«

»Wenn es nur ums Trinken ginge, wäre es mir völlig egal.«

»Du glaubst, da ist noch was anderes?«

Lisa zuckte die Schultern und schwieg.

»Lisa, du weißt: Egal, was ist, du bist immer willkommen. Zu jeder Tages- und Nachtzeit. Verstehst du?«

Eigentlich hatte sie immer gedacht, Lisa und Moritz seien ein Dreamteam. Sie passten so gut zusammen in ihrer Zielstrebigkeit und mit ihrem Lifestyle: Das Haus schick eingerichtet, neue Autos, teure Reisen, angesagte Kleiderlabels.

Etwas trappelte schnuffend um die Hausecke, dann schoss ein großer Schatten auf Lisa zu und wuffte erleichtert. Kaventsmann wedelte heftig und drückte sich so gegen Lisa, dass er sie fast samt Stuhl umriss.

»Hunde kennen keine Hecken.« Lisa strahlte und klopfte ihren Hund, als sei der ein Pony. Was zumindest größenmäßig ja auch stimmte.

»Moritz mag es gar nicht, wenn Kaventsmann frei rumläuft. Er hat Angst, dass er uns den hinteren Garten umpflügt. Oder die Maulwurfpiepser wieder ausgräbt.«

»Maulwurfpiepser?«

»Genau. Er hat Massen von diesen Piepsgeräten gekauft, die Maulwürfe verjagen sollen, und hinterm Haus eingegraben, eins neben dem anderen. An manchen Tagen habe ich Kopfweh von dem Gepiepse!«

»Moment – ich dachte, Moritz ist bei Maulwürfen ganz entspannt?«

»Moritz?« Lisa lachte. »Das erzählt er vielleicht. Aber er hat noch ganz andere Sachen gegen Maulwürfe ausprobiert. Sogar eine ferngelenkte Drohne, die Pfefferspray versprühte.«

»Auf die Maulwürfe?«

»Genau das war das Problem. Sie hat nie einen erwischt. Dann engagierte er Schmitter. Du weißt, den Rentner. Der hat ihm versprochen, dass er die Maulwürfe aus unserem Garten in Richtung Wäldchen treibt, ich möchte gar nicht wissen, wie …«

War das hier auf dem Land vielleicht so ein Männerding – mein Haus, mein Garten, mein böser Maulwurf?

Anna versuchte, die Sprache wieder auf Lisas Beziehung zu bringen.

»Hast du das Gefühl, dass Moritz auf Abstand zu dir …?«

Lisas Handy schrillte. Sie sah aufs Display. »Ich muss ran. Leider. Der Müllkippenmann. Er braucht mich.«

Anna würde bei nächster Gelegenheit mit ihrer Freundin weitersprechen.

Sascha

Gerade in Phasen, in denen er das Gefühl hatte, viel Stress zu haben, tat es Sascha gut, nicht nur morgens zu laufen, sondern ab und zu auch abends. Dabei schaffte er nicht nur eine längere Strecke als morgens, die Zeit war auch nicht verloren, denn während er lief, arbeitete sein Unterbewusstsein an Lösungen für Dinge, mit denen er sich beschäftigte. Jedenfalls normalerweise. In Bezug auf den Maulwurf war es heute nicht so, obwohl Sascha dreimal um den gesamten See herumrannte. Ein paar Jugendliche, die am gegenüberliegenden Ufer vor einem alten Kriegerdenkmal herumlungerten, johlten schon.

Er war ziemlich außer Atem, als er beim großen, reetgedeckten ehemaligen Bauernhaus am Seeufer stoppte, um seine Dehnübungen zu machen.

»Fleißig, fleißig!« Über die Buchsbaumhecke lächelte ihn eine Frau an. Sie hatte platinblondes Haar, intensive hellblaue Augen und trug ein weit ausgeschnittenes Top. In der Hand hielt sie ein Glas mit gelblichem Inhalt, als sei sie auf einer Strandparty.

Sascha winkte ihr kurz zu.

»Ich bin Violet! Deine Frau – oder Lebensgefährtin? – läuft auch, oder? Ich habe sie vor ein paar Tagen getroffen, wir haben uns nett unterhalten! Hey, da kommt mein Mann, Torsten.«

Torsten trug trotz der Wärme zu seinem Poloshirt einen Kaschmirpullover um die Schultern und hatte auch einen Drink dabei. Er öffnete das Tor, kam auf Sascha zu und gab ihm die Hand. »Unser Sundowner«, er hob das Glas und wies auf die Sonne, die langsam in den abendlichen Sinkflug überging. »Willst du – wollen wir Du sagen, ja? – willst du auch einen Gin Tonic?«

Sascha zögerte etwas, verschwitzt, wie er war, fühlte er sich alles andere als gesellschaftsfähig, aber Violet strahlte ihn an und reichte schon ein Glas über die Hecke. Und kaum hatte Sascha eine freundliche Bemerkung zu ihrem Haus formuliert, luden die zwei ihn zu einer schnellen Besichtigung ein.

Von innen wirkte das alte Bauernhaus noch viel größer. Der riesige Wohnraum ging bis unters Dach, hatte einen bepflanzten Lichtschacht aus Glas mit Himmelblick und in Höhe des ersten Stocks eine auf drei Seiten umlaufende Galerie. Die Küche war ein Traum aus Marmor, Glas, Alabaster und Mooreiche. An den Wänden hing teure Kunst.

Alles war perfekt aufgeräumt und sauber, nirgendwo stand etwas herum, allerdings gab es offenbar auch keine Kinder … Und in der Küche werkelte eine Frau, offenbar eine Art Haushälterin.

Torsten erzählte, er arbeitete in der Finanzbranche, Private Equity, und zwar selbstständig, von hier, aus dem großen Büro mit Panoramafenstern im ehemaligen Stall. Violet sagte, sie sei bei einer Firma in Schleswig im Controlling. Die beiden mussten gut verdienen. In der ehemaligen Scheune standen zwei SUVs, außerdem ein 1967er Porsche und ein brandneuer mit E-Antrieb. Und im Souterrain blieb Sascha erst mal die Spucke weg. Denn der kleinere Teil des Stockwerks war ein Kraft- und Fitnessraum mit Sauna und Solarium. Und der größere Teil war – ein Pool. Mit Gegenstromanlage, aber man konnte auch nach draußen schwimmen. In den Außenpool, der von außerhalb des Grundstücks zwischen den Wildrosenhecken nicht zu sehen war.

»Ursprünglich wollten wir die Anlage an den See anbinden, damit wir gleich ganz rausschwimmen können«, erzählte Torsten leichthin, »aber dafür bräuchten wir eine Schleuse, sonst haben wir den ganzen See im Keller. Und beim Durchschwimmen müssten wir immer warten, bis die offen ist. Darauf hatten wir keine Lust.«

Die Frau aus der Küche war plötzlich da und trug auf einem Tablett drei neue gefüllte Gläser.

Auf dem Rückweg vom Außenpool sah Sascha hinten im Garten den älteren Mann mit olivgrüner Multitaschenweste kauern, den er hier schon einmal gesehen hatte.

Torsten folgte Saschas Blick. »Das ist Herr Schmitter. Er hält Maulwürfe von unserem Grundstück fern.«

»Das ist ja manchmal nicht leicht.«

»Bei uns klappt das.« Torsten grinste. »Wir dulden keine Maulwürfe. Und wenn das einer von denen nicht verstehen will – trotz der Bemühungen von Herrn Schmitter –, dann machen wir Tabula rasa.«

Er klopfte Sascha auf die Schulter. »Das ist bööööse, ich weiß. Ist mir aber egal. Auf meinem Grund und Boden mache ich die Regeln, und wer sich nicht daran hält, muss mit den Konsequenzen leben. Oder sterben.« Er lachte laut über seinen Spruch.

Violet lächelte dazu hinreißend.

Sie luden Sascha sehr freundlich ein, bald wiederzukommen und Anna und Marie mitzubringen.

Als Sascha zurückkam, stand seine Tochter im Garten und zeichnete in ihren Teil des Plans drei neue Haufen ein, die das Tier frisch aufgeworfen und die sie leider schon gesehen hatte.

Anna

Sie hatte schon geschlafen, da weckte sie zuerst das Geschrei eines Käuzchens, das sich ausgerechnet ihren Garten als Jagdrevier ausgesucht hatte. Hoffentlich kam Blacky nicht auf die Idee, sein rosafarbenes Schnäuzchen aus einem Haufen zu strecken. Und dann, sie war eben dabei, wieder wegzudämmern, schlüpfte Sascha ins Bett. Er hatte sich noch lange mit dem Internet abgequält und musste ihr, auch wenn es längst tief in der Nacht war, sofort von der bahnbrechenden Erkenntnis berichten, dass man streng geschützte Maulwürfe tatsächlich nicht töten dürfe – er habe eine Tabelle gefunden: Bis zu 50 000 Euro Strafe – 50 000 horrende Euro! – drohten für das Töten eines Maulwurfs. Wie gruselig war das denn? Das Umbringen eines Maulwurfs sei also nicht nur ein ethisches Problem, sondern tatsächlich auch ein rechtliches und finanzielles. Und letzten Endes bedeute es auch, dass man einen Maulwurf immer nur mit Samthandschuhen anfassen beziehungsweise ihm die Samthandschuhe höchstens ZEIGEN dürfe, um nicht ein Riesenproblem zu bekommen. Denn einen Maulwurf lebendig zu fangen, war genauso verboten und strafbewehrt! Aber die eigentliche Frage, die sei doch: War man etwa auch schuldig, wenn der Maulwurf PER ZUFALL sterbe, einfach so, an Altersschwäche, an Herzinfarkt, aus Frust?

Anna wollte Sascha fragen, ob er denn tatsächlich überlege, dem armen Blacky etwas anzutun. Aber sie kam nicht mehr dazu, denn sie war schon wieder dabei einzuschlafen.

Sascha

Unfassbar, dachte sich Sascha, als er im Bett lag und nicht einschlafen konnte, während er durchs Fenster sah, wie es hinten am Himmel allmählich wieder hell wurde: Da konnte man so wohlmeinend, behutsam und wertschätzend sein, wie man wollte: Man durfte einen Maulwurf, der über die Stränge schlug, nicht einmal ganz vorsichtig einfangen und ein paar Meter weiter wieder aussetzen, vor dem nächsten Wald oder in einem benachbarten Garten. Die einzige legale und straflose Möglichkeit war, selbst zum Fiesling zu werden und das Tier aus dem Garten zu ekeln. Ansonsten konnte so ein Tier gesetzlich geschützt weitermachen, wie und so lange es wollte. Also bis der Garten kein Garten mehr war. Oder der Gartenbesitzer verrückt. Oder beides zusammen.

Was Torsten und Violet taten (und auch noch offen zugaben!) war also hoch riskant. Und nein, Sascha wäre es nicht eingefallen, zum Äußersten zu greifen. Nicht nur der Strafen wegen, die er nicht hätte bezahlen können. Er war auch nicht der Typ, der Tiere einfach umbrachte, abgesehen davon, dass ihm Anna und Marie so was von die Hölle heißgemacht hätten. An den beruflichen Schaden gar nicht zu denken. Schließlich war er nicht irgendein freiberuflicher Finanzjongleur, er war der Sustainability-Manager von Schicks! Wenn auf Social Media erst mal berichtet würde, er sei ein Maulwurfskiller – und heute wurde über alles auf Social Media berichtet … – nein, Blacky musste von alleine gehen!

Plötzlich klopfte es. Am Fenster. Sascha stand auf, öffnete und sah in das spitze Gesicht des Maulwurfs. »Du wirst mich niemals wegkriegen!«, sagte der mit hoher Stimme. »Ich war schon immer da, und ich werde bleiben, da kannst du tun, was du willst, du Wicht von einem Menschen!« Er lachte keckernd und stieß mit einem langen, spitzen Grabefinger in Richtung von Saschas Gesicht. Der fuhr zurück.

Und wachte auf.

»Ist alles gut?«, fragte Anna schlaftrunken.

»Alles gut«, murmelte Sascha.

Es war schon richtig hell, bis er wieder einschlief.

Anna

Sie war tatsächlich etwas aufgeregt. Dies war das erste Wochenende, seit sie hier lebten, und das waren immerhin sieben Wochen, an dem sie Gäste hatten – ihre Eltern und Lisa einmal ausgenommen. Anna liebte so etwas. Sie gab gern Partys, lud gern Leute ein, mochte es, wenn etwas los war. Und sie fieberte schon dem großen »Fest ohne Anlass« entgegen, das Sascha und sie seit Jahren vage planten und das sie wunderbar hier veranstalten konnten. Sie würden alle Freundinnen und Freunde einladen, Partyzelte aufstellen, es würde Catering vom Grill geben, coole Musik.

Aber das war noch in weiter Ferne, weil sie immer noch mit den Nach- und Nebenwirkungen des Umzugs zu kämpfen hatten – und Sascha vor allem mit dem Maulwurf. Außerdem fing er an, Ela hinterherzuputzen, Lisas Putzfrau, die bei ihnen jetzt schon ein paar Stunden absolviert hatte und wirklich gut saubermachte, aber sich doch fragte, was das ihr sagen sollte, wenn Sascha, kaum war sie mit der Küche durch, seinerseits noch mal zu Wischmopp oder Staubwedel griff. Dafür hatte er die Lampen immer noch nicht aufgehängt, und der gemeinsame Besuch bei Ikea wurde allmählich zu einer Legende.

An diesem Wochenende aber kamen zumindest ein paar Freundinnen von Marie. Wobei »ein paar« ein dehnbarer Begriff war.

Marie schwor, sie habe nur drei eingeladen, Martha, Lilly und Anne-Lucie. Aber auf einmal füllte sich ihr ganzer Garten mit freundlich grüßenden, höflichen und hilfsbereiten Jugendlichen unterschiedlichen Alters. Bemerkenswerterweise waren auch Jungs dabei, sogar ziemlich viele. Irgendwann rückte Marie damit heraus, es hätte »sich random so entwickelt«, dass nicht nur ein paar Freundinnen, sondern ihre ganze Umweltgruppe beschlossen habe vorbeizukommen. Konsequenterweise war die erste Attraktion für so gut wie alle Besucher der »Insta-Maulwurf«. Unglaublich, wie viele Haufenfotos gemacht und hochgeladen wurden! Dann setzten sich die Mädchen und Jungs auf Decken in den Schatten der Bäume oder spielten Federball und Boule und tranken Limonade ohne Zucker, die Marie in der Küche im Akkord herstellte.

Die meisten waren mit dem Zug gekommen und das letzte Stück gegangen, einige auch mit Rädern gefahren, wie auch immer sie die achtzig Kilometer geschafft hatten. Manche packten sogar Zelte aus. Das sei doch in Ordnung? »Sicher«, lächelte Anna und zeigte in den hinteren Teil des Gartens, ab sofort ihr Campingplatz.

Dass Sascha, zum Glück leise, sagte, er hoffe, dass »der Rasen« durch die Zelte nicht »überstrapaziert« werde, war schon ein bisschen lächerlich. Von »Rasen« konnte allein wegen der Trockenheit keine Rede mehr sein. Obwohl Sascha abends jetzt immer drei Rasensprenger laufen ließ, »um unseren teuren Garten nicht einfach der Erosion preiszugeben«, gab es an vielen Stellen nur noch Sandboden. Auf dem die Maulwurfshaufen übrigens kaum auffielen – aber es wäre ganz sicher das Falsche gewesen, wenn Anna ihrem verpeilten Mann vorgeschlagen hätte, deshalb auch den restlichen »Rasen« vertrocknen zu lassen.

Stattdessen bat sie ihn, sich schon mal darauf gefasst zu machen, dass ein paar der Jugendlichen ihr Bad benutzen müssten.

Eigentlich hatte sie erwartet, dass er widersprechen oder zumindest davonstürzen würde, um das Bad zu checken und alles verschwinden zu lassen, was umgeworfen, zerstört, verrückt oder in Unordnung gebracht werden konnte.

Aber ihr Mann beschäftigte sich schon mit dem Grill – was hieß schon: Heute morgen war er zwar das ebenfalls neue Grillbuch durchgegangen und hatte in seine Notizenapp Röstzeiten und Brennereinstellungen diktiert. Und nach dem Frühstück hatte er mit Toastscheiben das lässige Wenden von Grillgut trainiert.

Aber den riesigen Pappkarton mit dem Grill schleppte er erst am frühen Nachmittag auf die Terrasse. Und verkündete lässig, das Ding werde in spätestens einer Stunde einsatzbereit sein.

Daraus wurde nichts. Denn zu Saschas offensichtlichem Ärger befand sich in dem Karton kein vormontierter, mit wenigen Handgriffen zusammenfügbarer Grill, sondern »nichts als ein dämlicher Bausatz!« Jede Menge Einzelteile, für die man sogar einen speziellen Schraubendreher benötigte, den Sascha – trotz seiner ständigen Besuche im Baumarkt – tatsächlich noch nicht hatte. Moritz von nebenan fragen wollte er keinesfalls, nein, er bestand darauf, zum Baumarkt zu rasen, »das ist einfacher«.

Es hatte tatsächlich sein Gutes. Denn so konnte Anna, als die Zahl der eingetroffenen Jugendlichen bei über dreißig lag, ihren Mann anrufen und ihn bitten, beim erstbesten Supermarkt alle verfügbaren Grillwürste aufzukaufen, da ihr der Vorrat an Bio- und veganem Fleisch und Würsten nicht ansatzweise reichen würde. »Und bitte sage nachher, alles ist bio, auch wenn es nicht stimmt! Hast du mich gehört? Bitte behaupte um Gottes willen, alles ist bio …«

Sascha war für seine Verhältnisse ungemein schnell wieder zurück. Und bereute in den nächsten Stunden vermutlich jedes einzelne der vielen Extras, die das von ihm ausgesuchte Grill-

Modell hatte. Denn alles machte ihm nun Extraarbeit: Nachdem er das Grundgerüst und die Seitenwände samt Deckel und Bedienungseinheit montiert hatte – zweimal leider falsch herum –, musste jede einzelne Leitung zusammengesteckt, verlegt und verschraubt, jeder der sechs (!) Brenner zusammengesetzt, eingebaut und verbunden werden.

Anna bereitete währenddessen Würste und Fleisch grillfertig vor, machte Salate, schob Kartoffeln in den Ofen. Und überlegte, ob die Sache mit dem Grill nicht vielleicht sogar mal eine Studie für den Bereich Wirtschaftspsychologie war: Hatten all die Hersteller, wie beispielsweise der dieses Grills, ihre Fabriken gar nicht so automatisiert, wie immer behauptet wurde – sondern lagerten die lästige Handarbeit einfach an die Kunden aus?

Mittlerweile waren die Mädchen und Jungs beim Baden gewesen, hatten Annas schnell gezauberten Backmischungskuchen verputzt, ebenso sämtliche Chips, Erdnussflips und Nüsse, die Marie verteilt hatte.

Und Sascha, keine Spur mehr von Lässigkeit, schraubte immer noch und fluchte leise.

Und dann lauter, als ihm auffiel, dass er noch etwas vergessen hatte, ohne das sich absolut nicht grillen ließ: eine Gasflasche!

Er raste erneut los, diesmal zum Glück nur zur Tankstelle. Seine Rückkehr mit der großen Metallflasche – er hatte tatsächlich nur eine, eine einzige dabei! – wurde im Garten mit erwartungsvollem »Ah!« und »Oh!« kommentiert.

Er schloss sie schnell an. Aber etwas funktionierte nicht.

Sascha werkelte und rüttelte am Grill herum, klopfte mit einem Hammer, schraubte Verbindungen auf und zu und wirkte zunehmend angespannter.

Anna fragte ein halbes Dutzend Mal, ob sie ihm irgendwie helfen könne, zum Beispiel mal im Internet nachschauen oder bei der Hotline des Herstellers anrufen solle. Er schickte sie immer wieder weg.

Unterdessen kamen noch zwei ältere Jungs mit einem Auto und zwei Kästen Bier – allerdings, Respekt, mit alkoholfreiem. Trotzdem, einer der beiden sah aus wie Harry Styles und schien das zu wissen, denn er warf entsprechende Blicke um sich und begrüßte Marie auffallend herzlich. Anna würde ihre Tochter mal beiseitenehmen.

Und dann trat noch ein Mann durchs Tor. Der war noch viel älter, sogar älter als Sascha, und sie, klein und gedrungen, trug eine grüne Kappe und eine grüne ärmellose Weste. Anna hatte das Gefühl, sie kannte ihn vom Sehen.

Ein Nachbar, der sich beschweren wollte, weil es ihm zu laut war?

Oder umgekehrt, weil er durch die Hecke zu wenig sah und hörte?

»Moin!«, näselte der Mann mit einem geschäftigen Lächeln, das seine Augen nicht erreichte. »Sie haben ein wirklich schönes Grundstück gekauft. Das Filetstück hier, mit dem schönsten Haus weit und breit!«

»Danke …«, Anna lächelte. »Sie sind …?«

»Schmitter«, sagte er und tippte sich an die Mütze. »Ich helfe hier den Nachbarn im Garten. Ich kann alles, mache faire Preise und habe noch Kapazitäten. Moin!«, sagte er zu Sascha, der aufgehört hatte, auf den Knien über die Terrasse zu rutschen und eine heruntergefallene Schraube zu suchen, »wir haben uns schon gesehen, unten bei Vorhoffs!«

»Jaja«, nickte Sascha.

»Viel los bei Ihnen.« Schmitter zeigte auf die ganzen Jugendlichen.

»Ein paar Freunde unserer Tochter«, sagte Anna.

»Schön! Ich hoffe, Sie haben eine gute Versicherung.«

»Wieso?« Das war Sascha.

»Falls etwas passiert. Denn die da oben sind natürlich ein Sicherheitsproblem.«

Anna und Sascha folgten seinem Blick. Aber »da oben« waren nur ein paar Baumkronen. In denen nichts Gefährliches zu erkennen war, nicht mal ein Eichhörnchen, das etwas werfen oder sich nach Kamikazeart hätte herabstürzen können.

»Die Bäume. Die machen furchtbaren Schatten, lassen keine anderen Pflanzen wachsen und versperren den Blick auf den See. Und was, wenn ein Ast runterkommt oder ein ganzer Baum umfällt? Einfach so, heute Abend? Oder beim nächsten Sturm? Und dann auf das schöne Haus kippt? Oder auf Sie und Ihre Gäste? Großes Risiko!«

Er machte eine Pause, lauschte Richtung Baumkronen, als könne er schon die Äste brechen hören. »Wenn Sie wollen, kann ich die ratzfatz fällen, ich mache einen sehr guten Preis, und dann haben Sie hier Licht und Luft ...«

Anna sah Sascha an. Für den »seltenen, alten Baumbestand« hatten sie gehörigen Aufpreis bezahlt.

Schmitter redete weiter. »Und die Äste und die Stämme, was wollen Sie mit dem Scheiß, fahre ich Ihnen auch gleich ab, für eine kleine Aufwandspauschale. Ich kenne Leute, bei denen ich das noch loswerden kann, Sie wissen ja, die Entsorgung von Gartenabfällen im Gewerbehof kostet heutzutage ein Höllengeld!« Er stieß ein keckerndes Lachen aus.

»Ach, wir sind ganz froh, dass wir die Bäume haben.« Anna fiel auf, dass Schmitter ihrem Blick auswich, als er mit den Schultern zuckte.

Wenn sie es sich anders überlegten, sagte er, könnten sie ihn jederzeit ansprechen. »Oder wenn Sie Brennholz brauchen. Ich habe gute Quellen, und obwohl das alles mordsteuer geworden ist: Im Moment kann ich Ihnen noch einen einigermaßen guten Preis machen.«

Marie kam mit alarmiertem Blick angeschlendert und stellte sich zu ihnen. Schmitter redete weiter. »Und wo ich diese Haufen sehe: Die Maulwürfe sind wirklich die Pest. Hier besonders. Ich habe gesehen, wie Sie geschaufelt haben; die Biester kommen immer wieder. Aber ich weiß, was da hilft!«

»Interessant. Und was?«, fragte Sascha.

Schmitter lachte wieder sein keckerndes Lachen. »Oh, ich habe so meine Methoden.« Er griff in die Beintasche und zog einen Gummihammer heraus.

»Ein Maulwurf lässt sich an bestimmte Orte leiten – man muss aber wissen, wie. Ich habe im Laufe vieler Jahre eine Strategie entwickelt, die in über 95 Prozent der Fälle funktioniert …«

»Das ist Unsinn«, kicherte Marie.

»Oh, du glaubst es noch nicht, aber wenn deine Eltern es ausprobieren, werdet ihr sehen, wie gut das klappt. Selbstverständlich im Einklang mit allen Gesetzen. Ich mache einen guten Preis, und am Ende ist Ihr Grundstück wieder so, wie Sie es gekauft haben.«

Den Gummihammer schwingend, drehte sich Schmitter um, ging auf den nächsten Haufen zu und schlug neben ihm dreimal kräftig auf den Boden.

»He, was tun Sie da!« Marie war ziemlich aufgeregt.

Grinsend kam Schmitter zurück. »Ich habe ihm nur die Instrumente gezeigt.«

»Das war nicht fair gegenüber Blacky!«

»Oh, eine Maulwurfschützerin! Klar, die Viecher sehen süß aus. Nicht umsonst wollten die feinen Damen früher Pelzmäntel aus Maulwurfsfell!«

»Hören Sie auf! Sie haben kein Recht ...!« Marie wurde wütend.

Sascha schaltete sich ein. »Und wenn das nicht hinhaut?«

Schmitter sah Sascha vielsagend an. »Für härtere Fälle gibt es andere Lösungen.«

Diese Andeutung schien Sascha gar nicht so zu schockieren. Marie allerdings hätte Schmitter wohl am liebsten die große Fleischplatte über den Kopf gehauen. »Was soll das heißen? Maulwürfe sind streng geschützt! Niemand darf sie töten, darauf stehen hohe Strafen. Bis zu 50 000 Euro!«

Anna fiel auf, dass Sascha seine Tochter kurz verblüfft ansah. Wurde ihm gerade klar, dass er sich die lange nächtliche Recherche im schwachbrüstigsten Internet aller Zeiten hätte sparen können, wenn er nur einmal mit Marie geredet hätte?

Schmitter keckerte wieder. Es klang aufgesetzt. »Du kennst dich aus, wie schön! Ich habe nicht gesagt, dass ich das vorhabe. Oder habe ich? Habe ich das etwa?«

Er starrte Marie an und ging einen halben Schritt auf sie zu.

Jetzt sah Anna, was für kalte Augen er hatte. Unwillkürlich trat sie ihm in den Weg. Sie hatte große Lust, diesen Schmitter sofort von ihrem Grundstück zu jagen.

Allerdings befürchtete sie, dass es ihm längst gelungen war, Sascha um den Finger zu wickeln. Ihren Mann, der sich seit Wochen wegen eines kleinen Maulwurfs verrückt machte. Und nun in Schmitter vermutlich den Mann der Stunde sah. Den Erlöser. Zumindest den Löser seines Haufenproblems.

Und tatsächlich öffnete Sascha schon den Mund.

Anna versuchte noch, ihn warnend mit dem Fuß zu stoßen, aber sie erwischte nur Marie, die sie empört anstarrte.

»Vielen Dank, Herr Schmitter«, sagte Sascha. »Aber ich denke, wir benötigen Ihre Hilfe vorerst nicht. Wissen Sie, wir lieben

Tiere, wir töten sie nicht! Erst recht keine Tiere, die streng geschützt sind. Und bitte entschuldigen Sie uns, wir müssen jetzt grillen.«

Hui, Sascha!!! Auch nach siebzehn Jahren konnte dieser Mann einen immer wieder überraschen!

Schmitter fing sich schnell wieder. »Ich hoffe, Sie bereuen es nicht. Sicher, Sie können Ihren Maulwurf – oder sind es schon mehrere? – natürlich auch auf den Grill legen.« Er senkte die Stimme. »Aber glauben Sie mir, ich habe es versucht: Die Biester schmecken nicht!«

Er stieß wieder sein keckerndes Lachen aus und ging zurück zum Tor. Anna fröstelte. Und Marie tat etwas, was sie Annas Erinnerung nach seit Jahren nicht mehr getan hatte: Sie fiel ihrem Vater um den Hals.

»Papa, Digga! Danke!«

»Na, Moment …«, begann Sascha.

»Ja, Moment!« Das war Ida, sie stand mit Anne-Lucie hinter Anna und zeigte mit dem Kopf hinter sich auf Maries andere Gäste.

Irgendwie war es plötzlich ziemlich still im Garten.

»Voll random: Wir sterben vor Hunger. Wird jetzt gegrillt oder nicht?«

Sascha

Es wurde doch noch ein erfolgreicher Abend. Sascha fand endlich heraus, wieso der Grill nicht funktioniert hatte: Der Gashahn war nicht aufgedreht gewesen (woher sollte man auch wissen, dass es einen Gashahn gab!?). Nachdem er ihn geöffnet hatte, brannten die Brenner einwandfrei. Und obwohl fünf Schrauben und ein längliches Metallteil übrig geblieben waren, beschloss Sascha, sofort loszugrillen.

Wie gut, dass er heute Morgen genau die Gebrauchsanweisungen für Grill und Grillgut studiert und die richtigen Moves fürs Wenden geübt hatte. Denn kaum hatte er den ersten Schwung vegetarischer, unvegetarischer und Discounter-Würste aufgelegt, zauberten viele der Kids ebenfalls etwas hervor: Bio-Nackensteaks und Tofu, echte und vegane Patties; einer der Jungs, er sah so ähnlich aus wie dieser englisch singende Schönling, den Marie ab und zu hörte, hatte sogar eine kleine Lammkeule dabei.

»Von meiner Großmutter«, sagte er und überreichte sie Sascha.

»Sieht gar nicht danach aus«, sagte Sascha, und erst als alle im Umkreis laut lachten – sogar Marie (seine Tochter lachte über einen Witz von ihm!) –, merkte er, wie gut das gewesen sein musste.

Sascha grillte also zum allerersten Mal und gleich für drei Fußballmannschaften. Alle standen Schlange, häuften sich die Teller voll und kauten andächtig. Egal, was sie kauten, bio, vom Discounter oder vegan, sie stopften alles in sich hinein. Was Sascha sehr recht war, denn er hatte ohnehin den Überblick verloren. Aber, um sich selber ausnahmsweise mal zu loben: Es schmeckte hervorragend.

Nebenher versuchte er, Anna zu beruhigen. Die machte sich Gedanken über Marie, die noch nicht die Pille nahm, und über Jungs, zwar nachvollziehbare, aber aus Saschas Sicht ziemlich überflüssige Gedanken. Denn ihre Tochter war aufgeklärt, selbstbewusst, und, so furchtbar pubertär sie war, sie war zugleich doch sehr vernünftig.

Weswegen er, wie Anna auch, unbedingt mit Marie sprechen wollte. Aber über etwas ganz anderes. Und besser morgen.

Die meisten von Maries Gästen blieben länger. Sie diskutierten über eine Umweltdemo am kommenden Wochenende, entwarfen martialische Plakate und stimmten dann ein paar Lieder an: »We need to wake up. We need to wise up. We need to open our eyes ...« Oder: »Heute kann es stürmen, regnen oder schnei'n. Das wird immer öfter und extremer sein ...«

Sascha fand das, auch von der Lautstärke her, völlig tolerabel. Trotzdem fuhr bei »Wehrt euch, leistet Widerstand. Gegen die Braunkohle hier im Land! ...« ein Streifenwagen vor.

Sascha ging zum Tor, nein, er schlenderte, weil er die Blicke der Jungs und Mädchen im Rücken spürte.

»Moin«, sagte der größere der beiden Polizisten, »wir sind wegen Ruhestörung gerufen worden.«

»Moin. Von der lauschenden Frau nebenan?«, fragte Sascha.

Der Polizist zuckte mit den Schultern.

»Und? Ist es hier wirklich so laut?«

Er nickte. »Uns liegt eine Anzeige vor. Wir müssen Personalien aufnehmen.« Der Gesang hörte auf. Marie kam anmarschiert, ein paar ihrer Freundinnen im Schlepptau.

»Kommen Sie wegen uns?«

Er nickte wieder.

Marie baute sich vor ihm auf. »Wollen Sie uns jetzt verhaften? Na, dann fangen Sie an! Was meinen Sie, wie gut das auf Insta kommt: Polizisten aus Sommerbüttel verhaften Schülerin, weil sie gesungen hat!«

Sascha versuchte, telepathischen Kontakt zu seiner Tochter aufzunehmen, damit sie wieder etwas herunterfuhr. Vergebens. Sie hielt den Polizisten dramatisch ihre Handgelenke unter die Nasen. »Da geht safe noch was für Ihre Karriere. Bitte schön!«

Der Größere sah nun verlegen drein. Der Kleinere bemerkte, dass zwei oder drei der Mädchen ihre Handys gezückt hatten. »Sofort das Filmen einstellen und die Handys her«, bellte er im Befehlston und machte einen Schritt auf die Jugendlichen zu.

Es war genau die falsche Art. Maries Gäste antworteten mit einem Pfeifkonzert. Und jetzt filmten fast alle.

Der kleinere Polizist versuchte dem ersten Mädchen das Handy zu entreißen, schaffte es aber nicht. Rot vor Wut griff er sich an den Gürtel.

»Frank, lass! Das sind Kinder«, versuchte ihn der Größere zu beruhigen.

Aber der Kleinere hatte schon ein Pfefferspray in der Hand.

Und jetzt traf es Sascha wie ein Blitz: »Wir kennen uns! Vom Parkplatz auf dem Baumarkt. Sie haben mir die Leiter weggenommen, die ich gekauft habe! Sie haben mich mit einem Elektroschocker bedroht, verfolgt, wollten mich aus dem Auto ziehen! Sie beide waren das!«

Sie starrten ihn kurz an und wechselten einen Blick.

Der kleinere Polizist ließ das Pfefferspray sinken. »Haben Sie dafür Zeugen? Haben Sie nicht!«

»Woher wissen Sie das, wenn Sie es gar nicht waren?« Sascha beglückwünschte sich innerlich für seine Geistesgegenwart; ob das vom Multitasking beim Grillen kam? »Was sind Sie denn nun wirklich? Sicherheitsdienstler oder Polizisten? Und dürfen Sie beides sein? Ich denke, nicht!«

»Sie irren sich!« Der Größere machte einen Schritt auf Sascha zu.

Sascha machte eine Stoppbewegung mit der Hand.

»Moment!«, rief Marie. »Vielleicht kann sich mein Vater mal irren. Aber die Dashcam in unserem Auto irrt sich nicht. Sie hat alles aufgezeichnet! Und die Aufnahmen sind längst bei unserem Anwalt!«

Weiß der Kuckuck, wie sie darauf kam, es gab keine Dashcam.

Aber das ließ den beiden Aufgeblasenen sofort die Luft raus. Es war ziemlich lange sehr still. Bis auf das ferne Muhen einer Kuh und ein leichtes Blätterrascheln. Und irgendwo piepste es.

»Als Polizist verdient man nicht so viel«, stotterte der Größere schließlich. »Ich habe drei Kinder, die sind teuer.«

»In der Pubertät?«

»Zwei davon.«

Sascha nickte.

»Und mein Kollege hat Schulden …«

Sascha atmete langsam, aber hörbar ein, während er beide mit ernstem Blick musterte. »Ich schlage vor, wir machen es jetzt folgendermaßen: Zunächst kommt das Pfefferspray weg!« Der Kleinere ließ die Sprühdose widerwillig in sein Halfter gleiten. »Sie erstatten mir die 279 Euro für die Leiter, die Sie mir weggenommen haben. Unsere Gäste können singen, so viel sie wollen. Und Sie fahren wieder. Einverstanden?«

Der Kleine wollte etwas sagen, aber der Große packte ihn, zog ihn zu sich und hob die Hände: »Okay.« Er rang sich ein Lächeln ab. »Bitte entschuldigen Sie. Es war alles nur ein – Irrtum … Wir fahren jetzt wieder …«

Ringsum erhob sich zögernder Applaus.

»… aber bitte löschen Sie, was Sie eben aufgenommen haben.«

Keine Hand regte sich mehr.

Sascha räusperte sich. »Bitte seid so gut. Die Polizisten sind wirklich nett, wir wollen das auch sein, oder?«

Marie sah die Mädchen links und rechts von sich an. »Digga, Leute kommt! Wir sind fair!« Alle tippten auf ihre Handyscreens.

»Danke«, sagte der Große leise zu Sascha. »Und die Dashcam …«

»Darüber denken wir noch nach.«

Die Polizisten zogen ihre Brieftaschen, erstaunlicherweise hatten sie 279 Euro dabei, versicherten noch mal, es sei alles nur eine Verkettung von Missverständnissen. Und fuhren.

»Hey Marie«, rief der Junge, der aussah wie der englische Sänger, »du hast einen super Dad!«

Es war schon länger her, seit Sascha das letzte Mal Standing Ovations bekommen hatte.

»Was ist passiert?«, fragte Anna, die plötzlich bei ihnen war. »Zuerst die Pfiffe, dann der Applaus – habe ich was verpasst?«

»Ach, nicht viel«, sagte Sascha. »Die Polizei war da. Ich habe sie gebeten, mir Geld zu geben und nicht weiter zu stören.«

Anna sah ihn mit offenem Mund an.

Das Gespräch mit Marie würde jetzt viel leichter werden als gedacht.

III.

Anna

»Platz 32«, sagte Julia am Telefon. »Tendenz nach oben. Vor einer Stunde war er noch Platz 35.«

»Was?«, sagte Anna. Sie war in Gedanken noch ganz woanders, nämlich bei Maries Fest. Vor anderthalb Stunden waren die letzten Jugendlichen aufgebrochen. Sie hatten noch etwas aufgeräumt vor dem Frühstück, aber großartigerweise war nicht viel aufzuräumen gewesen, was für angenehme Gäste: Im Grunde mussten sie nur noch das untere Bad säubern. Aus Saschas Sicht war es nötig, auch den Flur zu wischen – in Ordnung. Anna war froh, dass ihr Mann nicht auf die Idee kam, das von den Zelten platt gedrückte Gras mit einem Kamm wieder aufzurichten.

Dann hatten sie endlich angefangen zu frühstücken. Anna hatte kaum in ihr Brötchen gebissen, als ihr Handy summte und Julia dran war. Und von irgendwelchen Zahlen sprach.

»Wie bitte?«

Julia lachte. »Du Huhn! Unser Podcast, du erinnerst dich dunkel?«

Anna erinnerte sich dunkel. »Äh …? Was hast du eben gesagt? Platz 32?«

»Ich habe doch gesagt, das wird. Und braucht Zeit. Bei Apple ist es übrigens Platz 30! Super – zumindest im Vergleich zu gestern!«

Da hatte sie so was von recht. Anna wusste noch nicht, wie sie das finden sollte.

Sie war nämlich auch noch ganz geplättet davon, wie Sascha Marie eben maulwurfmäßig förmlich um den Finger gewickelt hatte: Er hatte tief geseufzt und ihnen beiden eröffnet, er sei auf Dauer mit dem »Maulwurf-Management« überfordert. Aber wolle nur ungern von »diesem Schmitter« Hilfe annehmen. Nur, wenn es so weitergehe.

Marie erstarrte erwartungsgemäß. Und Sascha sagte schnell, es gebe aber eine viel bessere Lösung: »Wir überzeugen Blacky davon, dass es anderswo noch schöner ist!«

Marie sah ihn perplex an. Sascha beeilte sich zu sagen, er meine natürlich den Bereich hinter dem Kompost, vielleicht auch das alte Beet, dort könne sich der Maulwurf weiter ungestört und entspannt tummeln und Haufen produzieren, die sich fotografieren ließen. Sogar noch ungestörter als vorher, weil künftig ganz ohne Quotenregelung – wenn Blacky ihnen dafür »den Rest« des Gartens, den vorderen Teil zurückgebe. Eine Win-win-Situation für sie alle, zum gegenseitigen Wohl! »Natürlich will niemand, dass Blacky auch nur das Geringste passiert.« Der »Süße« werde es gar nicht merken, dass man ihn sanft aus dem vorderen Gartenteil in den hinteren Gartenteil »geleite«. »Dann ist vorne auch mehr Platz für den Hund …«

Und Marie, das war das Erstaunliche, stimmte nach einigem Hin und Her tatsächlich zu. Sie nahm ihrem Vater noch das feierlichste Versprechen ab, dass Blacky kein Haar gekrümmt werde.

Und ab sofort durfte Sascha auf dem vorderen Teil des Grundstücks nicht nur gegen Blackys Haufen vorgehen. Sondern durfte sogar das Tierchen selbst, wie auch immer ihm das gelingen wollte, sehr schonend nach hinten wegekeln.

Vielleicht hatte Marie auch so schnell zugestimmt, weil sie

furchtbar müde war. Sie erzählte gähnend, sie habe bis morgens um halb vier noch mit ein paar anderen diskutiert. Anna stellte ein paar unauffällige Nachfragen in Richtung Jungs, bis Marie irritiert guckte und Sascha ihr ins Ohr raunte: »Lass das bloß. Alles gut. Vertrau ihr.«

Anna merkte, dass ihr das tatsächlich nicht so leichtfiel. Hatte sie ihre Tochter nicht eben erst noch auf dem Arm getragen, auf dem Spielplatz in der Schaukel angeschoben, mit großem Brimborium eingeschult? Sascha war da irgendwie entspannter. War das typisch Mann?

Am frühen Abend stand der Podcast in den Apple-Charts auf Platz 28, bei Spotify sogar auf Platz 27.

Sascha

Heute trieb es Saskia mit ihren bohrenden Nachfragen auf die Spitze. Unter vollem Einsatz der Brille natürlich: »Also, ich mache mir jetzt wirklich Sorgen.«

Ha! Sie! Sorgen! Mal wieder.

Nein, es ging ihr nicht um die Elementarschulen in Südamerika (mittlerweile waren zwei Locals, die sich um die Unregelmäßigkeiten dort hatten kümmern sollen, spurlos verschwunden, vermutlich nicht in den Urlaub). Auch nicht um die mutmaßliche Kinderarbeit in Indien. Oder um die durchgedrehte Gruppe von Tierschützern, die wissen wollte, ob die Wolle der schickschen Pullover nachweislich von artgerecht gehaltenen, biologisch aufgewachsenen und vegan ernährten Schafen stammte und entsprechende Nachweise forderte. Und für den Fall, dass die Schafe einfach so konservativ in Neuseeland gehalten wurden, »riesigen Ärger« ankündigte.

Aber nein, Saskia sprach mal wieder über das Firmengelände.

»Wir haben noch kein einziges Angebot.« Sie beugte sich vor. Legte ihre Stirn in heuchlerisch-besorgte Falten. Und starrte ihn an. »Du wolltest dich ja alleine darum kümmern. Sagst du seit Wochen. Brauchst du Hilfe?«

Sascha starrte zurück und zählte im Kopf langsam bis fünf.

»Nicht nötig«, sagte er dann. »Ich denke, drei Angebote genügen.«

Er angelte die Blätter aus seiner Mappe und sah aus den Augenwinkeln, wie seiner Stellvertreterin (das würde sie nicht mehr lange sein) die Kinnlade nach unten klappte.

Denn diese Angebote konnte es nach ihren klandestinen Informationen nicht geben.

Es gab sie auch nicht.

Trotzdem waren sie echt. Sascha hatte bei den Exposés, die ihm drei Landschaftsbaufirmen geschickt hatten, nur eine Kleinigkeit verändert: das Datum. Er hatte die Fertigstellungstermine um ein Jahr zurückdatiert.

Nur vorläufig, er würde sicher noch eins der Büros überreden können, für sie einen anderen Auftrag sausen zu lassen. Oder er würde eine andere Firma auftun, die jung und hungrig war und das als Riesenchance sah. Aber erst mal hatte er die drei Firmen für den Fall, dass Saskia bei ihnen anrief, unter Androhung hoher Vertragsstrafen zu absolutem Stillschweigen über sämtliche Auftragsdetails verdonnert.

Und als die Kollegin, nachdem sie sich von ihrer Perplexität erholt hatte, wieder beharrlich-penetrant ihre Hilfe anbot, hatte er eine Idee: Nein, mit den Büros würde er weiter sprechen. Aber ob sie, damit sie Zeit gewännen, nicht schon parallel die für den Geländeumbau nötigen siebzehn Genehmigungen der Ämter einholen könne? (Bis Saskia damit durch wäre, hätte er längst die Firma gefunden, die Arianes Garten Eden bis zum Jubiläum realisieren würde.)

Sie konnte nicht anders, als ostentativ-euphorisch zuzustimmen.

Sascha hatte noch zwei weitere Meetings, aß in der Kantine einen Salat und eine Focaccia und ging mit einem Latte macchiato zurück in sein Zimmer, um rasch ein paar Mails durchzuarbeiten.

Er durfte nicht zu spät nach Hause aufbrechen.

Anna

O Gott, Sascha!

Anna musste zugeben, sie hatte sich das etwas anders vorgestellt, das »sanfte Hinausgeleiten« Blackys in den hinteren Gartenteil. Weniger … eklig.

Anfangs ging es ja noch. Als sie bei Lisa einen schnellen Kaffee trank und sich noch Tipps für die Podcast-Promotion abholte, tauchte ihr Mann mit wichtiger Miene auf. Und fragte Lisa nach dem Hund. Dem Hund der Nachbarn, also Kaventsmann.

»Er ist drinnen«, sagte Lisa und kräuselte die Stirn. »Hm, wolltet ihr eurer Tochter nicht lieber einen eigenen …?«

Sascha war zu fokussiert, um mitzulachen. »Alles gut. Ich brauche nur seine Haare.«

Anna und Lisa sahen sich kurz ratlos an, woraufhin Sascha etwas von Duftstoffen in den Haaren erzählte, Duftstoffen, die einen Maulwurf in die Flucht treiben könnten, er fügte noch ein paar biologische Fachbegriffe an, weshalb Lisa und Anna sich ein weiteres Mal ansahen, diesmal eher belustigt.

Lisa holte also Kaventsmann und brachte die Hundebürste gleich mit. »Fellwechsel war schon vor ein paar Wochen, tja«, sie hob die Hände.

»Macht nichts, es reicht schon eine kleine Dosis.« Sascha hielt den riesigen Kaventsmann fest und begann ihn zu bürsten.

Kaventsmann begann zu knurren.

Sascha hörte auf.

Lisa lächelte, nahm Sascha die Bürste aus der Hand, striegelte ihren Hund selber und überreichte ihm feierlich eine Handvoll Hundehaare.

Sascha dankte und verschwand.

Bis zu diesem Punkt war alles allenfalls noch skurril.

Schon schräger war, dass ihr Mann anschließend ein paar andere Nachbarn abklapperte und forsch nach den Haaren ihrer Hunde und/oder Katzen fragte.

Die so gesammelten Haare steckte er dann büschelweise in diverse Maulwurfshaufen. Aber das Ergebnis stellte ihn offensichtlich noch nicht zufrieden, denn mit der Post kamen nun Zehnliterpackungen »Tierhaare gemischt«. Und diese Haare, fand Anna, die die erste Packung versehentlich geöffnet hatte, die rochen echt unangenehm.

»So soll es auch sein!« Sascha arbeitete auch die neuen Haare in sämtliche Maulwurfshaufen im vorderen Teil des Gartens ein, wobei er systematisch von vorne nach hinten vorging: in Richtung altes Beet und Kompost. Dort hatten Marie und er mit zehn Bambusstäben die Linie abgesteckt, hinter der sich Blacky künftig völlig ungeschoren tummeln durfte. Das Maulwurfreservat. In das Sascha das Tierchen nun sanft und kontrolliert verdrängen durfte.

Sascha hatte sich sogar extra einen schicken, neuen Grabespaten zugelegt, deutlich stabiler und viel leichter als der alte.

Aber die Haaroffensive half wenig. Blacky produzierte ungerührt neue Hügel, und zwar ausschließlich im vorderen Gartenteil, aus dem er eigentlich verschwinden sollte. Hatten die Haare vielleicht genau den gegenteiligen Effekt?

Sascha aber befand sich schon in Phase zwei. Er kaufte sämtlichen Knoblauch, der zu haben war, quetschte die Knollen mit Hammerschlägen an und platzierte in jedem Maulwurfshaufen erst eine, dann zwei Stück.

Auch das schien nichts zu bringen, abgesehen davon, dass über ihrem gesamten Garten nun ein süßlich-transsylvanischer Geruch lag. Und Kaventsmann jedes Mal irritiert anfing zu winseln, wenn er nebenan nach draußen ging.

»Sag mal – das ist Knoblauch, oder?«, fragte Lisa am Telefon.

»Jaha.«

»Puh, äh – was macht ihr damit? Vampire vertreiben?«

»Es ist nur Sascha. Du weißt …«

Lisa schwieg kurz. »Okay. Wie lange tut er das noch?«

»Du wirst es riechen, keine Sorge!«

Beide kicherten.

»Im Ernst, ich weiß es nicht. Aber nur zur Beruhigung: Im Supermarkt gibt es keinen Knoblauch mehr.«

Lisa lachte. »Alles klar. Ich kaufe den kleinen Laden hier im Ort leer. Bevor dein Mann auf die Idee kommt …«

Doch der befand sich mangels Erfolgs bereits in Phase drei. Stand in der Küche und rührte in ihrem größten Topf Zeug zusammen, das stank wie die Pest.

»Was ist das?« Anna schnappte nach Luft.

»Thujanadeln, Holunder. Unterschiedliche Öle.«

»Es stinkt nach altem Fisch.«

»Genau, fermentierte und faulige Fische sind auch dabei!«

Sascha setzte eine Maske auf, als er den Sud im Topf nach draußen trug und mit einer Kelle in die Maulwurfshaufen goss. Währenddessen rannte Anna durchs Haus und schloss alle Fenster.

Trotzdem hörte sie, wie Kaventsmann nebenan empört aufjaulte, bevor auch bei den Nachbarn die Fenster knallten.

Zum Glück war wenigstens Marie nicht da, sonst hätte sie das Vergrämungsabkommen widerrufen. Sascha schwor Anna, der Geruch würde sich »sehr schnell« verflüchtigen.

Aber »sehr schnell« war schon mal nicht bis zum Abend.

»Wir müssen reden«, sagte Anna. In ihrem Schlafzimmer war es furchtbar warm, aber das war ihr wesentlich lieber, als die Fenster zu öffnen und den grauenhaften Gestank hereinzulassen, der ums Haus waberte. »Haben sich die Nachbarn schon bei dir beschwert?«

»Nur die Hecke. Sie hat geschimpft, sie wolle ihren Garten zum Atmen benutzen. Aber diese Frau kann man nicht ernst nehmen. Wer weiß, ob sie überhaupt echt ist oder eine KI!«

»Sascha, aber sie hat recht. Es stinkt furchtbar. Du musst damit aufhören. Es riecht nach Toilette, nein, schlimmer!«

»Ah, apropos, Moment«, sagte Sascha, »bin gleich wieder da.«

Er lief die Treppe herunter und ging nach draußen. Nach einiger Zeit kam er zurück.

»Ich hatte Urin bestellt, aber er reicht nicht ganz. Glaubst du, du könntest, wenn du mal musst, in den blauen Eimer unten neben der Tür …? Noch besser wäre, du könntest dich übergeben …«

»Verflixt noch mal, hast du gehört, was ich vorhin gesagt habe?«

Von nebenan war lang gezogenes Heulen zu hören.

Anna forderte Sascha auf, die gesamte olfaktorische Maulwurfbekämpfung sofort einzustellen, denn sie wolle nicht, dass er es ihnen mit sämtlichen Nachbarn verdarb. Und wenn er das nicht tue, dann verderbe er es sich auch mit ihr.

»Gut«, sagte er schließlich, »gut, lass mich wenigstens morgen noch einmal gucken, ob es bis dahin geholfen hat.«

Am nächsten Tag arbeitete Anna ausnahmsweise im Haus,

sie wollte wirklich nicht mit angehaltenem Atem durch den Gestank zu ihrem Studio laufen. Und sie hatte genug zu tun: Ihr Podcast war nicht über Platz 27 in den Charts hinausgekommen. Es war also wichtig, ihn überall zu bewerben. Dann stand noch der Beitrag für Emilias Reader an und danach der Text, den sie redigieren und mit dem Verfasser diskutieren musste. Zugleich musste sie sich Gedanken über das nächste Podcast-Thema machen. Eins, das die nächste Folge in den Charts höher klettern ließ.

Als sie am Küchentisch saß, summte ihr Telefon. Alexandra. Sie ließ es klingeln und schrieb Sascha eine SMS. Schließlich konnte er sich auch mal um seine Mutter kümmern.

Beim nächsten Anruf war es ihre eigene Mutter. Sie ging ganz kurz ran, um sie auf heute Abend zu vertrösten. »Aber ich muss dir schnell sagen: Dein Vater hat sich heute etwas geleistet. Er hat das Auto in einer fremden Garage abgestellt …«

»Mami, das ist schlimm. Aber mach dir keine Sorgen, das wird. Und wenn nicht, kriegen wir das hin. Heute Abend reden wir weiter, ja? Oder brauchst du jetzt schnell Hilfe?«

»Nein. Aber, Anna, weißt du, er hat gesagt, unsere Fußmatte …«

»Heute ABEND Mami, heute ABEND!«

Der nächste Anruf kam zur Abwechslung mal von Marie. »Mama, Mama, Mama, kannst du mir bitte mein Referat scannen und mailen, bitte schnell, es ist irgendwo in meinem Zimmer auf dem Bett, ich muss es gleich halten, o nein, er kommt schon rein, bitte mach schnell, bitte …«

Der zerknickte und durchfeuchtete Referatszettel fand sich auf dem Fußboden unter Maries Handtuch. Gab es Demenz schon bei Schülerinnen?

Und wieder das Telefon. Lisa. Normalerweise wäre Anna nicht

mehr drangegangen, egal bei wem, sie war schließlich nicht die allgemeine Telefonzentrale von Sommerbüttel, und sie hatte zu arbeiten. Aber da war das schlechte Gewissen wegen Saschas Aktionen.

»Du, also Kaventsmann hat sich eben zum dritten Mal auf der Terrasse gewälzt. Heulend! Ich weiß nicht, ob du es gehört hast …?«

»O nein! … Nein, ich hab die Fenster zu. Sollen wir ihn zum Tierarzt fahren?«

»Ehrlich: Es würde wahrscheinlich völlig genügen, wenn der Gestank aufhören würde. Also, das mit dem Kot ist wirklich eins zu cringe!«

Kot???

»Anna? Du weißt nicht, wovon ich rede?«

»Hm. Nein.«

»Meine Süße, ich verstehe sehr, dass du die Fenster zu hast. Aber hast du heute schon mal deine Haustür aufgemacht und eingeatmet?«

Anna holte das entschlossen nach. Und fing an zu würgen. Es stank wie in einer Jauchegrube! Sie rief Lisa zurück, entschuldigte sich vielmals.

Und später stellte sie Sascha zur Rede. »Bist du wahnsinnig!? Was hast du getan? Du wolltest aufhören damit. Und nur noch mal gucken, ob dein Gestinke geholfen hat!«

»Es hat nicht geholfen. Also habe ich als allerletzten, wirklich als allerletzten Versuch ein paar Eimer Gülle geholt. Was ist? Was hast du? Das ist nichts anderes als das, was die Bauern ständig auf ihren Feldern verteilen! Nur etwas konzentrierter …«

Anna musste sich extrem zusammennehmen, als sie fragte, was denn an dem, was sie ihm gesagt hatte, so schwer zu verstehen sei:

»DER! GESTANK! MUSS! AUFHÖREN! SOFORT!!!«

Okay, okay, murmelte Sascha geknickt, sie könne aufhören zu schreien, dann werde er auch die Stinkbomben zurückschicken.

War der Mann nur verpeilt – oder schon wahnsinnig?

Sascha

Als er mit dem E-Scooter durch das große Tor aufs Firmengelände fuhr, sah er sofort den Bagger. Der stand groß und gelb im offenen Innenhof des U-förmigen Gebäudeensembles und wühlte in der Erde. Offenbar ziemlich tief; neben sich hatte er schon drei beachtliche, wenn auch ungleich hohe Hügel aus Sand, Erde und Steinen aufgehäuft.

Sascha zwang sich, sämtliche gedankliche Assoziationen an seinen eigenen Garten sofort beiseitezuwischen.

Hey, steckte dahinter eine der Planungsfirmen, die er bekniet hatte? Hatte irgendwer nun doch Kapazitäten?

Er bog auf die Wiese ab und rollte querfeldein auf den Bagger zu, bis ihm jemand fuchtelnd in den Weg trat.

Der Facilitymanager.

Als er Sascha erkannte, hörte er auf zu fuchteln und grüßte ihn freundlich. Er kannte ihn seit vielen Jahren, und seit der Sache mit dem Parkplatz und Ariane hielt er Sascha irgendwie für wichtig.

»Fernwärme«, sagte der Mann und zeigte auf den Bagger.

»Wie, Fernwärme?«

Der Facility-Mann machte eine Bewegung mit beiden Händen vom Haus in Richtung Tor. »Hier wird die Erdtrasse für den neuen Fernwärmeanschluss verlegt. Die Gasheizung kommt ja weg.« Er sah Sascha an, als müsse der Bescheid wissen. Leute wie er dachten öfter, dass in der Chefetage alle alles wissen müssten, dabei war es genau andersherum. Bis jetzt hatte Sascha beispielsweise noch nie darüber nachgedacht, wie in der Firma geheizt wurde. Das lag bei Plomeier, dem Beißer aus der Innenverwaltung. Und der hatte sich offenbar für Fernwärme entschieden.

Aber wenn Sascha jetzt auf die Schnelle darüber nachdachte, fand er, dass das irgendwie nicht so richtig zu einem künftigen Ökogelände passte.

Konnte es sein, dass Plomeier von Arianes Plan gar nichts wusste?

Dass die Sache mit der Fernwärme längst überholt war?

Selbst wenn nicht: Ein »Garten Eden«, mit dem seine Chefin überall renommieren wollte, der sollte anders beheizt werden.

Plomeier hin, Plomeier her, Sascha musste das hier stoppen, sofort.

Andererseits, das tiefe hässliche Loch, das der Bagger in den Boden riss, eine längliche Grube voller größerer und kleinerer Steine mit drei sehr schroffen und einer abgeflachten Seite – das konnte er gerade sehr gut gebrauchen.

Fügte sich jetzt alles so, dass es ihm half?

Sascha fasste den Entschluss, alles auf eine Karte zu setzen.

Und zwar sofort.

»Oh!« Er legte großen Schreck in sein Gesicht. »Hat man es Ihnen denn nicht gesagt? Das kann doch nicht sein!«

Mr Facility starrte ihn beunruhigt an. »Was denn?«

»Na!« Sascha hob die Arme und zeigte auf den Bagger. »Es soll doch keine Fernwärme geben!«

Mr. Facility starrte ihn noch beunruhigter an.

»Fernwärme ist viel zu teuer und Stand jetzt noch viel zu unökologisch. Da könnten wir auch gleich bei der alten Gasheizung bleiben. Mal im Ernst: Das hat Ihnen wirklich niemand gesagt? Sagen Sie nicht, dass Sie der Einzige sind, der das nicht weiß!«

Sascha sah den Mann mit prüfendem Blick an und zählte innerlich bis vier.

Der schnaufte, er erinnere sich jedenfalls nicht. Er sah unglücklich aus.

»Schicken Sie den Bagger sofort weg«, sagte Sascha mit fester Stimme. »Und sagen Sie dem Fernwärmeunternehmen, dass wir eine andere Option prüfen und uns noch mal melden.«

Der Mann nickte langsam. »Aber der Graben.« Er zeigte nach hinten. »Das kriegen wir nie wieder so schön zu, und der Rasen ist auch hin!«

Sascha klopfte ihm auf die Schulter. »Ich weiß. Das Loch sieht grauenhaft aus.«

»Furchtbar.«

»Scheiße, unter uns gesagt. Also in meinem Garten wäre das ein No-Go.«

»In meinem auch. Ich habe gerade bei meinem Gartenweg die Lücken mit Beton ausgegossen, damit das doofe Gras nicht immer durchkommt.«

Sascha atmete durch. »Wissen Sie was? Ich habe die Lösung. Das Loch lassen wir genau so. Und wir sagen einfach allen: Von wegen Fernwärme, nein, das gehört zur ökologischen Umgestaltung des Firmengeländes, an der ich gerade arbeite. Diese Ausschachtung hier wird die kleine, künstliche Schlucht. Den Rest lassen Sie meine Sorge sein!«

»Die kleine, künstliche Schlucht?«

»Die kleine, künstliche Schlucht! Abgemacht?«

Der Facilitymann nickte. Erleichtert.

Sascha wollte schon weiterrollen, da fiel ihm noch etwas ein.

»Ich finde übrigens, die Firma sollte Ihnen endlich einen neuen Rasenmäher spendieren.«

Der Facilitymann nickte wieder. Sehr überrascht.

»Einen richtigen«, sagte Sascha. »Traktor-Style, Scheinwerfer, geländegängig, cooles Design, Bandscheibensitz, Becherhalter und über 10 km/h schnell. Wäre das was?«

»Über 10 km/h?« Das Gesicht des Mannes hellte sich auf. Gewaltig. »Das wäre spitze! Also, das wäre so was von …«

Sascha hob den Daumen. »Ich werde sehen, was ich tun kann. Aber jetzt muss ich weiter! Und denken Sie an den Baggerfahrer!«

In der Morgenrunde erkundigte Sascha sich bei Saskia lässig nach den amtlichen Genehmigungen für das neue Firmengelände.

»Läuft, ich habe schon fast alles«, behauptete Saskia. Das war so gut wie unmöglich. Und natürlich wusste sie, dass Sascha das wusste.

Sascha sagte sehr entspannt, Saskia solle sich ruhig alle Zeit lassen, die sie brauche. Denn, vielleicht habe sie es schon gesehen: Die Firma, die den Zuschlag bekommen würde, sei so nett gewesen, draußen mit dem Bagger schon mal loszulegen. Damit sie den Zeitplan schafften.

Saskia riss die Augen auf, und nach der Konferenz stürmte sie in ihr Zimmer, sicher, um sofort zum Fenster zu laufen.

Auch Schnappauf war überrascht, als Sascha bei ihm am Abend gleich zwei semiprofessionelle E-Aufsitztraktoren mit Hyper-Power-Akkus bestellte, Modell R234Top-Rider All-Season-Adventure XXL mit Becherhalter, Beinwetterschutz und automatischer Parkbremse, einen Traktor davon auf Firmenrechnung.

»Das sind schwere Geräte, die normalerweise für größere Flächen genommen werden. Sind Sie sicher …?« Schnappauf hatte tatsächlich Saschas Grundstücksgröße noch im Kopf.

Sascha erklärte ihm, er habe gelesen, dass schwere Mäher auch Maulwürfe beeindrucken könnten. Und er habe einen besonders hartnäckigen Fall.

»Oder haben Sie in Ihrem Maulwurfschreckregal auch etwas, was wirklich hilft? Also keine Fallen. Es geht ums Vertreiben.«

Schnappauf grinste. »Sie kennen sich aus. Ganz ehrlich: nein. All diese Sachen funktionieren nur, wenn man fest daran glaubt. Und das Einzige, das bei schwierigen Fällen etwas bewirkt, das führen wir leider nicht. Warten Sie ...«

Er sah sich nach allen Seiten um, zog einen Block mit Stift aus der Tasche, kritzelte etwas darauf und riss den obersten Zettel ab. »Aber das haben Sie nicht von mir!«

Sascha bedankte sich, steckte das Papier ein und fragte, ob sein Mäher mit Express geliefert werden könne.

Anna

Anna hatte Probleme, sich zu konzentrieren, denn draußen raste Sascha wie der Teufel durch den Garten. Seit drei Tagen saß, nein klebte er jede freie Minute auf dem Sitz seines neuen Mähers. Der sah aus wie ein Traktor in etwas kleiner oder ein Gokart in viel zu groß. Jedenfalls war dieses Trumm für Annas Verständnis deutlich zu groß für ihren Garten. Und es wäre ihr noch peinlicher gewesen, hätte Sascha nicht beharrlich darauf hingewiesen, dass sämtliche Nachbarn ein ganz ähnliches Gefährt besaßen. Offenbar waren diese Traktor-Gokarts so etwas wie SUVs für Gartenbesitzer. Was auch erklärte, wieso sich ausschließlich Anna an Saschas Extremfahrten durch den Garten zu stören schien. Möglicherweise waren diese Dinger hier ganz normal, und die Leute verbrachten ihre Freizeit gerne darauf; Jahrmärkte gab es hier ja nicht so viele.

Notfalls, hatte Sascha gesagt, könne man mit dem neuen Garten-SUV sogar zum Einkaufen fahren. »Umweltfreundlich, mit Strom!«

Anna erinnerte ihren Mann daran, dass er noch vor wenigen Wochen nichts als einen Handmäher gewollt habe, aus Umweltgründen. Sascha wurde recht wortkarg und sagte, nun müsse er weitermähen.

Er mähte mehrfach hintereinander. Beim ersten Mal schnitt er das Gras auf sechs Zentimeter Länge. Beim zweiten Mal auf vier. Beim dritten Mal auf zwei. Und dann mähte er noch ein paarmal »prophylaktisch, es kommt ja ständig wieder etwas hoch«.

Dabei passierten ihm allerdings ein paar »Missgeschicke«. Marie war richtig aufgebracht: »Papa, du hast sieben geschützte Haufen umgemäht. Sieben Stück! Das war nicht vereinbart! Das geht gar nicht!«

Sascha gab sich schuldbewusst. »Tut mir leid, ich werde besser darauf achten. Aber hinten in der geschützten Zone mähe ich gar nicht. Da kann Blacky machen, was er/sie/es will – äh, weißt du was? Wollen wir am kommenden Freitag eigentlich ins Tierheim?«

Marie hatte zu strahlen begonnen.

Und Sascha brummte weiter durch den Garten wie ein durchgedrehter Riesenmaikäfer.

Anna dagegen saß in ihrem Studio, hatte ihre Schallschutzkopfhörer über den Ohren und quälte sich mit der nächsten Folge des Podcasts, mit ihrem Buchbeitrag für Emilias Reader und mit dem sogenannten Internet. Sie hatte auch mit Julia über neue Themen gebrainstormt; leider war bisher nichts Passendes dabei gewesen. Und morgen hatte sie wieder ihren langen Praxistag, ach ja, sie wollte vorher noch eine Infomail an ein paar Presseleute schreiben, und eigentlich war es auch Zeit, den Kollegen, dessen Beitrag für den Reader sie lektorieren sollte, zu fragen, wann er denn endlich abzugeben gedenke.

Aber sie ertappte sich immer wieder dabei, dass sie auf die Tastatur ihres Laptops starrte, die zu zittern begann, wenn Sascha wie ein übergroßer Maikäfer mit dem Mini-SUV ums Studio jagte.

Anna konnte nur inständig hoffen, dass Blacky mindestens so genervt war wie sie und schnell seinen Rückzug in den hinteren Gartenteil vollzog. Damit sie wieder arbeiten konnte. Damit sich

Sascha wieder einkriegte. Und damit sie auf das Interventionsgespräch mit ihm verzichten konnte, über das sie wieder jeden Tag nachdachte. Es gab sowieso kaum Gelegenheit, mit Sascha ins Gespräch zu kommen: Er stand lange vor ihr auf, ging lange nach ihr ins Bett. Und irgendwann musste er auch noch seine Stifte sortieren. Vermutlich war bei ihm im Job auch gerade viel los, denn immer wenn sie ihn darauf ansprach, wechselte er das Thema.

Und dass die Konflikte mit Marie wegen nasser Handtücher, Kleiderhaufen und der aus ihrem Zimmer quellenden Unordnung kaum noch stattfanden, lag nur daran, dass Sascha dermaßen mit der Verfolgung Blackys beschäftigt war, dass er nicht auch noch Marie verfolgen konnte.

Höchste Zeit, dass bei ihnen endlich Normalität einkehrte. Damit sie vielleicht doch noch mal zusammen zu Ikea fahren konnten, bevor der Sommer vorbei war. Die Vorhänge hatte Anna für dieses Jahr schon abgeschrieben, auch wenn sie es gut gefunden hätte, wenn die Frau aus der Hecke sie nicht auch noch auf dem Sofa oder dem WC hätte beobachten können. Die zwei Wände in Küche und Flur ließen sich auch zu Weihnachten streichen. Und für die Installation der restlichen Lampen hatte sie, ohne Sascha etwas zu sagen, den Elektriker engagiert, der im Studio neulich schon die Steckdosen und Stromanschlüsse installiert hatte. Und apropos Elektrik – sie schrieb Lisa eine SMS: »Bitte, konntest du schon mit deiner Freundin von der Glasfaserkabelfirma reden? Sonst muss ich bei dir arbeiten. In deinem Wohnzimmer. Immer. Willst du das wirklich?«

Sascha

Saskia hatte die Genehmigungen für die Umgestaltung immer noch nicht fertig; sie behauptete, alle zuständigen Sachbearbeiter bei den Ämtern seien auf einmal erkrankt. Sascha gab sich angesichts dieser Minipandemie in den Ämtern enorm verständnisvoll. Er bat sie, in der Zwischenzeit doch ihren Bericht zu den Schulschweinereien in Südamerika samt Lösungsmöglichkeiten nicht zu vergessen, und fragte nach dem Fortschritt von drei weiteren Projekten, die sie schon vor Längerem an sich gezogen hatte. Als Nächstes konnte er Saskia nach Südamerika schicken, um sich vor Ort selber ein Bild zu machen. Bis sie wieder hier war, wäre das mit dem Firmengelände so weit durch, dass sie ihm nicht mehr schaden konnte.

Später klingelte sein Festnetztelefon. Auf dem Display stand eine Firmendurchwahl, die er irgendwoher kannte, aber nicht sofort zuordnen konnte. Der Facility-Manager, der sich für den Rasentraktor bedanken wollte?

Plomeier. Er brüllte sofort. »Was fällt Ihnen ein? Was fällt Ihnen ein, die Fernwärmearbeiten eigenmächtig zu stoppen? Sind Sie nicht ganz bei Trost? Zwei Jahre haben wir auf die Chance für diesen Anschluss gewartet, nur dank meiner Verbindungen waren wir schon jetzt an der Reihe und nicht erst in einem Jahr – und was machen Sie? Sie sabotieren alles! Reden mir in meinen

Bereich rein! Sie haben den Teufel zu tun, mir dazwischenzupfuschen, Sie … Sie hipper Hipster …«

Plomeiers Stimme brach, er begann zu husten.

Sascha zwang sich, viel ruhiger zu atmen, als er war.

»Plomeier, hören Sie, das geht so nicht: Ich lasse das komplette Firmengelände umbauen zu einem Ökoparadies – und Sie wollen uns an ein Heizsystem binden, das zum großen Teil immer noch Kohle und Gas verwendet? Das kommt nicht infrage. Ich lasse nicht zu, dass Sie unserem Nachhaltigkeitsscoring schaden!«

Plomeier hatte kurz aufgehört zu husten – um jetzt wieder umso stärker damit anzufangen.

Sascha wartete zehn Sekunden ab, dann legte er auf.

Sofort klingelte das Telefon wieder.

»Plomeier?«, bellte Sascha, »was wollen Sie denn noch?«

Diesmal war es der Facility-Mann. Er wolle nur sagen, wie dankbar er für den Mäher sei. Es sei ein ganz neues Mäh-, also Lebensgefühl. Und er erwähnte, dass Saskia bei ihm gewesen sei. »Sie sprechen sich intern nicht immer ab, oder?«

Sascha hielt kurz den Atem an. »Nein. Wieso?«

»Weil Frau Linklater noch einmal gefragt hat, was der Bagger gemacht hat.«

»Und, was haben Sie gesagt?«

»Also, wenn ich etwas verspreche, dann halte ich es! Ich habe ihr gesagt, dass das die kleine, künstliche Schlucht ist. Vom Geländeumbau. Plomeier hat mich auch angerufen. Ich habe nichts verstanden, er hat so gebrüllt, aber: Der kann mich mal am Hobel tuten. Seit zwanzig Jahren zwingt er mich, mit einer uralten Krücke von Mäher rumzuschleichen, zwanzig Jahre, bis Sie so großherzig waren …!«

Saskia recherchierte ihm immer noch hinterher. Er beendete das Gespräch sehr freundlich und war gerade dabei zu googeln, was »am Hobel tuten« hieß, es klang irgendwie unanständig, da kam ein Videocall rein.

Ariane!

Sie war ziemlich dick angezogen für die 25 Grad, die draußen herrschten. Sie sagte, sie sei in Neuseeland, und strahlte wie ein Weihnachtskuchen.

»Ich habe dein Konzept für die Firmenkantine gelesen. Das ist genial. Das möchte ich. Bitte setze das so schnell wie möglich um!«

»Das freut mich!«, stotterte Sascha. »Ja, sehr gerne, wenn der Maulwurf mich lässt …«

»Der Maulwurf?« Ariane lachte kreischend. »Dir scheint es ja besser zu gehen. Du hast zwar noch tiefere Augenringe. Und du hattest früher noch keinen Bart, oder? Wobei, es ist ja kein richtiger … Vielleicht ist das einfach dein Style. Na ja, egal, erst die coole Idee, und jetzt auch noch Witze! Top! Aber trotzdem, wenn du Entlastung oder Entspannung brauchst: Sag Bescheid!«

»Natürlich.«

»Steffi schickt die Details! Das Firmengelände, das läuft?«

»Äh, ja. Die künstliche Schlucht wird schon angelegt …«

»Klingt gut. Oh, ich muss. Abschlag machen. Tschühüss!«

Und sie war weg.

Trotz der kleinen kommunikativen Panne fühlte sich Sascha erleichtert. Redete so etwa eine Chefin, die sich mit seiner Stellvertreterin gegen ihn verbündet hatte?

In den nächsten Stunden telefonierte er acht weitere Planungsbüros ab, bei den Letzten achtete er auch nicht mehr auf das Renommée und das Rating. Denn alles, was er brauchte, war eine lausige Unterschrift, ein Versprechen, das Gelände noch in diesem Jahr fertig zu haben, mehr nicht, ein Versprechen, das aus gewichtigem Grund in ein paar Monaten wieder verschoben werden konnte, ärgerlich, aber in der volatilen Baubranche passierte das ständig … Aber nein, niemand tat ihm den Gefallen, nicht mal die kleinste Klitsche!

Nach Firma Nummer acht drosch er den Telefonhörer so auf, dass Anke von nebenan hereinstürzte. Sascha hatte eine spontane Idee. Er fragte, ob sie Lust habe, vielleicht schon mal mit der Planung der Kantinenküche anzufangen, obwohl das eigentlich gar nicht ihr Job sei. Aber von ihm aus könne der Assistenzkram ein paar Tage liegen bleiben.

Anke stand starr und brach fast in Tränen aus: Sie wartete seit so vielen Jahren auf so eine Chance!

Wie schön, was gute Personalführung bewirken konnte!

Alles andere würde sich auch noch finden, ganz sicher.

Anna

Sie wusste nicht, welche Phase das jetzt war, aber nachdem der Garten-SUV offenbar nicht den erwünschten Erfolg gebracht hatte, setzte Sascha voll auf akustische Vergrämung.

Er steckte drei leere Weinflaschen in drei Maulwurfshaufen, sodass der Wind hineinpfeifen konnte. Und da kein Wind wehte, versuchte Sascha, ihn zu simulieren – erst durch Pusten und dann durch einen an vier Verlängerungskabel angeschlossenen Föhn. Leute blieben feixend am Gartentor stehen; Anna tat es schon leid, dass ihr Mann sich wegen eines Maulwurfs so zum Affen machte.

Als Nächstes besorgte sich Sascha eine Trillerpfeife, öffnete alle Hügel – natürlich in der Reihenfolge von vorne nach hinten –, kniete sich davor und pfiff hinein. Dreimal täglich.

Marie bog sich vor Lachen, als sie ihren Vater so sah. Nur Kaventsmann nebenan schien zu glauben, man rufe ihn. Er jaulte und bellte, irgendwann brach er zu ihnen durch die Hecke und ließ sich nur mithilfe von Würstchen zurückführen.

Anna fragte Sascha, ob ihn das nicht nachdenklich mache.

Sie dagegen hatte es nachdenklich gemacht, dass Lisa am Telefon so kurz angebunden war und auch ihre nächste gemeinsame Kaffeerunde absagte, weil sie »mal ganz froh« sei, »wenn der arme Hund und ich uns ein bisschen von dem Lärm erholen können«.

Auf Annas Bitten hin war Sascha wenigstens so rücksichtsvoll, zu warten, bis Lisa, Moritz und Ida samt Hund für zwei Tage zu einer Hochzeit gefahren waren. Dann rammte er in fünfzehn Maulwurfshaufen je eine Metallstange, stellte sich auf dem Handy einen Timer und drosch zu jeder vollen Stunde wie ein Duracell-Männchen mit einem Hammer auf die Stangen ein.

Nach dem ersten Durchgang keifte es erschüttert aus der Hecke um Ruhe, nach dem dritten kam tatsächlich die Polizei. Ehrlich gesagt war das Anna gar nicht unlieb.

Aber leider waren es die zwei Polizisten vom letzten Mal. Sie unterhielten sich ziemlich vertraut mit Sascha, nickten viel. Der Kleinere zog seine Pistole, wirbelte sie wie ein Cowboy um den Finger, hielt sie an einen Haufen und steckte sie erst wieder ein, als der andere schimpfte. Als die Polizisten davonfuhren, drang aus der Hecke ein sich entfernendes Zetern.

War das die Gelegenheit für eine Kontaktaufnahme? Anna marschierte aus dem Tor und den Weg an der Hecke entlang zum Holztor. Aber die Nachbarin reagierte wieder nicht auf ihr Klingeln, Klopfen und Rufen.

Anna drehte um und zog Sascha aus dem Garten ins Haus.

»Wie fühlst du dich dabei, wenn du allen Leuten auf die Nerven gehst – und trotzdem einfach weitermachst?«

Sascha erkundigte sich erschrocken, was er denn jetzt wieder getan habe.

»Sascha, im Ernst?! Erst dieser Gestank, dann solcher Lärm! So können wir uns hier nicht benehmen. Oder willst du, dass jemand doch noch Autoreifen auf einem Nachbargrundstück abbrennt, nur um uns auch mal zu ärgern? Ich will das nicht! Und: Mir selbst geht das, was du veranstaltest, auch furchtbar auf die Nerven!«

Sie stellte Sascha mal wieder ein Ultimatum: Schluss mit dem Lärm, sofort!

Zu ihrer heimlichen Überraschung hielt er sich daran.

Stattdessen fing er in den nächsten Tagen an, still durch den Garten zu streifen, mit schief gelegtem Kopf, und immer wieder stehen zu bleiben. Fast so, als ob er – lausche. Wo Blacky gerade lief. Ob Blacky noch lief.

Wo war noch mal der lustige Typ geblieben, in den sich Anna früher verliebt hatte? Und wer war dieser angespannte Kerl, der seinen Platz eingenommen hatte?

Am nächsten Tag zeigte Marie ihr stumm ein Video. Es hieß »German Garden Maniac in Action« und war auf TikTok zum Klickrenner avanciert. Zu sehen war ein Mann von hinten, der wie ein wahnsinniger Duracell-Hase auf Metallstangen eindrosch: Sascha.

»Hast du das aufgenommen?«, fragte Anna.

»Spinnst du?!«

»Aber wer dann?«

Marie zuckte mit den Schultern.

Sascha

Er war eine Stunde früher als sonst im Büro, holte sich aus der Kantine einen doppelten Kaffee und machte dort weiter, wo er beim letzten Mal aufgehört hatte: Vier Planungsbüros für ökologische Gestaltung standen noch auf Saschas Liste, zwei davon in Dänemark.

Aber alle konnten oder wollten nicht schon dieses Jahr fertig sein.

Verdammt noch mal! Sascha schlug mit der Faust auf den Tisch.

Dann lehnte er sich zurück, sah aus dem Fenster und zwang sich nachzudenken.

Fest stand eins: Wenn man ihm glauben sollte, dass das große hässliche Loch auf dem Firmengrundstück schon Teil des Plans war, musste es weitergehen auf dem Areal. Es musste mehr passieren. Durfte keine zu lange Pause geben.

Also: Bis dort wirklich gearbeitet wurde, musste es wenigstens so aussehen. Dumm, dass der Bagger schon weg war.

Er sah durch die Angebote. Alle enthielten einen sehr ähnlichen ersten Punkt: die Vorbereitung des Firmengeländes. Sämtliche nicht einheimischen Bäume und Sträucher mussten weg, alle Thujen, Scheinzypressen, Glanzmispeln, Kirschlorbeeren, Bambusse und Zierkiefern, all die Siebziger-Jahre-Friedhofspflanzen wie Rhododendron, Magnolie und Samthortensie. Die Asphalt- und Plattenwege auch.

Wow. Wenn all das verschwand, würde niemand mehr bezweifeln, dass der Auftrag vergeben war.

Sascha sah aus dem Fenster und versuchte, sich vorzustellen, wie das gepflegte Firmengelände dann aussehen würde.

Fürchterlich. Grauenvoll. Ein großes Areal mit aufgerissener, nackter Erde. Fast schon zwanghaft musste er an seinen eigenen Garten denken. Zerstört von einem fanatischen Maulwurf, der nur ans Graben dachte, sich allen Kompromissen und guten Lösungen verschloss, ihn völlig fertigmachte. Und seine Familie gleich mit. Wie nervös Anna war!

Sollte das schicksche Firmengelände jetzt etwa auch so aussehen?

Aber es war vielleicht der einzige Weg, um aus all dem Schlamassel wieder rauszukommen. Ja, um dem einen Chaos zu entfliehen, musste er ein noch größeres Chaos stiften. Ein Maß an Unordnung, das ihm furchtbar in der Seele wehtun würde.

Trotzdem. Es musste sein.

Und es gab einen Trost, nein, zwei: Es war nicht sein Gelände. Und Ariane hatte es so gewollt.

Sascha ging in die Kantine, holte sich eine Packung Schnapspralinen, aß neun Stück und begann zu kichern.

Dann schrieb er eine Mail an die gesamte Belegschaft, in der er die Maßnahmen zum Umbau des Firmengeländes in ein Ökoparadies, »einen Garten Eden«, noch einmal kurz vorstellte, erwähnte, dass es nun mit der künstlichen Schlucht losgegangen sei, und bat alle, sich nicht zu wundern, dass als Nächstes ein paar standortfremde Pflanzenarten entfernt werden müssten, die nicht mehr zeitgemäß und ökologisch nicht mehr vertretbar seien.

Als Nächstes rief er bei ein paar Gärtnereien an. Er hatte Glück, denn anders als die Planungsbüros hatten die nicht viel zu tun. Bei der Hitze traute sich kaum jemand, etwas zu pflanzen, sagte man ihm, und auch mit Ersatzpflanzungen für eingegangene Bäume und Sträucher wollten die Leute lieber warten, bis es kühler war und wieder regnete. Die größte der Gärtnereien konnte sich quasi sofort an die Fäll-, Rodungs- und Abrissarbeiten machen. »Kommen Sie, so schnell Sie können«, sagte Sascha.

Anna

Dieser Samstag war ein möbelmäßiger Meilenstein. Denn kaum hatte irgendein Wahnsinniger mit seiner Kreissäge sie geweckt – und zwar um genau 6:50 Uhr –, setzte sie sich mit verquollenen Augen an den Rechner. Und bestellte in einem Online-Designshop eine schicke neue Sitzgarnitur für die Terrasse: Grau, aus Alu, wetterfest, mit passenden Sitzkissen und zum vergünstigten Einführungspreis. Und das Beste: Eine Spedition würde das Ganze liefern, sie musste weder Sascha weiter hinterherlaufen, um ihn um einen Ausflug zu Ikea zu bitten, noch musste sie allein dorthin fahren.

Danach, die Kreissäge war verstummt, machte sie mit dem ersten Kaffee in der Hand ihre große Gartenrunde, inklusive Yoga und Meditation, und wässerte mit dem Schlauch ein paar Pflanzen, die es besonders verdienten. Wobei das bei dieser Trockenheit eigentlich für alle Pflanzen galt, aber sie konnten auf dem riesigen Grundstück nicht jeden Baum, Strauch und Halm gießen.

Auch in Oldenburg bei ihren Eltern war es trocken. Und, sie hatten gestern länger telefoniert, ihre Mutter machte sich Sorgen um ihren Vater. Der war, während sie im Garten saß und las, ohne ihr etwas zu sagen mit dem Auto zum Blankenburger See gefahren. Hatte das Auto abgestellt, war schwimmen gegangen, hatte danach verzweifelt sein Fahrrad gesucht und es natürlich nicht gefunden und dann die Polizei gerufen, um den Fahrraddiebstahl zu melden. Die Polizisten, einer hatte ihn sogar als Lehrer in der Schule gehabt, waren nett und fuhren ihn nach der Anzeigenaufnahme nach Hause. Wo er die offene Garage sah und bemerkte, dass auch das Auto verschwunden war, während seine Frau immer noch im Garten saß und las. Folglich meldete er gleich noch das Auto als gestohlen. Entdeckte dann allerdings sein Fahrrad in der Garage und bedankte sich bei den verwirrten Beamten für den schnellen Ermittlungserfolg. Das Auto fand sich zwei Tage später am See. Wo er bestritt, jemals gewesen zu sein.

»Annchen«, seufzte die Mutter, »ich weiß nicht, wie das mit ihm werden soll. Er behauptet, alles sei in Ordnung und will nicht zum Arzt … Ich weiß nicht, was ich tun kann, um ihn wenigstens zu Dr. Hinke zu kriegen!«

Dr. Hinke war Neurologe und ein alter Bekannter der Eltern. Anna versprach ihrer Mama, ihn anzurufen, vielleicht war es ja möglich, dass Dr. Hinke bei den Eltern vorbeikam, ganz zufällig natürlich.

Beinah noch mehr Gedanken als um ihren Vater machte sich Anna allerdings um Sascha. Der achtete in letzter Zeit nicht mehr so auf sein Äußeres. Er ließ den Bart wachsen, sein Hemd hatte er tagelang an – ungewöhnlich für jemanden, der es kaum aushielt, wenn die Krümel auf der Tischplatte nicht in einer Reihe lagen.

Früher hätten sie darüber sprechen können. Als sie jetzt nach dem Frühstück zu ihm sagte »Du wirkst nachdenklich. Wie geht es dir?«, sagte er nur das, was auch seine Tochter geantwortet hätte: »Gut.« Mehr Gespräch war nicht drin.

Vor dem Frühstück war er durch den Garten gelaufen und hatte immer wieder lange ins Nichts gestarrt.

Ins Nichts – Sascha!

Und beim Frühstück musste sie sich noch Gedanken um Marie machen.

Die hatte Mitte der Woche in der Stadt übernachtet, das Hin- und Hergefahre, wenn sie sich mit einer Schulfreundin treffe, sei so zeitraubend. Dagegen konnte man nichts haben, zumal die Übernachtung bei Frida stattfand, einer Uralt-Freundin. Sie beide, erzählte Marie, als Anna fragte, wie es gewesen sei, hätten sich Gedanken um die Zukunft gemacht.

»Wie es nach der Schule weitergeht?«

Augenverdrehen. »Mama, Digga! Um die Umwelt. Das Klima. Den Klimawandel. Na ja, wir wissen nicht, ob das noch Sinn macht.«

Uff, das war ganz schön viel für eine Plauderei beim Honigbrötchen.

Anna wählte ihre Worte vorsichtig. »Etwas für die Umwelt zu tun? Im Ernst?«

Marie rollte heftig mit den Augen.

»O Mann, Mama, nein! Es so zu versuchen wie bisher. Mit Demos. Nice! Aber das ändert nichts. Schau dir doch die Welt an.«

»Und wie wollt ihr es dann versuchen?«

Marie richtete den Blick in die Ferne und schwieg. Dann zuckte sie mit den Schultern.

»Die Klimakleber sind doch auch nicht das Wahre«, sagte Sascha.

Marie blies die Backen auf. »Wenn sie eine Autobahn blockieren, eine absolut überflüssige Autobahn: Das ist doch völlig okay.«

»Und wenn dann ein Mensch stirbt, der nicht mehr rechtzeitig in die Klinik gebracht werden kann?«

Marie wurde sauer, wie immer viel zu schnell. »Papa, weißt du, wie viele Leute wegen des Klimawandels sterben werden? Das wird so krass! Diese Kapitalistenschweine, die uns in den Untergang treiben, nur aus Geldgier, haben ganz was anderes verdient – da sind unsere Bomben noch harmlos!«

Sascha starrte seine Tochter überrascht an.

»Sag mal«, Anna versuchte völlig beiläufig zu klingen, »ich verstehe, dass du wütend bist. Aber was meinst du damit?«

Leider war Sascha kein bisschen Psychologe. Und er konnte sich nicht zurückhalten.

»Woher hast du das mit den Kapitalistenschweinen? Und von welchen Bomben redest du? Sage nicht, dass du etwas mit Bomben zu tun hast!« Er klang alles andere als entspannt.

Dass Marie nicht antwortete, war kein Wunder.

Anna sah Sascha kopfschüttelnd an.

Marie stand auf. »Nein, ich sage nicht, dass ich etwas mit Bomben zu tun habe.« Dann verabschiedete sie sich wie so oft: türenknallend.

Anna machte noch den schwachen Versuch, ihre Tochter zurückzuholen, aber die sagte, sie habe zu tun, und es gebe nichts zu sagen, vor allem nicht zu Sascha, aber auch generell nicht.

»Oh, hier wohnt der berühmte Maulwurf?«, rief eine weibliche Stimme im Garten. Ein Mann lachte.

»Hallo!«, rief es, als Anna ans Fenster trat. Draußen stand eine Familie mit einem größeren Mädchen und einem kleineren Jungen vor einem großen Maulwurfshügel. Anna erkannte Maries Freundin Ann-Lucie, ihre Eltern und ihren Bruder. Alle hatten Badetücher im Arm und Strandtaschen umhängen.

Hatte Marie mal wieder eine Verabredung vergessen?

»Nein, eigentlich nicht«, kicherte Ann-Lucie, ihr schien das peinlich zu sein.

»Wir sind nur zufälligerweise hier«, sagte ihre Mutter. »Wir haben einen kleinen Ausflug gemacht, kamen zufällig bei euch vorbei, und dann fiel uns ein, dass Marie mal gesagt hat, wir könnten jederzeit bei euch parken und unten im See eine Runde schwimmen. Das ist doch okay, oder?«

Anna fiel ein, was Lisa ihr einmal gesagt hatte: dass, wenn sie hier lebten, sie sich keine Sorgen machen müssten, nicht genug Besuch zu bekommen.

Sascha

Klar, Sascha hatte damit gerechnet, aber schockiert war er trotzdem: Das Firmengelände sah aus wie eine unaufgeräumte Mondlandschaft. Die Gärtner hatten sämtliche Wege und Plätze weggerissen, dazu den Zierrasen und den Großteil der Büsche und Bäume; es standen nur noch ein paar einheimische Exemplare. Überall lagen entastete Baumstämme, dazu Sand-, Geröll- und Holzhaufen.

Sascha zwang sich, nicht mehr aus dem Bürofenster zu sehen, und kämpfte seine aufkommenden Magenkrämpfe nieder. Dann rief er bei dem Unternehmen an und erinnerte freundlich daran, dass noch aufgeräumt werden müsse. Der Mitarbeiter am Telefon war der deutschen Sprache kaum mächtig und brauchte eine Weile, bis er verstanden hatte. Dann aber versprach er schnelle Abhilfe.

In seinem Posteingang fand Sascha die amtlichen Genehmigungsunterlagen für die Umgestaltung des Geländes, komplett bis hin zur künftigen Wasserversickerung – wusste der Kuckuck, wie Saskia das geschafft hatte – mit einer Notiz von ihr, dass sie nicht zur Morgenrunde kommen könne; sie habe einen Termin. Welchen, schrieb sie nicht.

Sein Mailpostfach lief über vor empörten Mails von Mitarbeitern, die »den schönen Rasen« vermissten oder »die Lebensbäume, die der alte Chef als Kind eigenhändig gepflanzt hat«. Er hatte auch eine Mail von Plomeier, in der dieser ihm mitteilte, er werde ihn verklagen.

Auch sonst gab es Ärger. Björn berichtete, dass die Boulevardpresse wie auch immer von den Problemen mit der mutmaßlichen Kinderarbeit in Indien erfahren hatte. Er hatte die Artikel zusammengestellt, in keinem stand allerdings, dass sie mit den Firmen schon nicht mehr zusammenarbeiteten und um Aufklärung bemüht waren. Der Pressechefin war es ein Rätsel, wer die Informationen weitergegeben hatte, und das so unvollständig. Sascha hatte eine Vermutung.

Als er aus dem Fenster blickte, sah er eine Kolonne von Lastwagen auf das Gelände fahren. Der Mitarbeiter der Gärtnerei hatte sein Versprechen gehalten. Die Laster fuhren in die Geländemitte, blieben stehen. Sie warteten vermutlich auf den Bagger.

Aber wieso – waren die Ladeflächen nicht leer, sondern voll?

Bevor Sascha eine plausible Antwort auf diese Frage einfiel, hob der erste Lastwagen seine Ladefläche an und kippte einen riesigen Haufen Sand ab. Dann der zweite. Dann der dritte.

O nein! Die lieferten neuen Sand, statt den alten mitzunehmen!

Sascha riss sein Fenster auf. Keiner der Fahrer hörte sein Rufen, und während Sascha noch überlegte, was er alternativ tun sollte, fuhren sie schon wieder.

Bei der Gärtnerei ging nur die Mailbox dran.

Später kamen die Laster zurück. Diesmal hatten sie Steine geladen, große Steine.

Sascha rannte durchs Gebäude, die Treppen hinunter ins Erdgeschoss, durch die Eingangshalle (»Gut Sport, Herr Paulmann!«) und um das ganze Haus herum. Als er bei den Lastwagen ankam, klingelte sein Handy.

Endlich, jemand von der Gärtnerei! Hoffentlich nicht der unfähige Mitarbeiter von heute Morgen!

Es war Plomeier: »Sie haben gelogen! Es gibt keinerlei Beschluss, auf die Fernwärme zu verzichten. Sie haben einen Vertrag über Hunderttausende Euro mit dem Energieversorger sabotiert, sie gefährden unsere Energieversorgung und unsere Unternehmensziele! Das wird teuer werden, das wird sehr teuer werden, Sie Clown, wir werden Sie dermaßen verklagen, dass Sie den Rest Ihres Lebens nicht mal mehr das Geld für Ihren ulkigen Kinderroller haben werden, das schwöre ich Ihnen ...!«

Er begann wieder zu husten, und die Lastwagen kippten ihre Ladung mit großem Poltern und einer Staubwolke ab. Große Steinbrocken rollten überall hin, Sascha sprang zurück. Die Lastwagen fuhren wieder an, hinterließen eine noch trostlosere Stein- und Sandlandschaft.

Und Plomeier hustete immer noch.

Sascha hatte die irrwitzige Hoffnung, dass der alte Sack nie wieder Luft bekommen und sich somit eins, nur ein einziges seiner Probleme von ganz allein lösen würde. Aber leider hörte Plomeier auf zu husten und begann zu fluchen. Er legte schnell auf.

Anna

Anna hatte schon mitbekommen, dass die Menschen hier keinen Respekt vor Sonntagen hatten. Aber offensichtlich verhielt es sich bei Feiertagen genauso. Jedenfalls fuhr sie aus dem Bett hoch, weil draußen mal wieder der Bär tobte, und starrte so lange auf die Uhr, bis ihre müden Augen und ihr mattes Hirn die Ziffern erfassen konnten: 6:10 Uhr.

6:10 Uhr! An Christi Himmelfahrt!

Nach einer weiteren halben Minute meinte Anna zu erkennen, dass es sich bei dem Lärm um so etwas wie Gangsta-Rap handelte.

Und da war noch etwas: Eine Kirchengemeinde betete das Vaterunser! Und all das entsetzlich laut, um 6:10, jetzt 6:11 Uhr!

Anna warf die Decke, die sie über den Kopf gezogen hatte, zur Seite, rannte zum Fenster und riss es auf. Nichts war zu sehen, abgesehen von einem Hasen, der hinten im Beet saß und Anna so empört anstarrte, als sei sie an allem schuld.

Wo kam das her? Lief irgendwo bei dem einen Nachbarn Rap und bei dem anderen ein Gottesdienst? Wollten sie sich damit an ihnen rächen, für Saschas Gestinke und Gelärme?

Sascha schlug die Augen auf, sah Anna an. Setzte sich auf. Stieß einen Fluch aus, sprang aus dem Bett wie angestochen und stürzte aus dem Zimmer.

Anna hörte sich hinter ihm herrufen: »Sascha! Tu es nicht!

Bleib hier! Mach keinen Fehler!« In ihrem Kopf liefen furchtbare Krimis ab, die mit alleinerziehenden Müttern endeten, deren Männer wegen Gewalttaten an Nachbarn im Gefängnis saßen.

Aber Sascha ließ sich nicht aufhalten. Er riss die Haustür auf. Vom Fenster aus sah sie ihn in seinem Sommerschlafanzug ums Haus rennen – nicht Richtung Tor, sondern zum Radschuppen.

Vor dem Tor hingegen stand auf einmal ein weißhaariger Mann, der in der Nachbarschaft wohnte, auch er trug offensichtlich Schlafanzug, und nach kurzer Zeit gesellte sich ihm eine jüngere Frau hinzu, die eine Art Nachthemd trug und ein kleines Mädchen an der Hand hielt. Alle, auch das Mädchen, guckten Anna sauer an.

Wieso das, der Lärm war doch nicht von ihnen!

Sascha kam wieder in Sicht. Er hatte die neue Grabeschaufel in der Hand. Ohne die Leute am Tor oder Anna am Fenster oder irgendetwas anderes zu beachten, hastete er zum großen Ginster.

Und begann dort wie verrückt in der Erde zu graben! Eine Übersprunghandlung?

Der Gottesdienst war im Moment recht leise, umso besser war zu verstehen, dass der Rapper von »lauter dumme Muschis« sang, die er »abkassieren«, »über den Löffel balbieren« oder »massakrieren« würde, »ich brauche einen bösen Bling-Bling-Status, ihr Lutscher, ah, und wenn ihr nicht folgt, dann spricht mein AK und ich schaufle euch euer Grab! …«

Dann setzte der Gottesdienst wieder ein, die Gemeinde sang: »Großer Gott, wir loben dich.«

Und Sascha schaufelte immer noch wie verrückt, als sei all das eine durchgedrehte Performance.

Anna hätte im Boden versinken können. Das ungerechte Leben verlangte nun eigentlich von ihr, dass auch sie hinauslief, in ihrem roséfarbenen Hauch von Nachthemd, ihren Mann, der sich sicher wehren würde, ins Haus zerrte, den psychologischen Interventionsdienst rief und ihre Familie gegenüber den Landbewohnern vollends der Lächerlichkeit preisgab.

Aber dazu hatte sie keine Kraft. Alles, was sie tun konnte, war zu hoffen, dass all das nur ein Alptraum war, ein sehr real wirkender, aber doch ein eindeutiger Albtraum, der nichts mit ihrem wahren Leben zu tun hatte.

Am Tor war noch ein weiterer Schaulustiger erschienen. Es war dieser Schmitter – als Einziger angezogen wie tagsüber: Weste und Kappe –, und wie alle anderen verfolgte auch er nun, wie Sascha etwas aus dem Boden riss, das aussah wie ein grün gummierter, kleiner Lautsprecher.

Sascha drückte an dem Ding herum, schlug darauf ein, drosch es gegen den nächsten Baum, ausgerechnet eine arme, von Trockenheit gebeutelte Eibe, und sprang schließlich wie wild darauf herum. Woraufhin der Gottesdienst beendet war. Nicht aber der Rap: »Tattata, tatttata, ich zeig euch Pissern, wo der Hammer hängt, das ist mein Scheiß-Karma ...«

Sascha spurtete zu den vertrockneten Hortensien und begann wieder zu graben. Auch hier hebelte er einen grün gummierten Apparat aus dem Boden. Und diesmal hielt er sich nicht mit Drücken, Schlagen und Hüpfen auf. Er kloppte brutal mit der Schaufel auf den Lautsprecher ein.

Der Rap erstarb.

Es war wieder ruhig.

Fast. Ein Lachen ertönte.

Es kam vom Tor. Schmitter lachte, anfangs wie ein Erpel, laut und schnarrend. Sein Lachen steigerte sich – in etwas Unheimliches, Drohendes, Diabolisches, Gnadenloses. Immer noch lachend drehte er sich um und ging.

Die Frau mit dem Kind, der alte Mann, sie waren schon weg.

Anna ersparte es sich, zur Hecke zu schauen.

Später saß Sascha fassungslos, verschwitzt und auch sonst am Ende in der Küche und hielt sich an einem Hafermilchkaffee fest.

Anna war so was von wütend.

Und Sascha bekannte, es sei richtig, er sei schuld, er habe die Outdoorradios vergraben. Aber er habe sie leise gedreht, so leise, dass man an der Oberfläche nichts hörte, er schwöre, er habe es ihr, Anna, schließlich versprochen. Und einen anderen Sender habe er übrigens auch eingestellt, auf beiden Geräten denselben, nämlich Klassik. »Das ist Musikvergrämung, wie in den U-Bahnhöfen, das hätte funktionieren müssen …«

»Du hast unsere Absprache in die Tonne getreten!«

»Noch einmal: Das hätten wir normalerweise gar nicht gehört! Niemand hat es gehört, tagelang! Ich weiß nicht, warum es heute Morgen auf einmal so laut war! Und es waren auch komplett andere Sender, jemand muss die verdreht haben …«

Er beugte sich vor. Und starrte Anna an.

»Glaubst du, ES war das? Kann es so etwas?«

»Wer?«

»Das TIER! Glaubst du, ES hat die Sender verstellt? Und die Lautstärke voll aufgedreht?«

Anna sah ihren Mann an und konnte es nicht glauben. War das ein Witz? Früher hätte er solche Späße gemacht, sicher. Aber das war lange her. Und in seinem Blick war keine Spur von Humor.

»Blacky? Meinst du das ernst?«

»Natürlich!« Sascha starrte sie an. »Will ES jetzt den Spieß umdrehen – will es jetzt UNS vertreiben?«

»Hör zu«, sagte Anna. »Wir reden später über alles. Ich gebe dir jetzt erst mal eine schöne Tablette, und du legst dich hin und wirst sehr gut schlafen!«

»Ich denke nicht daran. Ich nehme keine Tablette! Ich gehe

wieder raus und räume die Hälfte der neuen Haufen weg wie jeden verdammten Tag. Und dann fahre ich bis heute Abend mit dem Rasenmäher! Oder die ganze Nacht über! Ich werde ES schon wegkriegen! Ich kriege ES weg!«

»Es ist Feiertag! Ruhetag! Da wird kein Lärm gemacht. Und hör auf zu schreien!«

Kaum hatte Anna das gesagt, kreischte irgendwo die Kreissäge los.

Sascha

Das Kunststück mit den verstellten Radios war für das Tier offenbar ein solcher Triumph, dass es zur produktiven Hochform auflief. Elf neue Haufen sah Sascha am Morgen.

Als er mit dem E-Scooter unterwegs zum Bahnhof war, fiel ihm auf, dass er heute zum ersten Mal seit langer Zeit keinen Sport gemacht hatte. Dafür störte ihn das Hupen der Autofahrer – oder war es heute nur besonders heftig? Einer verlangsamte sogar seine Fahrt und zeigte ihm den Mittelfinger. Vielleicht lag es daran, dass er heute vor lauter Aufregung auch noch den Doppelgürtel für das Sakko vergessen hatte. Das blähte sich im Fahrtwind, in der Firma würden dann die Revers wieder abstehen. Er hätte sich am liebsten selber auch noch mal angehupt.

Kurz gesagt: Der Tag fing sehr blöde an.

In Hamburg war richtig Wind. Er verteilte den Sand von den Haufen überall auf dem Firmengelände, das Gebäude war wie von einem Sandsturm eingehüllt, die Leute kamen mit tränenden Augen in die Empfangshalle.

Nach kurzem Hadern absolvierte er die Morgenrunde mit seinem Team ohne Sakko. Alle sahen ihn entsprechend seltsam an. Saskia fragte nach den nächsten Schritten bei der Umgestaltung des Geländes, er sagte, das wisse die beauftragte Firma besser, und fragte sie nach den Berichten für die Projekte. Sie sagte, sie sei noch nicht dazugekommen, Brille runter, Brille rauf. Er kündigte ihr an, sie könne sich außerdem für eine Reise nach Südamerika vorbereiten. Sie lachte und sagte, sie habe den Eindruck, sie werde hier benötigt. Sascha sagte, diesen Eindruck teile er nicht.

Und er musste die ganze Zeit daran denken, wie das Tier, wahrscheinlich gerade jetzt, Haufen für Haufen aus dem Boden schob, einer größer als der andere.

Warum? Weil es das konnte!

Nach der Morgenrunde auf der Toilette fiel ihm der wahre Grund auf, warum ihn alle so angesehen hatten: Er trug noch die schmutzige Jeans, mit der er im Garten gegraben hatte!

In der Gesäßtasche war ein Papier. Der Zettel von Schnappauf!

Darauf stand eine Webadresse, und die dazugehörige Seite war anders als alle Seiten über Maulwürfe, Vergrämungs- und Vertreibungsmethoden, die er bisher gesehen hatte. Es war die Seite eines Profis, Dr. Jens von Helsing, Biologe, Experte. Seiner Biografie nach hatte er in Prag, Spanien und den USA über Maulwürfe geforscht, erkannt, welche hochintelligenten Tiere sie waren, und dass jedes von ihnen – genau wie Menschen auch – anders war, ein Individuum. Mit einer eigenen Persönlichkeit. Mit eigenen Wünschen, Bedürfnissen, Schwächen und Empfindlichkeiten. »Und aus genau diesem Grund funktionieren all die angeblich bewährten Mittel, Tipps und Tricks, um Maulwürfe zu vertreiben, bei den meisten Tieren überhaupt nicht.« Deshalb habe er, von Helsing, basierend auf seinen jahrelangen Forschungen, eine Methode entwickelt, die tatsächlich bei so gut wie jedem Maulwurf zuverlässig wirke – weil sie auf die Psyche und den Charakter jedes einzelnen Tieres individuell eingehe. »Sie benötigen meine Hilfe? Kontaktieren Sie mich per Mail oder per Chat!«

Eigentlich musste Sascha dringend ein Landschaftsplanungsbüro nach dem anderen abtelefonieren. Aber vorher chattete er noch schnell diesen von Helsing an und beschrieb sein Problem.

Von Helsing antwortete binnen zehn Minuten. Er könne Sascha helfen. Er habe ein Gerät entwickelt, das mit einer von ihm programmierten KI arbeite. Zuerst analysiere er den Maulwurf, füttere die KI mit möglichst exakten Infos, und aus denen entwickle die Software dann passgenau auf das Tier zugeschnittene spezielle Frequenzen (die man selbst nicht höre, wohl aber der Maulwurf), mit deren Hilfe man mit ihm kommunizieren, ihn sogar zum Gehen überreden könne. Aber all das achtsam, wertschätzend, auf Augenhöhe.

Denn das sei das Erstaunliche bei einem Maulwurf: Das Tierchen sei leider sehr ungeschickt, fast schon grobschlächtig – aber im Inneren sei es hochsensibel, wolle bei dem Gartenbesitzer sein wie ein treuer Hund beim Herrchen und dessen Garten heldenhaft verteidigen gegen Wühlmäuse und andere Schädlinge. Man dürfe dieses Wesen nicht vor den Kopf stoßen, schrieb von Helsing, im Gegenteil: Wer bei Maulwürfen wirklich Erfolg haben wolle, müsse nach dem Motto handeln: »Dein Maulwurf liebt dich!«

Es war der Moment, in dem Sascha verstand, was er die ganze Zeit falsch gemacht hatte. Er schrieb von Helsing, ob der die Geräte vermiete oder verkaufe und für welchen Preis.

Ihm fiel beim Stichwort Hund auch noch ein, dass heute Freitag war, der Tag, an dem er Marie den Besuch im Tierheim versprochen hatte. Was jetzt nicht mehr hinzukriegen war. Er schickte Marie eine SMS, bei ihm sei so viel dazwischengekommen, dass er es beim besten Willen heute nicht mehr schaffe und dass es ihm sehr leidtue.

Marie schrieb nicht zurück. Das war mal wieder typisch für sie.

Anna

Anna hatte sich überlegt, dass nun dringend ein positives Gegenprogramm hermusste. Um sie alle, auch Sascha, und vor allem die von Saschas Aktionen gebeutelten Nachbarn, auf andere Gedanken zu bringen. Also luden sie alle zum Grillen ein: Lisa und Familie, Torsten und Violet unten vom See, die schräge Besitzerin des chaotischen Grundstücks an der Ecke, die alle nachvollziehbarerweise nur Schrotti nannten. Anna war sogar wieder einmal vergebens an dem großen Holztor läuten gegangen, um die Nachbarin aus der Hecke einzuladen. Aber es war wie immer, da tat sich nichts; sie würde ja sowieso mitbekommen, was sie versäumte.

Unverhofft waren auch noch zwei weitere Familien dabei: Die Eltern von zwei Freundinnen von Marie, von Martha und von Frida, waren mit ihren Mädchen spontan vorbeigekommen, weil es so heiß war und sie von den Eltern von Ann-Lucie erfahren hatten, dass man bei ihnen parken und unten im See baden konnte, das sei doch in Ordnung? Als sie anschließend die Vorbereitungen fürs Grillen mitbekamen, hatten sie Hunger, und natürlich konnten sie sie nicht einfach wieder wegschicken. Außerdem hatte Marie erst vergangene Woche bei Frida übernachtet. Als sich Anna bei Fridas Eltern dafür bedankte, sah sie allerdings in zwei fragende Gesichter.

»Äh, nein«, sagte die Mutter, »sie hat nicht bei uns übernachtet – aber wenn sie möchte, geht das natürlich.«

Anna zog es fast den Boden unter den Füßen weg. Das hatte es noch nie gegeben. Was fiel ihrer Tochter ein, sie einfach anzulügen?!

Ab da hatte sie ausnehmend schlechte Laune. Und das passte zum Rest des Abends.

Sascha hatte keinen guten Grilltag. Was immer er auf den Grill legte, verließ diesen entweder halb roh oder völlig verbrannt. Es dauerte nicht lange, da zog Torsten über »das Brennmaterial« her, fragte, wann denn »das Essen« käme, und hatte nichts Besseres zu tun, als die Sprache auf Maulwürfe zu bringen und Sascha vorzuhalten, der sei gegenüber »den Viechern« zu weich – ob er etwa im Job auch so sei? Hahaha!

Marie und Ida, ansatzweise auch Martha, diskutierten empört dagegen an: Maulwürfe seien Lebewesen, die auch eine Seele hätten und nur zufälligerweise keine Menschen geworden seien. Schrotti umarmte nach dem vierten schnell gekippten Glas Wein Lisa und versuchte, sie zu küssen. Moritz drängte pikiert zum Aufbruch, was Lisa mindestens ebenso doof fand. Schrotti näherte sich derweil Violet, die sich zu Sascha an den Grill flüchtete und ihn in ein intensives Gespräch verwickelte, bis es wieder begann zu qualmen und verbrannt zu riechen. Lisa bekam einen Lachanfall: Was das Gestinke anginge, bliebe Sascha sich ja treu …

Torsten verabschiedete sich, er müsse nun etwas essen. Violet, mittlerweile reichlich angeschickert, blieb, sagte, Torsten dürfe man nicht ernst nehmen, der rede so viel Blödsinn, und erklärte Sascha die Tattoos auf ihrem Oberarm. Schrotti verzog sich schmollend in die Ecke neben der Tür, leerte zügig eine Flasche Rotwein und hatte eine weitere, noch volle, schon neben sich stehen. Moritz war doch noch geblieben, aber er und Lisa starrten aneinander vorbei und reagierten kaum auf Annas Versuche, ein Gespräch in Gang zu bringen. Die Mädchen sahen sowieso nur in ihre Smartphones. Und die Eltern von Martha und Frida konzentrierten sich darauf, alles Essbare zu finden und zu verzehren. Als sie mit den Muffins durch waren und aufbrachen, kam noch ein später Gast. Schmitter.

Er ging wortlos zum Grill, den Sascha mittlerweile zugunsten Violets aufgegeben hatte, und stopfte sich hastig die Backen voll.

Anna hatte ihn nicht eingeladen. Aber wahrscheinlich war das völlig normal hier auf dem Land: Gab es ein Event, kamen alle vorbei.

Marie trat auf Schmitter zu. »Guten Abend, Herr Schmitter«, sagte sie. »Ich muss Sie enttäuschen: Das ist KEIN Maulwurfsfleisch!«

Schmitter sah sie mit prallen Backen an, schluckte herunter und stieß sein keckerndes Erpellachen aus. »Umso besser!«

Marie lächelte maliziös. »Ich wollte Ihnen noch sagen, dass Ihre angeblich so tolle Methode mit dem Einebnen der Haufen nicht funktioniert, im Gegenteil. Es gibt Studien, die belegen: Jeder Maulwurf fängt erst recht an zu graben, wenn man ihm so die Luft wegnimmt!«

»Hey, was soll das denn!« Schmitter warf einen schnellen Blick in die Runde.

»Und Ihr Auf-dem-Boden-Herumklopfen bringt auch nichts, Herr Schmitter. Überhaupt nichts. Maulwürfe lachen darüber. Es hilft nur einem: Ihrem Geldbeutel!«

»Also jetzt reicht es aber!«

Anna versuchte, ihrer Tochter einen mahnenden Blick zuzuwerfen. Aber die ließ sich keine Blicke zuwerfen.

»Was reicht, Herr Schmitter? Dass alle erfahren, dass Sie ein Betrüger sind?«

»Schluss, sage ich!«

»Wann Schluss ist, entscheiden nicht Sie! Wir sind schließlich nicht die Maulwürfe, die Sie massenhaft und verbotenerweise umbringen.«

Anna versuchte, ihre Tochter unauffällig zur Seite zu ziehen. Die blieb stur stehen.

»Aber vielleicht haben Sie ja Glück. Denn wenn Sie weiterhin so viel verbranntes Grillfleisch essen, sterben Sie, noch bevor Sie in den Knast kommen – an Krebs! Für die Maulwürfe wäre das gut.«

Schmitter wäre erkennbar am liebsten auf Marie losgegangen. Stattdessen begann er furchtbar zu schimpfen und zog ab, nicht ohne sich im Vorbeigehen Schrottis Ersatzflasche Rotwein unter den Arm zu klemmen.

»Betrüger!«, lallte Schrotti ihm hinterher. »Mieser Betrüger!«

»Möchte jemand noch Muffins?«, fragte Anna in die Stille.

Aber die Party war vorbei. Alle gingen, Schrotti die Flasche in der einen Hand und sich mit der anderen von Baum zu Baum tastend.

Violet war die Einzige, die sich bedankte. Sie fiel Sascha und Anna strahlend um den Hals, Sascha deutlich länger, und sagte, es sei »einfach wunderbar!« gewesen. War das Upper-Class-Höflichkeit, Ironie oder einfach der Alkohol?

Marie wollte mit ihrem Handy in ihr Zimmer verschwinden, aber Anna fing sie ab und fragte stinksauer, wo sie übernachtet hatte, wenn nicht bei Frida, und was ihr einfiel zu lügen!

»Mama, das war kein Lügen. Ich WOLLTE bei Frida übernachten, aber es kam alles anders …«

»Und wie? Und was? Wo warst du wirklich?«

»Bei Niko.«

Anna stockte der Atem.

»Wir haben die nächste Aktion vorbereitet.«

»Ihr?«

»Digga, unsere Gruppe. Wir haben besprochen, wie wir's machen, es hat ewig gedauert, bis wir uns alle geeinigt haben, dann war es drei Uhr morgens, und ich habe mich nicht mehr getraut, bei Frida zu klingeln …«

»Und dann?«

»WirsindnocheineStundegebliebenunddannallezuMcDonald's im Bahnhof frühstücken gegangen. Random!« Marie rollte die Augen. »Ich weiß. Es hat mir auch nicht geschmeckt. Ich gehe da sonst eh nie hin …«

Anna zog ihre Tochter erleichtert an sich. »Alles gut. Und dieser Niko, wie ist der so?«

»Normal, soweit man das als Junge sein kann. Wieso?«

Anna gab ihrer Tochter einen Klaps und ging wieder nach draußen, um aufzuräumen, während Sascha den Grill sauber machte. Er bewegte sich langsamer als sonst, und als er fertig war, setzte er sich in die Wiese und starrte in die einbrechende Dunkelheit.

Konnte es sein, dass ein einziger Maulwurf gerade dabei war, ihren Traum vom seligen Landleben kaputtzumachen? Ihre Freundschaften zu zerstören, ja sogar ihre Ehe zu zerrütten?

Anna bat Sascha, ins Haus zu kommen und noch ein Glas mit ihr zu trinken, aber er wollte lieber draußen im Dunklen bleiben.

Und nachdenken? Über Violet vielleicht?

Okay, sollte er doch.

Anna war im Moment ganz froh über ein bisschen Abstand. Sie ging schlafen.

Sascha

Kaum hatte Anna im Schlafzimmer endlich das Licht ausgemacht, lief Sascha zum Fahrradschuppen und holte den Spaten und den Karton mit den Geräten. Sieben KI-Vibratoren waren es, getaktet auf die Hirnströme des Maulwurfs. Dafür hatte Sascha seitenlange Online-Fragebögen ausgefüllt, Erdproben aus frischen und älteren Haufen genommen und Reiz-Reaktions-Tests veranstaltet, auf die das Tier mit Haufen in der anderen Gartenecke reagierte. Über die von Helsing hellauf begeistert war, Sascha musste sie akribisch vermessen und fotografieren.

»Bestens«, schrieb von Helsing daraufhin, er kommunizierte immer nur schriftlich, »damit können wir seinem Charakter so nahe wie nur möglich kommen. Ich habe die KI-Software programmiert. Die Geräte werden den Maulwurf nun besser verstehen als er sich selber.«

Sascha trug er auf, zuerst die Geräte zu vergraben und danach eine wertschätzende bis freundschaftliche Ansprache zu halten, mit möglichst tiefer, vertrauenerweckender Stimme. Dann würden die Frequenzen der Apparate dem Tier vermitteln, dass Sascha sein Freund sei, er das Tier wertschätze. Dass es aber trotzdem gut sei, wenn sich der Maulwurf aus Gründen der Life-Garden-Balance zurückziehe in den hinteren Teil des Grundstücks. »Die Software ist Hightech, aber im Endeffekt funktioniert sie wie ein Übersetzungstool zwischen zwei intelligenten Wesen, die damit auf gleicher Wellenlänge kommunizieren können. Viel Erfolg!«

Anna

Anna wachte auf. Der Mond schien hell ins Zimmer, es war schon halb drei und das Bett neben ihr war immer noch leer. Nur Saschas Geruch hing im Raum, ein Gemisch aus Erde und gegorenem Kräutertee, und auf seinem Laken irrte eine einsame Ameise im Kreis. Anna stand auf, beseitigte die Ameise und ging zum Fenster. Der Garten lag im Mondlicht. Sie entdeckte Sascha sofort, er saß im Schneidersitz auf der Wiese, klopfte mit der flachen Hand auf den Boden und bewegte den Mund.

Er sprach – aber mit wem?

Anna ging nach unten und öffnete die Terrassentür. Es war eine warme Sommernacht.

Leise schlich sie ums Haus.

»Blacky, mein Lieber. Wie gesagt: Ich spreche zu dir in aller Freundschaft ...« Saschas Stimme war verstellt und tief. Er war dabei, eine Rede zu halten, eine Rede, die schwer verständlich war. Aber Anna verstand sofort, dass man gar nicht alles verstehen musste; sie war vom Fach. Und so weit war es also schon mit ihrem Mann.

Sie ging langsam zurück ums Haus, blieb stehen, starrte in den Mond. Und sah auf einmal durch eins der Löcher in der Hecke, dass im Wohnzimmer nebenan noch Licht war. Lisa!?

Sie schickte eine SMS.

»Komm gerne rüber. Mit Wein«, simste Lisa.

Die Freundin hatte noch nicht geschlafen, sie hatte sich mit Moritz gestritten, bis der ins Bett gegangen war. Und das hatte nichts mit ihrem »Fest« zu tun. Sondern damit, dass Lisa vorgestern Abend tatsächlich in der Kneipe aufgetaucht war, in die Moritz neuerdings immer fuhr. Moritz war auch dort gewesen, in Gesellschaft einiger Leute aus dem Tennisclub, darunter eine Nadine, die bei Lisas Erscheinen erst zickig wurde und dann abzog, was Lisa als studierter Psychologin verdächtig vorkam. Moritz behauptete, es sei nichts, was Lisa erst recht verdächtig vorkam.

Anna fragte, ob sie etwas tun könne.

»Ich brauche erst mal etwas Abstand«, sagte Lisa.

»Ich auch. Mein Mann sitzt im Schneidersitz im Garten und spricht mit unserem Maulwurf. Wertschätzend. Achtsam. Mit verstellter Stimme.«

Lisa musste lachen. »Im Ernst?«

»Im Ernst!«

Lisa kniff die Augen zusammen. »Da fällt mir etwas ein. Das hatten wir auch schon mal so ähnlich. Warte mal!«

Sie holte ihr Tablet und tippte etwas ein. »Ah hier! Schau mal. Maulwurfsexperte von Helsing! Moritz hat sich früher mal mit dem beschäftigt …«

Es war eine professionell gemachte Website, von der Anna ein braun gebrannter, sportlicher Waldläufertyp entgegenblickte und auf der die Rede war von emotional intelligenter KI und einer völlig neuen, wertschätzenden und sehr effektiven Strategie im Umgang mit dem Maulwurf. Viel besser als es zu bekämpfen sei, sich das Tier »vertraut zu machen. Mit ihm zu kommunizieren. Es zu überzeugen.« Und zwar mithilfe von Tonfrequenzen und Vibrationen, die passgenau mit KI erstellt würden. »Verständnis statt

Hass: Ein kluger Gartenbesitzer handelt nach dem Motto: DEIN MAULWURF LIEBT DICH!«

»Schwachsinn, was? Selbst Moritz hat da nicht mehr weitergelesen …«

Moritz, der anfangs so getan hatte, als bemerke er die Maulwurfshaufen im eigenen Garten gar nicht. Männer und Maulwürfe, das war ein Thema. Auch für Partner, Angehörige, Nachbarn und andere Leidtragende.

War das nicht vielleicht auch ein Thema für den Podcast? Oder war das zu nischig?

Lisa bestärkte sie heftig darin, dass es ein Thema war.

»Übrigens, ich habe mit meiner Freundin alles geregelt wegen eures Glasfaseranschlusses. Sie meldet sich bei euch, sobald es geht … Hey, du musst mich jetzt nicht küssen …!«

Als Anna nach zwei Flaschen Rotwein zurückging (na ja: taumelte) und gerade versuchte, möglichst lässig durch die Lücke in der Hecke zu gleiten, knirschte der Kies vor ihrem Tor.

Ein Auto. Violet, die noch eine Runde mit Sascha flirten wollte?

Aber die Gestalt, die im Licht der Autoscheinwerfer vor ihrem Tor stand, war keine Frau.

Anna lief hin.

»Anna? Endlich! Wie geht das hier denn auf?«

Ihr Vater!

Sascha

Heute war der dritte gute Tag in Folge! Wann hatte er das schon jemals in Zusammenhang mit dem Tier (inzwischen nannte er es ganz achtsam wieder »Blacky«) sagen können? Drei Tage ohne neue Maulwurfshaufen, das hatte es noch nie gegeben! Die Geräte wirkten!

Dabei hätte der dämliche Kaventsmann von nebenan sie am Tag, nachdem er sie vergraben hatte, um ein Haar schon wieder aus dem Boden geholt. Marie und Ida hatten den Hund in ihren Garten gelassen, um mit ihm zu spielen, und er kachelte überall durch, machte die Pflanzen platt, als Sascha nach Hause kam, war er gerade dabei, wild und sinnlos herumzubuddeln – zum Glück im Beet, wo sich kein Gerät befand. »Wieso macht ihr das nicht in eurem Garten?«, fragte Sascha Ida.

»Das darf Kaventsmann bei uns nicht, wegen des Rasens, Papa ist da speziell.«

»Ach so! … Dann sage ich euch mal was: Ich bin auch speziell. Sehr sogar! Bitte bring den Hund wieder nach drüben.«

Marie warf ihm nachher vor, er habe furchtbar unsympathisch gewirkt. Wie ein alter weißer Mann, der seine alten weißen Gartenzwerge habe schützen wollen. Und Anna fügte hinzu, ob er es sich denn wirklich mit allen Leuten verderben wolle.

Ganz offensichtlich war seine Frau immer noch sehr angefasst davon, dass ihr Vater hier mitten in der Nacht aufgetaucht war. Anscheinend war Erik in Oldenburg aus dem Bett aufgestanden, hatte seine Frau schlafen lassen, sich den Autoschlüssel geschnappt und war so selbstverständlich zu ihnen gefahren, als müsse er nur schnell auf die Toilette. Offenbar war die Fahrt gut gegangen, jedenfalls schienen keine neuen Beulen im Auto zu sein, er hatte allerdings bei seiner Abfahrt die Haustür aufgelassen, sodass Annas Mutter frühmorgens vom Lärm zweier Waschbären geweckt wurde, die sich in der Küche im Topfschrank umsahen. Und davon abgesehen, dass er im Schlafanzug angereist war und als Erklärung für seinen Überraschungsbesuch sagte, ein gewisser Dr. Hinke habe ihn zusammen mit seiner Frau unter Druck gesetzt, wirkte Erik wie immer. Schon am nächsten Tag vermisste er beim Frühstück »ordentliches Vollkornbrot« und »ordentlichen Honig«, verbrachte den Tag in Saschas altem Laufzeug im Liegestuhl im Garten, las das Feuilleton der *ZEIT* und beobachtete zwischendurch argwöhnisch die Hecke, die sich allerdings wohlverhielt. »Herrlich bei euch!«, sagte er zum Abendessen. Seine Frau schien er nicht groß zu vermissen. Die hatte, als sie mit Anna telefonierte, schon Stress mit der Polizei gehabt, die sich anfangs weigerte, ihre Vermisstenanzeige entgegenzunehmen (weil bei ihnen doch ständig etwas angeblich verschwände). Und fragte, ob es ihnen etwas ausmachen würde, wenn Erik zwei, drei Tage bei ihnen bliebe, dann würde sie mit dem Zug kommen und ihn wieder abholen. »Mami, klar!«, hatte Anna gerufen.

Also hatten sie den Schwiegervater an der Backe. Aber Sascha war heilfroh, dass nicht er es war, der ihn wieder zurückfahren musste.

Anna

Laufen, das merkte Anna an diesem Tag endgültig, war vielleicht Saschas Sport. Aber sicher nicht ihrer. Jedes asthmatische Schaf auf drei Beinen hätte sie locker überholt. Ächzend knirschte sie den Kiesweg entlang, schaffte es gerade so bis zum See. Am Ufer lehnte sie sich gegen den blühenden alten Apfelbaum.

Bekam endlich wieder Luft. Atmete den frischen Duft der weißen Blüten. Und versuchte, das Ganze aussehen zu lassen wie eine Yoga-Übung.

Als ihr Puls nicht mehr pochte, machte sie sich auf den Rückweg. Im Schritttempo. Sie würde es mit Rad fahren probieren. Nein, mit Tennis, da war man wenigstens abgelenkt.

Als sie zurück zum Gartentor kam, lag etwas kleines Dunkles genau davor.

Ein Hundehaufen?

Ein verlorener Handschuh – im Mai??

Sie kniff die Augen zusammen.

Es war ein Maulwurf.

In ihren Ohren begann es zu rauschen. Ihr wurde leicht schwindelig.

Der Maulwurf lag auf dem Rücken und streckte ihr seine großen Schaufeln entgegen, als wolle er sich ergeben, den dreieckigen Kopf mit dem rosa Schnäuzchen zur Seite gedreht. Der Frühsommerwind blies über seinen schwarzen Pelz. Er lag da wie ein weggeworfenes Plüschtier.

Tot.

Anna starrte das Tier an.

Es ist vorbei, dachte sie. Endlich!

Dann spürte sie Panik in sich aufsteigen.

Ein toter Maulwurf vor ihrem Gartentor, das ging gar nicht!

Und was, wenn das gar nicht Blacky war? Es gab viele Maulwürfe in der Gegend. Wieso sollte ausgerechnet Blacky sich bis vor ihr Gartentor geschleppt haben, um dort vorwurfsvoll zu sterben – außer, jemand hatte ihn …

Sascha?!?

Nein, Anna glaubte das nicht.

Obwohl: Ihr Mann hatte sich in letzter Zeit sehr verändert.

Aber was, wenn …

Sie hörte ein Brummen. Ein Auto näherte sich von oben den wildheckengesäumten Feldweg entlang; gleich würde es um die Kurve biegen.

Anna zog ihre Sportjacke aus, warf sie über das tote Tier, bückte sich und tat, als schnüre sie ihren rechten Schuh neu.

Es war ein schwerer SUV. Violet vom Seeufer unten.

Sie schenkte Anna ein knappes Lächeln samt huldvollem Winken und sah selbst dabei großartig aus. Außerdem trug sie wieder Perlenkette und eins ihrer weit ausgeschnittenen Tanktops.

Anna hätte ihr eine scheuern können. Sie winkte lässig zurück, froh, dass Violet nicht stoppte.

Als das Auto außer Sichtweite war, stieß sie hastig das Tor auf, um den Spaten zu holen.

Sascha

Auf der Rückfahrt vom Job wurde Sascha im Zug kontrolliert. Und als er dem Idioten von Zugbegleiter mit verächtlichem Blick seine Karte reichen wollte – fand er sie nicht. Sie war nicht in der einen Tasche, nicht in der anderen. Nicht in der Innentasche, in keiner Hosentasche! Nicht im Rucksack!! Nirgendwo!!!

Der Zugbegleiter begann zu grinsen. »Was haben wir denn da? Strafbare Erschleichung einer Beförderungsleistung!«

»Hören Sie, ich habe sie vorhin noch gehabt, es ist eine Monatskarte, ich habe sie Ihnen schon oft gezeigt, Sie kennen mich, Sie wissen genau, dass ich eine Karte habe …«

Der Kontrolleur verzog das Gesicht hämisch. »Sie zeigen mir jetzt Ihren Personalausweis. Oder ich hole die Bundespolizei!«

Als Sascha später mit seinem E-Scooter über den Fahrweg in der Siedlung holperte, kam ihm ein Lieferwagen entgegen. Er wirbelte eine große Staubfahne auf und fuhr ziemlich schnell.

Sascha lenkte den Roller ganz an den rechten Rand des Weges, was eigentlich nicht nötig war, der Weg war breit genug, der Fahrer musste nur auf seiner Seite bleiben.

Aber er tat es nicht, nein, er hielt genau auf Sascha zu!

Sascha klingelte, hupte, schrie und warf sich und den Scooter im letzten Moment zur Seite. Er landete zwischen den verdorrenden Pflanzen im Maisfeld.

Der Lieferwagen raste weiter.

Ein Irrer!!! Ein Schwein! Ein Mörder!

Sascha war unverletzt, was für ein Glück, nicht einmal sein Sakko war zerrissen, er hatte nur ein paar kleine Schürfwunden an den Händen.

Die restliche Strecke heim schob er den Roller lieber.

Anna schoss auf ihn zu. »Da bist du ja endlich!«, flüsterte sie. »Du musst ihn vergraben. Schnell! Irgendwo! Nur nicht bei uns!«

Warum redete sie so leise und sah sich dabei um? Ach, Erik war in der Küche. Aber warum durfte der das nicht hören?

Und überhaupt: Wen musste er vergraben?

»Den Maulwurf!« Annas Augen waren groß.

»Den Maulwurf?«

»Den Maulwurf!«

Annas weiterem Geflüster entnahm Sascha, dass neben dem Haus zwischen den beiden Sommerfliedern die Schaufel lag, darauf ein toter Maulwurf, den Anna vor ihrem Tor gefunden hatte, darüber eine Jacke, Annas Jacke.

Sascha fand, dass das eigentlich kein Grund zum Flüstern war. Sondern zum Feiern!

Anna flüsterte, sie wisse nicht, ob es DER Maulwurf sei, es sei alles etwas mysteriös. »Sei ehrlich! Hast du damit zu tun? Hast du ihn …?«

»Ich? Wie kommst du darauf?«

Ihr Blick wurde leer. »Dann war es vielleicht doch er!« Sie nickte in Richtung Küche.

»Dein Vater? Denkst du, er hat …?«

Erik liebte Whiskey, Islay Malt, torfig. Er würde ihm die beste Flasche kaufen, die er finden konnte. Nein, nicht nur eine. Zwei. So viele er wollte.

»Er hat mir nichts davon gesagt, kein Wort, ich habe gerade mit ihm noch mal über das Thema Maulwurf gesprochen.«

Ach so war das. »Beruhige dich. Mach dir keine Sorgen, das ist nicht so schlimm.«

Er zog sie an sich. Sie war starr wie ein Bügelbrett. Er ließ sie wieder los.

»Ich regle das!«

Er nahm einen Müllbeutel aus der Küche und ging nach draußen.

Warum sollte es sich nicht um Blacky handeln? Vielleicht hatten ihn/sie/es die Geräte ja überzeugt, zu gehen – und er/sie/es hatte versehentlich die falsche Richtung genommen. Zum Tor. Erik hatte Blacky gesehen und getan, was er für richtig hielt – die Generation Ziergarten machte nicht viel Federlesens.

Erst gestern Abend, als das Maulwurfthema aufkam, hatte sein Schwiegervater noch erwähnt, dass früher viele seiner Bekannten Selbstschussapparate einsetzten. »Peng, vorbei, Ende. Keiner hat sich woke Gedanken gemacht. Unsere Nachbarn haben immer Totschlagsfallen vergraben. Und mein Kumpel Uwe lag tagelang mit seinem Kleinkalibergewehr auf der Lauer.«

»Und du, Opa? Hast du mal einen umgebracht?« Marie stellte immer die richtigen Fragen. Unangenehme Fragen.

Erik hatte die Augen zusammengekniffen. »O Mariechen, das fällt mir jetzt nicht mehr ein. Du weißt, mein Kopf …« Er war schon ein Fuchs!

Und falls er es wirklich gewesen war: Er sollte für seine Heldentat kein Bußgeld zahlen oder gar ins Gefängnis wandern müssen. Er, Sascha, würde seine Familie schützen und die Leiche beseitigen.

Er hob die Jacke zur Seite. Der Maulwurf war totenstarr und erstaunlich klein, kaum größer als eine Maus. Der Kleine tat Sascha leid.

Und war es nicht fast schon tragisch? Jetzt, wo er sich endlich mit Blacky verständigen konnte, auch wenn er dafür verdammt viel Geld bezahlt hatte, wo sie eine Art Beziehung aufbauen konnten – war er/sie/es wahrscheinlich tot.

Sascha schüttelte die Leiche in den Beutel, holte aus dem Schuppen die kleine Handschaufel, klemmte Beutel und Schaufel unter sein Sakko und verließ das Grundstück. Ein Stück den Fahrweg entlang nach links befand sich ein leer stehendes Haus mit großem, verwildertem Garten und ohne Zaun.

Es ging sehr schnell, dort im trockenen Boden unter einem Strauch ein Loch zu graben, die Tüte hineinzustopfen und alles wieder zuzuschaufeln. Sascha murmelte ein paar improvisierte Abschiedsworte, ganz ohne KI, und verließ das Grundstück genauso unauffällig, wie er gekommen war.

Erst jetzt sah er, dass ein Stück weiter einer der Gärten mit Flatterband abgesperrt war. Davor standen Leute, wahrscheinlich wollte jemand dort bauen.

Als Sascha das Flügeltor hinter sich schloss, merkte er, dass er Hunger hatte. Es war mühsam, sich jetzt erst noch an den Herd stellen zu müssen, aber es war fair gegenüber Anna. Er hatte Nudeln, passierte Tomaten und Parmesan aus der Stadt mitgebracht. Und er würde eine Flasche Schaumwein öffnen, um auf Blacky anzustoßen; in jedem Ende wohnte ein neuer Anfang.

»Hallo!«, rief eine Frauenstimme hinter ihm eindringlich. »Hallo!«

Ein Mann und eine Frau standen vor dem Tor. Er trug ein Sakko, sie ein Kostüm, beides sah weder schick noch teuer aus. Sie wirkten wie Zeugen Jehovas. Oder Leute von der GEZ (oh, da fiel ihm ein: Sie waren hier noch nicht angemeldet). Er hatte jetzt weder Lust auf die einen noch auf die anderen, also winkte er kurz und ging weiter aufs Haus zu.

»Hallo, haben Sie einen Moment!?« Das klang eigentlich nicht nach einer Frage. Und auch nicht nach Zeugen Jehovas.

»Ja, bitte? Wer sind Sie?«

Die zwei zeigten jeder etwas, das wahrscheinlich eine Art Dienstausweis war. Doch die GEZ! Er hasste diese Wichtigtuer, seit er sich in seiner Studentenzeit vor ihnen versteckt hatte.

»Polizei. Können wir reinkommen?«

Anna

Ihr blieb fast das Herz stehen, als Sascha einen Mann und eine Frau mitbrachte, die beide um die Mitte dreißig waren, sich als Kriminalpolizisten vorstellten, sie alle ernst baten, sich an den Tisch zu setzen, und ihre Personalien aufnahmen. Das konnte nichts anderes bedeuten, als dass die zwei ihren Mann, der ziemlich perplex dreinsah, eben beim Entsorgen des Maulwurfs geschnappt hatten. Wenn bei so etwas gleich die Kriminalpolizei ermittelte, stimmte das mit den drakonischen Strafen wohl tatsächlich. Und sie hatte Sascha erst in diese Situation gebracht!

Anna dachte hastig über eine der Lage angemessene psychologisch-paradoxe Intervention nach. Überraschenderweise kam die aber schon von ihrem Vater. »Haben Sie endlich mein Fahrrad gefunden?«

»Nein, Papa, das war in Oldenburg!« Anna erklärte den Polizisten, dass ihr Vater mittlerweile mal das eine oder andere verwechselte.

Dieser lief rot an.

»Das ist nicht wahr, mein Kind! Ich verwechsle gar nichts. Ich weiß genau, was ich tue. Und worüber ich spreche. Gestern Abend zum Beispiel ging es ums Umbringen …«

O nein! Anna zwang sich zur Ruhe. »Papi, ich glaube nicht, dass die Polizisten interessiert, was wir gestern besprochen haben!«

»O doch«, sagte der Mann und beugte sich vor. »Doch, doch! In dem Fall interessiert uns das sogar sehr. Es ging gestern Abend …«

»Vorgestern Abend!«, korrigierte ihr Vater. »Es war nicht gestern.«

»Okay«, sagte der Mann. »Es ging also vorgestern Abend ums …«

»Obwohl, nein: Es war doch gestern. Wann hat Sascha diesen Reis gemacht?« Ihr Vater sah Sascha an. »Das muss gestern gewesen sein! Der hat sehr gut geschmeckt, wissen Sie.«

»Meinetwegen gestern.« Der Polizist zwang sich sichtlich zur Geduld.

»Nein, stopp!« Annas Vater hob die Hand. »Jetzt weiß ich es wieder, das war nicht Sascha, das warst du, Anna! Es hat hervorragend geschmeckt … Also war es vor zwei Abenden. Sascha hat diese Linsen gemacht. Die waren eher mittelgut. Also ich hätte …«

»Schluss jetzt!« Der Kripomann schlug mit der flachen Hand auf die Tischplatte. »Wir sind hier nicht in der Alzheimer-WG! Also: Sie haben über das Umbringen gesprochen! Wer sollte denn umgebracht werden? Oder – war schon jemand umgebracht worden?«

Anna sah ihren Vater wieder rot anlaufen. »Was haben SIE da gerade gesagt? Alzheimer? Also jetzt mal langsam, junger Mann …«

»Papi …«, begann Anna, aber die Kripofrau brachte sie mit einem scharfen »Psst!« zum Schweigen.

»Beantworten Sie jetzt endlich meine Frage!« Der Kripomann beugte sich vor und fixierte ihren Vater. »Wer ist umgebracht worden?«

Ihr Vater warf ihm einen irritierten Blick zu. »Niemand.«

»Und wer sollte umgebracht werden?«

»Natürlich dieser Blacky!«

»Ah! Natürlich! Und wer ist – dieser Blacky?«

»Papi, ich glaube, du musst jetzt aber mal ...«

»Sie sind ruhig! Also: Wer ist Blacky? Wer hat – oder hatte – diesen Spitznamen?«

Anna glaubte es nicht. Ihr Vater sah sie an und kniff leicht ein Auge zu.

»Diese Wühlmaus. Ich weiß nicht, ob sie wirklich so heißt, aber sie macht da hinten im Beet meiner Tochter alle Erdbeeren kaputt!«

Die zwei Kriminalpolizisten wirkten leicht enttäuscht.

»Sind Sie sicher«, nun sprach die Frau, »dass Blacky nur eine Wühlmaus ist? Oder ist Blacky in Wirklichkeit nicht doch jemand anders? Der nun endlich weg ist?«

Ihr Vater hob die Hände. »Was soll Blacky denn sonst sein? Ein Pferd? Ein Elefant?«

Anna war sehr erleichtert, dass er nicht »Maulwurf« gesagt hatte! Er war wieder so wie immer. Sie räusperte sich. »Ich muss an dieser Stelle noch einmal auf den Zustand meines Vaters hinweisen. Vielleicht ist es für Sie interessant, dass ich promovierte Psychologin bin und es durchaus erkenne, wenn jemand zu Unrecht Suggestivfragen verwendet.«

Die beiden Kripoleute starrten sie an.

Sie starrte selbstbewusst zurück.

Die Promotion packte sie sonst nie aus. Aber es ging hier um 50 000 Euro oder Gefängnis. Und möglicherweise um die Frage, wer zuerst das »M«-Wort sagte. Denn mittlerweile war sie überhaupt nicht mehr sicher, ob Sascha wirklich auf frischer Tat ertappt worden war. Hätten sie sonst nicht einfach den Beutel mit dem Maulwurf auf den Tisch gelegt, statt ein großes Quiz zu veranstalten?

Aber vielleicht hatte die Kriminalpolizei hier auch so wenig zu tun, dass sie sich für jeden Maulwurf Zeit nehmen konnte.

Als könnte er ihre Gedanken lesen, wandte sich der männliche Kripobeamte nun Sascha zu und vollzog einen kompletten Themenwechsel. »Was haben Sie vorhin auf dem Grundstück Beerenweg Nummer 17 gemacht?«

»Grundstück Beerenweg Nummer 17??«

»Das Grundstück, auf dem Sie sich vorhin aufgehalten haben.«

Sascha atmete genervt aus. Auch er war langsam ungeduldig. »Kommen Sie. Dieses Ratespiel ist doch absurd. Sie wissen doch genau, was ich …«

»Haben Sie uns von dort aus beobachtet?«, fragte die Frau dazwischen.

Ihr Kollege warf ihr einen starren Blick zu.

Völlig zu Recht. Alte psychologische Wahrheit: Wenn jemand gerade redet, sollte man ihn reden lassen.

Aber für Sascha hätte es nicht besser kommen können. »Ich habe Sie beobachtet?« Er war echt konsterniert.

»Uns oder das Haus Beerenweg 22. Das Haus, in dem Klaus Schmitter sich aufhielt. In dem er fast schon … lebte.«

Anna beschloss, sich wieder einzuschalten, bevor Sascha sich noch mal fast verplapperte. »Er ist jetzt nicht mehr dort? Suchen Sie ihn?« Möglicherweise war für die beiden ja in Wirklichkeit Schmitter der Hauptverdächtige bei dem Maulwurfsmord, was sehr für die hiesige Polizei gesprochen hätte.

Jetzt übernahm wieder der Mann. »Klaus Schmitter ist tot. Er wurde wahrscheinlich ermordet.«

Was? Schmitter! Ermordet? Hier, wo die meisten Leute nicht mal ihre Türen abschlossen!?

Anna hörte das, aber sie konnte es nicht glauben. Sie sah Sascha an. Der nicht übermäßig schockiert aussah.

»Wir befragen routinemäßig alle Nachbarn und alle, die mit ihm zu tun hatten …«

»Und?«, fragte ihr Vater scharf, »was hat das jetzt mit unserer Wühlmaus zu tun?«

Sascha

Er fühlte sich gut. Er hatte auf die Gartenkontrolle vor dem Laufen verzichtet und dafür eine weitere Runde um den See gedreht. Beim umgebauten Bauernhaus stand Violets Range Rover in der Einfahrt. Sie war nicht zu sehen. Er erinnerte sich genau an den süßlich-intensiven Duft ihres Parfüms, an ihr Lachen, ihre Hand auf seinem Arm.

Auf dem letzten Stück den Hügel hoch beschleunigte er so stark, dass seine Waden brannten. Auf der Terrasse, neben der schicken, neuen Sitzgruppe, ging er in Liegestütz-Haltung.

Nach dem zehnten Push-up hatte er das Gefühl, dass etwas nicht stimmte.

Er drehte langsam den Kopf.

Und sah sie.

Seine Arme begannen zu zittern, seine Knie gaben nach und klappten auf den Boden. Stöhnend stemmte er sich hoch.

Es waren sieben. Sieben neue Haufen, sechs kleine und ein größerer.

Sascha schloss die Augen, öffnete sie wieder. Sie waren immer noch da. Gut sichtbar an prominentester Stelle direkt neben dem Haus. Nur ein, zwei Meter neben einem der vergrabenen KI-Vibratoren.

Somit waren gleich zwei Dinge klar: Der tote Maulwurf war

nicht Blacky gewesen. Und die KI-Geräte taten offenbar nicht, was sie sollten.

Wütend trat Sascha auf einem Haufen herum, bis der platt war, fast hätte er Violets Landrover überhört, der am Tor vorbeifuhr.

Winkte sie? Lächelte sie? Hinter der getönten Scheibe war das nicht zu erkennen.

Er ließ die Haufen verschwinden und chattete von Helsing an, bevor er zur Arbeit fuhr. Als er in Hamburg war, hatte der sich noch nicht gemeldet. Der desolate Anblick des Firmengeländes versetzte ihm jedes Mal wieder einen Stich. Die klaffende Schlucht, der Sand überall, die Erd- und Steinhaufen, die Holzstöße.

Außerdem hatte er eine Nachricht aus Arianes Office, nein, nur einen Termin für eine Videokonferenz übermorgen, Thema: Firmengelände.

Wieder einmal versuchte er, die Gärtnerfirma zu erreichen, vielleicht konnte die bis dahin wenigstens den liegen gebliebenen Kram und die falsch gelieferten Steine wegschaffen. Als endlich jemand das Telefon abnahm, war es wieder nur der Mitarbeiter mit den rudimentären Deutschkenntnissen.

Sascha versuchte es bei anderen Gärtnereien. Erreichte niemanden. Und von Helsing hatte sich immer noch nicht gemeldet. Sascha schickte ihm noch eine Mail hinterher.

In der Morgenrunde stellte sich heraus, dass Saskia krankgeschrieben war. Die Überprüfung hatte ergeben, dass die indischen Subunternehmer, von denen sie sich getrennt hatten, tatsächlich mit Kindern gearbeitet hatten. Das Strategiepapier von Anke über den Kantinenumbau war erstaunlich gut, er bat Björn, es mit ihr durchzugehen.

Und die Presseabteilung hatte nun die Geschichte lanciert, wie Schicks gegen alle Widerstände und Gangstereien versuchte, in abgelegenen südamerikanischen Gegenden Elementarschulen aufzubauen. Die Story war gut, aber auf Social Media feierten alle die Seedbombs – eine neue Gruppe von Guerilla-Umweltaktivisten, die über Nacht auf Straßen Gärten anlegten, Parkplätze mit Erde und kleinen Bäumen in Parks verwandelten, Zufahrtsstraßen zu Flughäfen mit Rollrasen und Sonnenliegen zu Liegewiesen machten. Man habe genug geredet, hieß es in den Verlautbarungen der anonymen Gruppe, das Klima gehe weiter kaputt, jetzt müsse man handeln. Der aktuelle Coup der Seedbombs war der »blühende Bundestag statt blühender Landschaften«. Die Aktivisten hatten über Nacht vor dem Berliner Reichstagsgebäude Blumen und Stauden gepflanzt und Wildbienenkokons ausgelegt. Besucher und Passanten protestierten, als Angestellte sich daranmachten, das Blütenmeer wieder entfernen wollten. Jugendliche, die über Social Media von der Aktion erfahren hatten, kamen, um die Pflanzen zu schützen. Als die Polizei anrückte, hatten die Grünen im Bundestag die Aktion schon für sich vereinnahmt und unter großem Applaus beschlossen, noch mehr Blumen und Büsche zu pflanzen.

Von Helsing hatte sich immer noch nicht gemeldet. Sascha sah auf der Website nach, ob es noch eine weitere Kontaktmöglichkeit gab. Nein.

Währenddessen erhielt er eine SMS. Anna. »Weißt du, wo Marie ist? Sie ist nicht in der Schule gewesen, und ich erreiche sie nicht.«

Sie habe schon bei ein paar ihrer Freundinnen angerufen, erfolglos. Sie konnte auch Maries Handy nicht orten, die Funktion war sicher mal wieder ausgeschaltet, damit ihr die Eltern nicht »hinterherspionierten«. Oder, versuchte Sascha Anna zu beruhigen, Marie hatte vergessen, ihr Handy aufzuladen, und es war ausgegangen.

Als er später mit dem Scooter auf dem Weg nach Hause war, begann es zu blitzen und zu donnern. Dann brach von oben eine wahre Sintflut über ihn herein. Binnen Sekunden war er nass bis fast auf die Haut. Den Rest erledigten die Einheimischen, die ihn auf der Landstraßenstrecke mit gefühlt zehn Zentimetern Abstand überholten, nassspühten und dazu anklagend hupten.

Zu Hause waren fünf der Haufen, die er heute Morgen entfernt hatte, wieder da. Größer als die alten.

Und immer noch keine Nachricht von von Helsing.

Dafür kam eine seiner Tochter. »Papa, bin am Bahnhof in Hamburg. Der letzte Zug fällt aus. Bitte hol mich ab. Sag Mama nichts!«

Er rief Marie an. Sie ging ran, schrie, sie habe nur noch ein Prozent Akku, vielleicht sogar nur ein halbes, oder ein Viertel oder ein Fünftel, jedenfalls sei sie im McDonald's im Hauptbahnhof und warte auf ihn ... Dann war die Verbindung weg.

Sascha schaute bei Anna vorbei. Sie saß im Gartenhaus, tippte konzentriert auf ihrem Laptop, sah nur kurz hoch und rief ihm zu, sie arbeite am Podcast. Und, ach ja, mit Marie sei alles in Ordnung, die sei nebenan bei Ida und helfe ihr bei einem Referat für die Schule, und heute Morgen habe sie die Schule geschwänzt und sich in der Fußgängerzone herumgetrieben, weil sie und zwei Freundinnen unbedingt mal ausprobieren wollten, wie das sei. »Es war so langweilig, dass sie es nicht mehr machen wollen«, lachte Anna. »Du kümmerst dich heute ja ums Essen. Aber lass dir Zeit, ich brauche sicher noch anderthalb Stunden. Und mein Papi ist oben und liest, der hat auch noch so lange Zeit ...«

Anderthalb Stunden oder ein paar Minuten mehr waren genug Zeit, um zum Hauptbahnhof und wieder zurück zu rasen. Und auf dem Rückweg bei einem Italiener vier Portionen Linguine Putanesca abzuholen, in einen Topf zu werfen, aufzuwärmen und zu behaupten, man habe sie selber zubereitet.

Marie hielt sich bei McDonald's an einem Shake fest und war heilfroh, als sie Sascha sah.

»Du hast Mama nichts gesagt?«, fragte sie, als sie im Auto saßen.

»Noch nicht. Sie denkt, du bist bei Ida.«

»Danke.«

»Wo warst du wirklich?«

»Ist doch egal«, sagte sie.

Er sah sie an und zählte innerlich bis vier.

»Brauchen wir die Pille danach?«

Sie sah ihn entsetzt an. »Papa, Digga, denkst du, ich bin dumm?!«

»Gut. Du musst nicht so schreien. War der Zug voll?«

Sie sagte, sie sei müde und könne nicht reden.

Sascha atmete durch. »Bitte hab auch etwas Nachsicht mit mir. Wegen des Tierheims. Und des Hundes. Es tut mir leid, dass ich das vor lauter Arbeit vergessen habe. Aber ich hatte so viel zu tun ... Bitte mach mir deshalb keinen Ärger, ich habe sowieso schon so viel davon im Job. Bitte lass uns einen neuen Tag ausmachen, ja? ...«

Sie nickte und steckte sich die Kopfhörer in die Ohren. Manchmal kam ihm seine Tochter schon ziemlich vernünftig vor.

Nach dem Abendessen, Anna und Erik hatten Saschas Kochkünste brav gelobt, war immer noch keine Nachricht von von Helsing da.

Sascha ging auf die Terrasse und betrachtete die neuen Erdhaufen. Vor allem der große, hohe, war nicht einfach ein Haufen. Er war eine Kampfansage.

Zum zweiten Mal an einem Tag.

Wie konnte das sein? Wieso hatten die teuren Geräte das nicht verhindert?

Oder bewirkten sie das Gegenteil? Hatte die KI eine falsche Botschaft generiert?

Oder war die Botschaft die richtige gewesen – und der Maulwurf zeigte ihm als Antwort bloß den Mittelfinger?

Augenblick: Hatte sich da oben im Hügel etwas bewegt?

Sascha stieg von der Terrasse, machte leise und schnell ein paar Schritte auf den Haufen zu – und plötzlich brach sein rechter Fuß in den Boden, er verlor das Gleichgewicht, ruderte mit den Armen, und um ein Haar wäre er gestürzt.

Ja, da klaffte ein Loch. Zwanzig Zentimeter tief.

Ganz klar, das Biest hatte den Boden direkt unter der Grasnarbe abgegraben. So, dass er einbrach, wenn jemand drauftrat.

Wenn er, Sascha drauftrat.

Eine Falle. Es war eine heimtückische Falle!

Er hatte Glück gehabt. Großes Glück. Er hätte sich den Fuß verstauchen oder den Arm brechen können. Mit dem Kopf auf die Terrasse schlagen können. Tot sein können!

Er ging in die Küche und trank hastig ein Glas Rotwein.

Das Biest hatte den Kampf eröffnet. Während er wertschätzend, fast liebevoll mit ihm umgegangen war, Geld ausgegeben hatte, sehr viel Geld, um es zu vergrämen, statt es einfach zu töten, hatte es einen Anschlag auf ihn verübt.

Durfte eine Kreatur, die ihm schaden, ja ans Leben wollte, erwarten, dass er trotzdem weiterhin Fair Play machte?

Nein. Nein. Das durfte sie nicht.

Wie schade, dass Schmitter tot war. So konnte er ihn jetzt nicht mehr beauftragen, ihr Maulwurfproblem zu lösen.

Aber dann würde er den Job eben selbst erledigen. Für Blacky würde es jetzt unbequem werden. Sehr unbequem.

Er trank noch ein Glas, holte die Schaufel und sah nach, ob jemand in der Hecke saß – nein.

Dann fiel ihm, er wusste nicht wieso, dieses Kinderbuch ein, aus dem er früher einmal Marie vorgelesen hatte. Das Buch vom kleinen Maulwurf, der wissen wollte, wer ihm auf den Kopf gemacht hatte.

Er hörte sich kichern. Es klang nicht freundlich, aber das sollte es auch nicht.

IV.

Anna

Eigentlich war es eine Erleichterung, dass dieser Schmitter nie mehr auftauchen würde mit seinem bösen Blick und seinem teuflischen Gekeckere – aber ermordet zu werden, wünschte Anna keinem, auch ihm nicht. Und das Gruselige war: Der Mord hatte nur gut hundert Meter von ihrem Gartentor entfernt stattgefunden. In ihrer Straße.

Sicher, der Täter war längst weit weg. Und Schmitter konnte auch einem Beziehungsstreit zum Opfer gefallen sein. Oder sich mit einem Kumpel um Geld gestritten haben.

Aber hatte jemand wie Schmitter überhaupt Beziehungen oder Kumpels?

»Ich glaube nicht«, sagte Lisa. Sie saßen beim Absacker in ihrem Garten. »Kannst du dir vorstellen, dass der da die ganze Zeit heimlich gelebt hat? Jeder dachte, er wohnt ein paar Orte weiter! Das Haus gehört einem alten Zahnarzt aus Berlin, der nicht mehr herkommt. Schmitter hat dem immer den Garten in Ordnung gehalten, wahrscheinlich wusste er, wo noch ein Hausschlüssel ist. Krass!«

Und unbequem. Sich immer versteckt zu halten, permanent darauf zu achten, dass einen niemand bemerkt. »Warum hat er das wohl gemacht?«

»Geldgier.« Lisa nickte. »Er zahlte keine Miete. Strom hat er heimlich angeklemmt, Wasser kommt aus dem Brunnen. Kosten also so gut wie null.«

»Könnte man ihn wegen Geldes umgebracht haben?«

Lisa schnippte mit den Fingern. »Möglich. Ich möchte nicht wissen, wie viel Kohle der gemacht hat. Mit Gartenarbeit. Mit dem Maulwurfsgetue. Und mit seinen Holzdeals, da hat er viele übers Ohr gehauen.« Sie schenkte ihnen beiden Wein nach.

Anna grinste. »Das haben wir abgewendet.«

Damals war Sascha noch einigermaßen normal gewesen.

Jetzt hatte er die letzten Nächte komplett draußen verbracht und bis zum Morgengrauen den Boden aufgegraben, immer entlang den Maulwurfsgängen. Es hatte jetzt, sie hatte kaum noch daran geglaubt, angefangen zu regnen und das immer wieder ziemlich heftig. Aber nicht mal das störte ihren Mann in seinem Maulwurfwahn.

Und warum grub er jetzt alles um?

Er wolle, dass »das Biest« verschwinde, sagte Sascha. Sofort. »Es soll merken, dass es hier nicht mehr beliebt ist.«

Anna sah Sascha an, schlammverschmiert, verschwitzt und tropfend, wie er war. »Du solltest wahrscheinlich vorsichtiger sein, du bringst Blacky noch um!«

Er sah sie an. Mit seinem starren Blick sah er fast schon aus wie ein Wahnsinniger. »Ja, und?«

»Sascha, das geht so nicht weiter. Mit dem Maulwurf und dir und uns. Wir müssen darüber reden!«

»Müssen wir nicht! Ich habe zu tun.«

Sascha zog sich aus, warf seine Kleider im Flur auf den Boden und verschwand im Bad.

Das mit den Kleidern hatte er noch nie gemacht. Als er später aus dem Haus hastete, zu spät, lagen sie noch immer da.

Bei Sascha kam das schon fast einer Wesensveränderung gleich.

»Lisa, er dreht durch. Irgendwie dreht er durch. Er macht unseren Garten zum Acker.«

Lisa kräuselte die Lippen, zündete sich eine Zigarette an, sie hatte wieder angefangen, und blies den Rauch nach oben. »Und sonst?«

»Er hat sich auch sonst verändert. Dinge, die ihm früher wichtig waren, sind ihm jetzt – egal? Zum Beispiel will mein Vater ja noch etwas länger bei uns bleiben und sich dafür nützlich machen. Er hängt Bilder auf, baut den Schrank im Flur zusammen, er hat sogar angefangen, die Kommode abzubeizen, die ich gekauft habe …«

»Klingt doch nach dem perfekten Familienidyll.« Hatte Lisa einen bitteren Ton in der Stimme?

»… allerdings hat er im Bücherregal im Wohnzimmer die Bücher, die Sascha nach Größe und Farbe sortiert hat, stattdessen thematisch geordnet. Ich habe mit dem Schlimmsten gerechnet, du kennst Sascha. Aber: Er hat es nicht mal bemerkt. Ihm scheinen auch die Handtücher oder Kleiderhaufen von Marie nicht mehr aufzufallen.«

»Oh! Du meinst also, der Maulwurf tut ihm und euch richtig gut?«

Anna musste mitlachen und wurde dann ernst. »Im Gegenteil. Du erinnerst dich, die Webseite von diesem von Helsing?«

Lisa nickte langsam. »Sag nicht, dass …!«

»Doch. Er hat dem Typ Geräte abgekauft, die den Maulwurf mit KI und Vibrationen vertreiben sollen, für sehr viel Geld!«

Wie viel Geld, das sagte Anna jetzt nicht, es war einfach zu peinlich. Sascha hatte von fast 7000 Euro gesprochen, Anna hatte nicht gewusst, dass sie nach dem Umzug noch so viel hatten.

Lisa schüttelte den Kopf. »Helfen diese KI-Dinger denn?«

Anna versuchte zu lächeln. »Gar nicht. Sascha will sie wieder zurückgeben. Im Moment versucht er es wie gesagt mit Graben. Ganze Nächte hindurch.«

Lisa hob die Augenbrauen. »Ganze Nächte?«

»Ja, er gräbt dem Maulwurf ständig hinterher.«

»Nur dem Maulwurf? Sicher?«

»Was meinst du?«

Lisa verzog den Mund. »Na ja, ich hatte den Eindruck, dass Violet sich für ihn interessiert.«

»Das kann sein. Aber gehören nicht immer zwei dazu?«

»Violet ist eine Frau, die vielen Männern gefällt. Ich verstehe das, sie hat so eine offene Art, Moritz wollte auch mal was von ihr. Jetzt hat er was mit dieser Kuh aus dem Tennisclub.«

»Nein!«

»Doch, ich habe ihre WhatsApps gelesen.«

Lisa kullerten Tränen übers Gesicht. Anna nahm die Freundin in den Arm. »Das tut mir leid.«

Lisa zuckte mit den Schultern. »Was soll's, wir haben das immer wieder. Eine aus seinem Job, eine Kundin, eine Anwältin, eine, die er vor dem Pferdestall auf der Straße kennengelernt hat …«

»Das hast du noch nie gesagt. Ich dachte, bei euch ist alles so perfekt.«

»Wo ist es das schon?« Lisa lächelte traurig. »Jedes Mal dachte ich, ich habe ihn wieder zurück. Aber Männer sind Schweine. Sag nicht, dass Sascha anders ist! … Ach so, was macht dein Podcast? Die Maulwurf-Folge?«

»Die kannst du schon hören!«

»Wow!«

Das war das einzig Positive an dem ganzen Maulwurfschlamassel: Die Podcast-Folge »Von Männern und Maulwürfen – wenn der Wahnsinn im Garten tobt« war in Nullkommanichts konzipiert und mit der zwischen Kopfschütteln und haltlosem Kichern schwankenden Julia aufgezeichnet. Jetzt war sie hochgeladen, und sie mussten wieder Werbung machen. Mails schicken, posten, die Webseite aktualisieren, Blogbeiträge schreiben.

»Ich drücke dir die Daumen!« Lisas Lächeln wirkte abwesend.

Und auch Anna ging nachdenklich nach Hause.

Sascha

Es war die erste Nacht, in der er die neue Spitzhacke nahm. Eine sehr gute Idee, sie zu kaufen; dass er nicht früher darauf gekommen war! So schnell hatte er noch nie die Gänge des Biests aufgerissen. So wuchtig hatte er noch nie die neuen Haufen aus dem Boden gehauen und die Erdkammern darunter zerstört. So renitent dieses Viech auch war: Jetzt würde es allmählich verstehen! Verstehen müssen!

Bei Sonnenaufgang zog er das T-Shirt aus, wischte sich den Schweiß ab, stellte sich mit geschulterter Hacke auf und fixierte rundum die Bodenlinie. Bereit, loszustürzen, sobald sich irgendwo etwas bewegte, und die Schneide der Hacke genau dort mit aller Kraft in die Erde zu schlagen, einmal, zweimal, dreimal, viele Male.

Und wenn dieser »Der-Die-Das-Blacky« das Pech hatte, noch dort zu sein, dann war das eben so. »Frau Richterin, ich habe nichts damit zu tun: Ich wollte nur ein paar Blumenzwiebeln pflanzen, und auf einmal lag da ein halber Maulwurf! Wissen Sie, wir haben hier viele Raubvögel … Ach, und wo wir gerade sprechen, ich würde gerne einen Maulwurf vor Gericht bringen wegen eines heimtückischen Mordanschlags auf einen Menschen, das muss doch möglich sein!«

Aber es kam kein Haufen hoch, so still Sascha verharrte. Allmählich begannen seine Arme und Waden zu zittern. Bald würden Anna und Marie aufwachen, und eins wollte er vorher unbedingt noch nachsehen: Ob von Helsings Geräte (der hatte immer noch nicht reagiert) denn überhaupt noch an waren. Oder ob das Untier sie vielleicht ausgeschaltet hatte – oder vielleicht sogar manipuliert?

»Hey!«

Er fuhr mit der Spitzhacke herum.

»Hui, Vorsicht«, lachte Violet und sprang zur Seite.

Sie hatte nasse Haare und trug ein weißes weites Longsleeve. Und wie es aussah, nichts darunter. Sie strahlte ihn an. »Guten Morgen! Du bist auch schon wach? Ich war gerade im See schwimmen. Das mache ich im Sommer immer. Frühmorgens ist das Wasser wie Seide. Es ist unbeschreiblich, davon zehre ich den ganzen Tag. Warst du auch schon mal zu der Zeit drin?«

»Äh nein … Leider noch nicht.«

Sie strich ihr nasses Haar langsam mit beiden Händen zurück und sah ihn dabei an. »Einmal ist immer das erste Mal. Hast du Lust? Wir schwimmen ans andere Ufer und zurück. Und wenn uns dann kalt ist: Unsere Sauna ist warm! Oder musst du hier gerade dringend nach Diamanten graben?«

»Oh, das ist ein toller Vorschlag«, hörte Sascha sich sagen. »Ja, das klingt total gut. Ich müsste vorher nur noch einmal etwas nachsehen …«

Er ging ein paar Schritte zur Seite, neben den Busch, an dem er eins der KI-Geräte vergraben hatte, und begann mit der Hacke vorsichtig den Boden zu öffnen.

Violets Lächeln wurde fragend.

»Einen Moment noch«, sagte Sascha. »Ich habe versucht, mit unserem Maulwurf zu kommunizieren. Mittels KI. Aber es hat nicht geklappt. Ich muss nur schnell nachsehen, ob er die Geräte nicht ausgeschaltet hat.«

»Die Geräte?«, wiederholte Violet langsam. »Ob der Maulwurf die Geräte …?«

»Ja, das hat er mit den Radios auch gemacht, also da hat er die Sender verstellt, auf Kirchenfunk und Rap.«

»Kirchenfunk und Rap.« Violets Lächeln war mittlerweile ziemlich skeptisch. »Also, was Maulwürfe so mögen?«

»Sascha, ach, hier bist du!«, rief Anna atemlos. »Weißt du, wo Marie ist? Ihr Bett ist leer! Ist ihr Fahrrad da?«

Anna

Sie war aufgewacht und hatte so eine Ahnung gehabt. Gestern nach dem Abendessen war Marie sehr früh ins Bett gegangen, nicht wie sonst so spät wie möglich. Angeblich hatte sie Migräne. Irgendwie war ihr das komisch vorgekommen, denn ihre Tochter hatte nicht ansatzweise so leidend geguckt, wie sie es sonst bei der geringsten Kleinigkeit tat. Aber Anna war gerade etwas abgelenkt gewesen. Ihr Vater hatte angeboten, wo er schon da war, noch die beiden Wände in Küche und Flur zu streichen, wollte sich auch nicht davon abbringen lassen – »Kinder, ihr beherbergt mich hier die ganze Zeit, das ist das Mindeste, was ich tun kann!« Und hatte sogar ein paar Farbkarten mit Blaus und Grüns vorgelegt, die er irgendwo geholt haben musste – etwa alleine, mit dem Auto, aus dem Baumarkt?

Erik wusste es nicht mehr oder gab vor, es nicht mehr zu wissen, jedenfalls war viel zu besprechen gewesen, und danach war Anna sehr müde, wie fast immer im Moment. Sie schlief, bis sie vom Weckerklingeln hochfuhr. Feststellte, dass Sascha nicht neben ihr lag, aber das kannte sie schon. Und, dann hatte sie so eine Eingebung und fand heraus, dass auch Maries Bett leer war.

Aber ihre Tochter war ganz sicher nicht im Garten und grub sich durch den Boden wie eine Wildsau, so wie Sascha es tat, noch dazu war er halb nackt. Und neben ihm stand jemand. Violet. Auch fast halb nackt.

»Hi, guten Morgen«, lächelte sie. »Cool, ihr seid auch Frühaufsteher! Ich habe deinem Mann gerade erzählt, wie schön es ist, morgens im See zu schwimmen. Willst du auch mitkommen? Einmal hin und zurück? Badezeug brauchen wir nicht.«

Anna bedankte sich freundlich, sie suche gerade ihre verschwundene Tochter und ihr fehle etwas die Muße zum Baden.

Sascha hörte auf zu graben und murmelte peinlich berührt, er habe Marie nicht gesehen und keine Ahnung.

Anna lief zum Schuppen. Maries Rad war weg. Das konnte nur heißen, dass sie heute entweder sehr früh oder gestern sehr spät zum Zug gefahren war.

Sie fragte Sascha, ob er denn wirklich nichts wisse.

Er zuckte mit den Schultern und umklammerte die Spitzhacke in seiner Hand.

»Also wenn ich irgendwie helfen kann?«, fragte Violet. Dafür, dass sie schwimmen gehen wollte – oder schon schwimmen war, sie hatte zumindest nasse Haare –, war sie gehörig geschminkt.

»Das ist lieb, aber nicht nötig«, lächelte Anna. »Geh ruhig schwimmen.«

»Wo könnte sie denn sein?«, fragte Sascha.

»Das habe ich dich eben auch schon gefragt. Aber schwimm ruhig eine Runde mit Violet. Oder grab weiter. Ich komme schon zurecht.«

Sascha stotterte, sie solle das jetzt nicht falsch verstehen.

»Tue ich nicht«, sagte Anna. »Weißt du, mir kommt es schon lange so vor, als wäre ich nicht mehr mit dir verheiratet. Sondern mit einem Maulwurf.«

Violet riss die Augen auf. Dann prustete sie los, begann zu lachen und hatte Mühe, wieder aufzuhören.

Sie müsse jetzt leider, sagte sie dann, zwinkerte Anna zu und ging.

Anna ging ins Haus, um ihr Handy zu holen und sich schon im Voraus darüber zu ärgern, dass ihre Tochter, sie konnte wetten, hundertprozentig die Funktion ausgestellt hatte, mit der sich ihr Telefon orten ließ.

Sascha

Hatte Anke etwas geahnt? Als er ins Büro kam und an ihr vorbei an seinen Computer stürzte, denn er war knapp dran, der blöde Zug hatte mehr Verspätung gehabt als sonst, machte sie ihm Zeichen. Aber erst als die Videokonferenz lief, wurde ihm klar, dass diese in Wirklichkeit ein Tribunal war. Außer Ariane, die sich, wie es aussah, auf einem Schiff befand (hinter ihr zog Meer vorbei), waren da noch Susie Summerich aus dem Controlling und der alte Wischnewski aus dem Vorstand; mit beiden war Sascha schon mehrfach aneinandergeraten, und dass sie zugeschaltet waren, war kein gutes Zeichen. Dazu kam Plomeier mit malmenden Kiefern und außerdem – er traute seinen Augen nicht: Saskia. Sie wirkte nicht sonderlich krank, war dafür aber beim Friseur gewesen, und ihre neue Haarfarbe blond und der Taylor-Swift-Schnitt mit Zopf glichen nun wirklich sehr Arianes Frisur. Wieso sie überhaupt dabei war, erklärte Sascha niemand.

War das etwa seine letzte Sitzung in diesem Job?

Ariane eröffnete ganz harmlos, sie wollten über den Stand der Dinge bei der Geländeumgestaltung sprechen. Wie es denn vorangehe?

»Prima«, sagte Sascha. »Alles läuft. Ihr und Sie habt und haben vermutlich bereits gesehen, dass der Umbau in vollem Gang ist.«

»O ja, das ist jetzt im Moment auch zu sehen.« Ariane lächelte, ihm war nicht klar, was sie meinte.

»Auf welcher Grundlage wird denn umgestaltet?«, erkundigte sich die Summerich, spielte mit ihrer Brille herum und blätterte durch ein paar Papiere. »Alle drei Firmen, die angeblich angefragt sind, haben erklärt, sie seien noch gar nicht beauftragt worden. Und sie hätten zwar tatsächlich Angebote abgegeben – aber für nächstes Jahr, nicht für dieses. Ich frage mich: Wer arbeitet für uns? Arbeitet überhaupt jemand für uns?«

Jemand hatte hinter seinem Rücken mit den Firmen gesprochen!

Sascha dachte fieberhaft nach. Und bemühte sich um einen lässigen Tonfall. »Oh, es sind gleich mehrere Unternehmen. Ich habe den Auftrag aufgeteilt, und ein paar Gewerke haben mir den Gefallen getan, schon parallel zur Planungsphase anzufangen, damit wir alles bis zum Firmenjubiläum hinkriegen.«

Ariane machte einen Schmollmund, dachte nach und nickte.

»Können diese kleinen Firmen den Umbau überhaupt leisten?« Das war der alte Wischneswki.

»Zusammen schon. Ich schicke nachher die Liste in die Runde. Aber vielleicht erfahre ich auch einmal, worüber wir hier eigentlich sprechen? Und wie das Controlling dazukommt, nachzuprüfen, wie ich meinen Job mache. Woher haben Sie die Unterlagen, Frau Summerich?«

Susie Summerich schwieg völlig unbeeindruckt, bewegte nur ihre Brille.

»Wir sprechen darüber, dass Sie die Unwahrheit sagen!« Plomeier hatte die malmenden Kiefer auseinandergekriegt. »Sie haben unsere künftige Energieversorgung boykottiert. Und behaupten allen Ernstes, das Loch, das der Energieversorger schon gegraben hat, sei gar nicht für Fernwärme gedacht gewesen, sondern eine Ausschachtung für, äh …«

»… eine Schlucht«, assistierte Saskia.

»Eine Schlucht!«

»Das ist die Wahrheit. Fragen Sie doch zum Beispiel den Facility-Manager.« Sascha wunderte sich, wie sonor seine Stimme klang. Dafür fiel ihm etwas anderes unangenehm auf. Seine Fingernägel. Sie waren zu lang und furchtbar schmutzig, das ging gar nicht. Er ballte die Hände zu Fäusten, sodass es niemand sehen konnte.

Plomeier begann zu wüten. »Sie lügen! Und Sie haben den Hausmeister bestochen – damit er auch für Sie lügt!«

»Den Facility-Manager?«, korrigierte Sascha.

Ariane nickte, sie legte Wert auf so etwas.

»Plomeier, hören Sie auf! Der arme Mann brauchte dringend einen neuen Rasenmäher. Seit Jahrzenten knattert er mit dieser stinkenden, Dreck schleudernden Krücke durch die Gegend. So oft hat er Sie um einen neuen angefleht – Sie haben immer abgelehnt. Damit wir nicht dastehen wie die Umweltfrevler, habe ich ihm aus meinem Budget ein elektrisches, komplett CO_2-freies Gerät besorgt. Sie nennen das Bestechung? Ich nenne es Verantwortung!«

Plomeier schnappte nach Luft. »Sie! Dieses Jahr bekommen wir keinen neuen Verlegetermin für Fernwärme mehr. Wir werden den Winter über nicht heizen können, denn die alte Gasheizung wird demnächst ausgebaut. Eine Katastrophe! Das Gebäude wird Schaden nehmen – und, Frau Schicks, wenn ich an den Krankenstand denke! … Paulmann, Sie werden für all das finanziell geradestehen. Ich habe das mit Frau Summerich überschlagen, bevor es an die Rechtsabteilung geht …«

Die Summerich nahm sich ein neues Blatt, nickte gewichtig.

Ariane näherte ihr Gesicht ihrer Handykamera und zoomte mit den Fingern offenbar ein Dokument auf ihrem Bildschirm näher heran. Wind wirbelte ihr das Haar ins Gesicht. Sie kniff die Augen zusammen. »Wie viele Nullen sind das?«

»Fünf, im besten Fall.« Die Summerich legte das Dokument zur Seite.

Ariane kräuselte die Stirn. Der Wind blies in ihr Mikro und machte krachende Geräusche. »Sascha, hast du den Fernwärmeanschluss torpediert? Und hast du dafür eine Erklärung?«

»Ja.« Sascha nickte. »Das war die einzige Möglichkeit. Ich bin gerade dabei, das Firmengelände zu einem Garten Eden umzubauen – und dann will Plomeier Fernwärme verlegen. Ohne Absprache. Ohne mich zu informieren. Plomeier! Wenn jemand Schaden angerichtet hat, dann sind das Sie!«

Plomeier musste dermaßen husten, dass er sein Mikro ausmachen musste.

»Was ist denn so schlimm an Fernwärme?« Ariane rollte die Augen.

»Der Energiemix. Da ist noch viel Kohle dabei. Und Gas. So was können wir nicht machen: das Firmengelände zu einem einmaligen Ökoprojekt umbauen. Und dann fossil heizen! Da stehen wir da wie Betrüger.«

»Stimmt, das wäre echt scheiße!« Ariane rollte erneut die Augen.

Wischnewski auch, allerdings wegen ihrer Ausdrucksweise. »Und was machen wir im Winter?«, fragte er.

»Wärmepumpen«, sagte Sascha, und so sehr er sich über diese Eingebung freute, achtete er darauf, ja nicht zu gestikulieren, seiner Fingernägel wegen. »Und nächstes Jahr kommen Solarzellen dazu. Wir werden stromautark. Das erste Großunternehmen dieser Stadt, das sich völlig selbst versorgt. Die CO_2-Bilanz unseres neuen Firmengeländes wird dann bei null liegen! Wie die einer Alm in den Schweizer Bergen!«

Er nickte feierlich.

Ariane zog den Mund in die Breite. »Klingt cool. Sehr cool. Und krass. Das heißt, mein SUV stößt dann mehr CO_2 aus als meine gesamte Firma …«

»Wenn du dir einen E-SUV kaufst, lassen wir auf deinem Parkplatz eine Wallbox installieren. Dann ist auch dein SUV auf null!«

»So was hätte ich auch gerne«, sagte Wischnewski.

»Jeder Vorstandsparkplatz bekommt eine eigene Wallbox.«

Ariane begann zu lächeln. »Klingt gut.«

»Für die Wärmepumpen gibt es kein Budget. Sie sind nicht eingeplant.« Saskias Augen leuchteten triumphierend, während sie das sagte.

Auch Summerich schüttelte heftig den Kopf. »Mehr Budget haben wir nicht, unmöglich.«

Sascha bemühte sich um ein selbstbewusstes Lächeln. »Doch, doch, es ist alles drin.«

Er wusste selber nicht, warum er das einfach behauptete, wahrscheinlich war es Überlebensinstinkt.

Hinter Ariane schob sich langsam ein Segel durchs Bild. Sie nickte. »Dann wären wir mit der Besprechung am Ende, und ich sehe alles als geklärt. Vielen Dank, Herr Plomeier, Susie, danke, Frau Linklater. Und, Sascha …«

»Ja?«

»Toller Themenstyle. Sehr hands on! Ich muss, ciao in die Runde …«

Als alle ausgeloggt waren, fiel Sascha auf, was sie gemeint hatte. Und Anke vorhin wahrscheinlich auch: Er trug kein Hemd unterm Sakko, sondern noch das erdverschmierte T-Shirt von heute Nacht.

Aber er hatte jetzt keine Zeit, darüber nachzudenken. Er

musste ein paar Orga-Dinge erledigen, zum Beispiel schnellstens Wärmepumpen besorgen.

Er schickte Anna die vierte SMS, ob sie schon von Marie gehört hatte.

Diesmal antwortete sie: »Ja, alles okay, sie war ganz früh bei Ann-Lucie wg. Referat.« Wenn das stimmte, musste sie sich an ihm vorbeigeschlichen haben, als er mit Violet sprach.

Und er hatte immer noch nichts von von Helsing gehört. Langsam glaubte er, das war Absicht.

Anna

Sascha, Marie und sie sahen sich jetzt zum dritten Mal das Video an, das Marie im Internet untergekommen war.

Es zeigte einen Garten, es war Abend, aber der Mann, der dort stand, lachte und sich an der Hose herumnestelte, war ganz gut zu sehen. Er redete mit dem Erdboden. »Hallo! Kennst du das Buch *Der kleine Maulwurf, der wissen wollte, wer ihm auf den Kopf gemacht hat*? Hier bin ich, hahaha, komm raus!« Dann drehte er sich weg von der Kamera, und es plätscherte. Er urinierte! Pinkelte auf einen Maulwurfshaufen und pfiff dabei vor sich hin. Und als er fertig war und seine Hose geschlossen hatte, rief er: »Du bist noch nicht da? Na gut, dann werde ich dich holen. Ich komme, dich zu holen, ich werde dich finden, pass auf, hahaha!«

Plötzlich hatte er eine Schaufel in der Hand und drosch auf den Haufen ein. Der Clip war zu Ende.

»Der geht gerade viral«, sagte Marie. »Echt peinlich.«

Das fand Anna auch. Es war ekelig, wenn Männer einfach irgendwohin pinkelten, das machten Frauen in der Regel nicht. Es war völlig idiotisch, einem Maulwurf so mit dem Spaten nachzustellen, das konnte womöglich schon als Mordversuch ausgelegt werden. Und das Schlimmste, das Allerschlimmste war, dass es sich bei dem Mann auf dem Video um Sascha handelte.

Der machte den Versuch, etwas zu sagen, aber Marie begann sich furchtbar aufzuregen.

»Digga! Wie kannst du so etwas tun? Blacky erst derart zu mansplainen und zu demütigen – und dann willst du ihn umbringen! Das ist versuchter Mord und gegen alles, was wir abgemacht haben! Du bist nicht besser als dieser Schmitter. Du Mörder!« Sie sprang auf, lief in ihr Zimmer und knallte die Tür.

Sie, Anna, blieb sitzen und starrte ihren Mann an. Sie glaubte das alles nicht. Erst ließ er sich übers Ohr hauen, gab ihre letzte Geldreserve für irgendwelchen Scheiß aus, der nicht funktionierte. Und dann betrank er sich, machte sich zum Affen, pinkelte wild herum und ließ sich dabei filmen.

»Wer hat das aufgenommen?«, fragte Sascha fassungslos. »Den zeige ich an! Den verklage ich!«

»Irgendjemand aus der Nachbarschaft vermutlich. Sascha, wie kannst du! Wie kannst du nur? Das geht jetzt überall rum!«

Er lehnte sich nach hinten. »Nein, nein, das ist schnell wieder vergessen …«

»Das ist schnell wieder vergessen?« Anna merkte, wie ihr das Herz bis zu den Ohren schlug. »Nicht genug, dass du deine Zeit damit verschwendest. Dass wir schon lange nicht mehr miteinander geredet haben, alles andere erst recht nicht! Dass du dich verkommen lässt und stinkend in schmutzigen Klamotten durch die Gegend läufst. Dass du den Garten verwüstest und es dir mit den Nachbarn versaust!«

»Anna …!«

»Lass mich! Dass du deine Versprechen brichst und deine Tochter enttäuschst! Dass du mich enttäuschst!«

»Anna, ich bitte dich, so war das alles …«

»Und jetzt lässt du auch noch alles auf Video dokumentieren und verbreiten!?«

Er hob die Hände, selbst seine Fingernägel waren schmutzig. »Hör mal, ich war total am Ende, weil diese KI-Geräte falsch programmiert waren …«

»Hast du diesen von Helsing erreicht? Nimmt er die Teile zurück?«

Sascha wich ihrem Blick aus. »Er hat immer noch nicht zurückgerufen …«

»Oh, das wundert mich nicht. Sascha, ich war mit dem einen Teil, das du wieder ausgegraben hast, im Baumarkt. Und habe es anschauen lassen. 44,99.«

»Was?«

»44,99 Euro. So viel kostet ein solches Gerät dort.«

Seine Gesichtszüge entgleisten.

»Das ist ein ganz normaler Maulwurfsvertreiber, der einen niederfrequenten Ton macht und vibriert. Batteriebetrieben. Nicht programmierbar, ohne die geringste KI. Der Verkäufer hat gelacht, als ich ihn danach gefragt habe, und hat gesagt, so etwas mit KI gäbe es noch gar nicht.«

Sascha öffnete und schloss seinen Mund wie ein Fisch. So ähnlich hatte Anna auch im Baumarkt reagiert, obwohl sie sich schon so etwas gedacht hatte. Ihr Mann hatte sich ganz dumm übers Ohr hauen lassen.

»Sascha, wie konntest du das tun, ohne auch nur eine Spur nachzudenken?«

»Also hör mal!« Sascha sprang auf. »Ich tue all das nur, damit wir es schön haben!«

»Schön? Schau doch mal aus dem Fenster! Alles umgepflügt! Das warst du!«

Saschas Gesicht wurde rot. »Ich weiß nicht, was du willst! Du hast uns den ganzen Mist doch eingebrockt! Du wolltest unbedingt aufs Land ziehen, weil du es in der Stadt nicht mehr ausgehalten hast und weil du ständig unzufrieden mit unserer Wohnung warst …«

»Ach so«, fauchte Anna, »und wer profiliert sich mit seinem Landleben die ganze Zeit beruflich? Auf unsere Kosten? Zu unseren Lasten? Und wer hat nichts Besseres zu tun, als sich wochenlang mit einem Maulwurf anzulegen? Was kommt als Nächstes? Was lässt du dir noch einfallen? WAS? Jagst du den ganzen Garten mitsamt dem Haus in die Luft?«

Sascha murmelte, woher sie das wisse, aber keine Sorge, die Böller seien nicht extrem stark, sie sollten den Maulwurf eher verschrecken, und er plane, sie im Gartenverlauf von vorne nach hinten zu zünden, um Blacky zurückzutreiben. Aber wenn ihr das nicht gefalle, dann grabe er sie eben wieder aus.

»DANN GRÄBST DU SIE EBEN WIEDER AUS?« Anna wunderte sich selber, dass sie so schreien konnte; sie war auf 180, mindestens. »Sascha, du hast nicht verstanden, du hast kein bisschen verstanden! Und ich dachte all die Jahre, ich kenne dich. Aber vielleicht habe ich dich gerade erst kennengelernt. Und vielleicht möchte ich dich gar nicht weiter kennenlernen! Ich habe genug!«

Sascha versuchte, sie zu beschwichtigen, sie wich aus. Er ging ihr nach. Aber genau das wollte sie nicht. Sie wollte überhaupt nicht mehr, erst mal.

»Lass mich! Lass mich! Ich brauche jetzt Abstand.«

»Was heißt das?«

»Abstand. Von dir. Du Maulwurf!«

Als Anna aus der Küche lief, kam ihr von oben ihr Vater entgegen. »Was ist los, Kind? Was ist das für ein Höllenlärm? Ist alles in Ordnung …«

»Entschuldige, Papi, alles in Ordnung, geh wieder schlafen!«

Sie fing erst an zu weinen, als sie das Gästebett aus dem Flur schnaufend durch den Garten ins Studio gezerrt hatte.

Sascha

Für Anna war das anscheinend alles schwerer, als sie gedacht hatte: der Umzug. Ihr verwirrter Vater. Das zusätzliche Arbeitspensum. Der Stress mit dem Podcast. Okay, es konnte sein, dass er es mit dem Maulwurf vielleicht etwas übertrieben hatte. Und falls von Helsing ihn wirklich betrogen hatte – aber vielleicht war alles nur ein Irrtum. Vielleicht hatte der Verkäufer, den Anna gefragt hatte, sich geirrt. Oder von Helsing hatte versehentlich die falschen Geräte eingepackt. Und meldete sich gerade nicht, weil er auf einer wichtigen Dienstreise war. Oder sein Handy war kaputt. Oder er lag fiebernd im Bett, Corona, das kam gerade ständig vor. Wahrscheinlich würde sich alles bald aufklären und Anna sich wieder beruhigen. Gestern Abend hatte er noch versucht, mit ihr zu sprechen, aber sie hatte ihm gesimst, sie wolle ihre Ruhe.

Das respektierte er natürlich.

Auch, dass Marie ihn Maulwurfmörder genannt hatte und nicht mehr mit ihm sprechen wollte. Bei der war auch völlig Land unter, sie hatte enormen Stress, musste vor dem Schuljahrsende die letzten Arbeiten, Referate und Projekte fertigmachen, dazu gab es Schulevents und Übernachtungspartys.

Und all das machte Anna natürlich noch mehr Stress.

In den Ferien würde sich alles wieder beruhigen, selbst wenn es weiter regnete wie bisher und er eine Lungenentzündung bekam; er hustete schon.

Für seine Fahrten auf dem E-Scooter hatte er einen überziehbaren Regenanzug bestellt, Jacke und Hose in Hellgrün, dazu wasserdichte Überschuhe. Den Dress ließ er auch im Zug an, was den Vorteil hatte, dass der aggressive Zugbegleiter ihn nicht sofort erkannte.

In der Vorhalle von Schicks dauerte es ein bisschen, bis er sich aus dieser Überkleidung geschält hatte. Als er am Empfangstresen vorbeiging, sah er grinsende Gesichter und hörte die Leute flüstern. Sicher: Alle anderen aus dem oberen Management kamen mit dem Dienstwagen. Aber er, Sascha Paulmann, verkörperte die smarte, nachhaltige Alternative!

Als er ins Büro kam, wirkte es kurz so, als wolle Björn ihm etwas sagen, aber es kam nichts. Sascha war das ganz recht, er hatte sehr viel auf dem Zettel.

Fünf Stunden später hatte er sämtliche Planungsfirmen durch, die noch infrage kamen, er hatte sogar Englisch gesprochen – aber bei keiner hatte er Erfolg gehabt.

Wenigstens bei den Wärmepumpen hatte er Glück. Er konnte vier Stück mit hoher Kilowattstundenzahl reservieren, die aber inklusive Einbau so teuer waren, dass die Kalkulation für den Geländeumbau dann tatsächlich nicht mehr hinhaute. Trotzdem, was blieb ihm übrig?

Sascha lehnte sich in seinem Stuhl zurück und dachte nach, bis es klopfte. Björn. Seinem Gesichtsausdruck nach hatte er schlechte Nachrichten.

»Darf ich dir etwas zeigen?«

Es war das Video mit dem kleinen Maulwurf.

»Das geht gerade überall rum.«

Sascha spürte Björns Blick und lachte kurz auf.

»Lustig. Der sieht mir sogar ein bisschen ähnlich!«

»Ein bisschen ähnlich?« Björn sah ihn ungläubig an.

»Ja, fällt dir das nicht auf? Er ist nur kleiner als ich und etwas dicker und jünger ... Wow, also ...«

Er sah das Video bis zum Ende und zwang sich dann zu einem längeren, kopfschüttelnden Lachen. »Also, ganz ehrlich, ich habe auch schon davon geträumt, so etwas zu machen. Ich habe auch einen Maulwurf im Garten, der mich furchtbar nervt ...« Sascha warf einen Blick auf die Uhr, erschrak ostentativ und sagte, er müsse nun aber schnell los, er habe noch einen Termin.

Im Zug hatte er eine ganze Sitzgruppe für sich, und darüber war er froh. Dann summte sein Handy.

Anna. Endlich. Sie wollte sicher einlenken, sagen, dass sie übertrieben hatte, und sich wieder vertragen.

»Weißt du, wo Marie ist?« Sie klang nicht so versöhnlich, wie er gehofft hatte.

»Äh, nein. Ist sie nicht in der Schule? Es ist doch noch nicht Abend ...«

»Heute ist ihr kurzer Tag. Normalerweise wäre sie jetzt wieder zu Hause.«

»Ich weiß es nicht. Aber du solltest dich nicht so aufregen. Es gibt sicher eine Erklärung. Und ich – äh, ich wollte noch mal etwas zu gestern sagen ...«

»Keine Zeit. Tschüss.«

Sie hatte aufgelegt. Sie hatte einfach aufgelegt!

Auf der Landstraße fuhr ein hupendes Auto dicht an ihm vorbei und bremste dann. Der Fahrer, ein bärtiger Schrank, ließ das Fenster herunter und beschimpfte ihn wüst als Stadtaffe, Vollpfosten und Straßenhindernis. Keine Ahnung, was sein Problem war.

»Was soll das?«, rief Sascha. »Fahren Sie gefälligst weiter.«

»Du wirst frech, du Sau?«, schrie der Schrank. »Komm her, komm her!«

Er sprang aus der Fahrertür und rannte hinter Sascha her.

Das war kein Spaß!

Sascha riss das Gas bis zum Anschlag auf. Der Scooter machte einen Sprung und beschleunigte. Hinter sich hörte er die Füße des Mannes auf dem Asphalt patschen und sein bedrohliches Keuchen.

Sascha war noch nie in seinem Leben in so einer Situation gewesen, aber er wusste eins: Der Schrank durfte ihn nicht kriegen.

Er machte sich so klein er konnte, um weniger Windwiderstand zu bieten, und beugte sich vor, damit der andere nicht so leicht nach ihm greifen konnte. Wagte nicht, zurückzublicken, aus Angst, den Lenker zu verreißen. Hörte das Keuchen und das Fußpatschen immer näher kommen.

Dann war es genau hinter ihm, unendliche, unerträgliche Sekunden lang.

Bis es allmählich leiser wurde.

Sascha war wahnsinnig dankbar für jeden einzelnen der viereinhalb Stundenkilometer, die der Scooter über den erlaubten 20 km/h fuhr.

Etwas flog knapp an ihm vorbei und polterte schwer auf den Asphalt. Eine große Taschenlampe.

Weiter hinten brüllte der Schrank vor Wut.

Sascha warf jetzt doch einen schnellen Blick über die Schulter und sah ihn zu seinem Auto zurücklaufen.

Vor Sascha tauchte die scharfe Kurve auf, hinter der ein Waldweg die Straße kreuzte.

Sein Verfolger war noch nicht in Sicht, als Sascha in die Kurve bog, heftig bremste, den Scooter nach links riss und auf den Weg abbog. Der Scooter holperte und sprang über Baumwurzeln. Sascha umklammerte den Lenker so fest er konnte und wunderte sich, dass er auf den ersten Metern nicht gleich stürzte.

Hinter ihm auf der Straße dröhnte der Wagen des Verrückten mit quietschenden Reifen vorbei.

Der Waldweg führte jetzt nach oben, die Räder des Scooters rutschten auf dem laubbedeckten nassen Boden und drehten immer wieder durch.

Unten auf der Straße quietschten Bremsen.

Kein Zweifel, zu wessen Auto sie gehörten. Dann heulte der Motor auf. Nach einiger Zeit merkte Sascha, dass das Heulen näher kam. Er war auf dem Waldweg. Hinter ihm.

Und er war schneller.

Der Scooter rutschte weg und kippte zur Seite.

Sascha war sofort wieder auf den Beinen. Das Heulen des Autos hinter ihm war schon sehr nahe. Äste und Zweige brachen.

Sascha hob den Scooter vom Weg, warf ihn unter ein paar junge Tannen und rannte. Geradeaus in den Wald, zwischen den Bäumen hindurch und immer weiter. Der Boden war weich und federte, er kam gut voran, umlief Büsche und Dickicht, und als er seinen Atemrhythmus gefunden hatte, hielt er das hohe Tempo mühelos ein paar Minuten, bevor er stehen blieb und lauschte.

Hinter ihm war es völlig ruhig. Was ihn nicht wunderte. Der andere hatte nicht die Kondition, um zu Fuß hinterherzukommen.

Sascha entschied sich, weiter bergauf zu laufen, bis der Wald endete und er auf einer Hügelkuppe stand. Ein Weg führte sanft abwärts auf ein paar Häuser zu, dahinter glitzerte ein See in der Abendsonne. Sommerbüttel!

Als er Zuhause ankam, freute er sich nur noch auf eine Dusche und ein Glas Rotwein, in dieser Reihenfolge.

Daraus wurde erst mal nichts. Das Tor war offen, und hinter ihrem Auto stand ein zweites. Es gehörte offenbar den beiden Leuten, die auf der Terrasse saßen und aussahen wie GEZ-Beamte.

»Herr Paulmann«, sagte die Frau. »Wir hätten noch ein paar Fragen an Sie.«

»Wir haben gesehen, dass Sie eben hintenrum durch den Wald gekommen sind«, assistierte der Mann.

»Gut, dass Sie da sind«, sagte Sascha. »Ich bin verfolgt worden. Von einem Mann mit Auto. Er hat eine Taschenlampe nach mir geworfen und mir Gewalt angedroht ...«

Die beiden Kripobeamten wechselten einen Blick. »Kannten Sie den Mann?«, fragte der Beamte.

»Nein.«

»Haben Sie das Kennzeichen des Kfz?«

»Nein!«

»Sehen Sie einen Zusammenhang mit dem Tod von Klaus Schmitter?«

»Nein!!!«

»Aber deswegen sind wir hier. Können wir reinkommen?«

Der Mann blieb mit verschränkten Armen an der Wohnzimmertür stehen, als gelte es, Saschas Flucht zu verhindern. Die Frau setzte sich Sascha gegenüber und übernahm das weitere Gespräch.

»Herr Paulmann, warum tragen Sie grüne Kleidung? Wollten Sie sich im Wald verstecken?«

»Nein! Das ist Regenkleidung!«

»Und warum zittern Sie, jetzt, wo Sie uns sehen?«

»Ich bin eben verfolgt worden ...«

»Herr Paulmann, Sie haben Herrn Schmitter vor einiger Zeit Ihres Grundstücks verwiesen. In dem Zusammenhang sollen

Worte gefallen sein, in denen Sie Ihre Verachtung ihm gegenüber ausdrückten. Was genau haben Sie gesagt?«

»Nicht viel ...« Sascha zuckte die Schultern. »Ich weiß es nicht mehr.«

Der Mann übernahm. »Herr Paulmann, welche Konflikte gab es zwischen Ihnen und Herrn Schmitter?«

»Keine. Höchstens beim Tierschutz«, stotterte Sascha. »Er beseitigte Maulwürfe einfach, wissen Sie ...«

»Er beseitigte Maulwürfe einfach?«

»Ja ...«

»Herr Paulmann, haben Sie das jemals mit eigenen Augen gesehen? Oder haben Sie lediglich angenommen, dass er das getan hat? Herr Paulmann?«

»Ich ... ich habe es nicht gesehen ...«

»Herr Paulmann, kann es sich möglicherweise um ein Vorurteil Ihrerseits gehandelt haben? Sie, als aufgeklärter und tierschutzbewusster Mann aus der Stadt, haben Herrn Schmitter, dem einfachen Mann vom Land, unterstellt, er würde Maulwürfe einfach so beseitigen. Er hat das abgestritten. Sie haben ihm nicht geglaubt. Sie beide gerieten in Streit. Sie haben ein Brett gepackt, es ihm über den Kopf gezogen. Und dann konnte er den Maulwürfen endlich nichts mehr tun! War es so, Herr Paulmann?«

»Nein!«, sagte Sascha. »Wie kommen Sie darauf?«

Die Kripofrau sprach schon weiter. »Vor Kurzem fand eine Grillparty bei Ihnen statt. Auf der hat Ihre minderjährige Tochter Klaus Schmitter den frühen Tod prophezeit. Woher wusste sie das? Und gestern Abend rief sie laut und entsetzt, Sie seien ein Mörder. Sind Sie das, Herr Paulmann? Ein Mörder? Haben SIE Klaus Schmitter ermordet?«

Sascha glaubte nicht, was er da hörte. Er stotterte nur, er habe nichts getan, er könne ja nicht mal einem Maulwurf etwas antun.

Die Kripoleute standen auf.

»Wir kommen wieder, Herr Paulmann. Halten Sie sich zu unserer Verfügung. Ach so: Wo sind Sie geboren?«

»In Frankfurt …«

»Nein, aus welchem Land kommen Sie oder Ihre Eltern ursprünglich?«

»Ich verstehe nicht?«

»Sie sollten in der nächsten Zeit hierbleiben und nicht dahin fahren, wo Ihre Eltern herkommen. Haben Sie verstanden? Also: Unterlassen Sie sämtliche Reisen ins Ausland. Vielen Dank.«

»Und der Mann, der mich verfolgt hat …?«, stotterte Sascha.

Der Kripobeamte sah ihn verächtlich an. »Herr Paulmann, wir sind hier nur auf dem Land. Wir haben keine Elbphilharmonie, und unsere Bürgermeister werden niemals Bundeskanzler werden. Aber auch wir merken, wenn jemand versucht, uns an der Nase herumzuführen!«

»Aber«, stotterte Sascha, »aber es ist wahr. Lassen Sie uns in den Wald gehen, da gibt es Spuren …«

Doch er war schon allein. Ganz allein.

Und er war am Ende. Schlimmer konnte es nicht mehr kommen. Alles und alle waren gegen ihn: die Firma. Seine Tochter. Seine Frau. Die Polizei. Von Helsing. Der Spiegel im Bad, in dem er sich ansah.

Wie sehnte er sich in die kleine, saubere Stadtwohnung zurück, in der alles noch seine Ordnung hatte, er alles im Griff gehabt hatte. Denn hier und jetzt ging alles, sein ganzes Leben, den Bach runter. Nichts ließ sich mehr ansatzweise ordnen, kontrollieren, beherrschen. Alles versank im Chaos.

Nur wegen einem: dem Biest.

Und zu essen gab es auch nichts.

Anna

Als die Stunde mit Lara Zielke vorbei war, blieb die noch kurz sitzen und fuhr sich durchs Haar.

»Ihre Podcastfolge über Männer und Maulwürfe: Mega! So cool.«

»Danke.« Anna lächelte.

»Das wird Kult. Ich bin fast ein bisschen traurig, dass nicht ich zuerst Werbung dafür gemacht habe, sondern dieser Maulwurfshaufenaccount.«

Maulwurfshaufenaccount?

»Ja, Nature live. Der ist total angesagt. Zeigt alle drei Tage nichts als einen neuen Maulwurfshaufen. Und hat Follower ohne Ende.«

Anna lächelte und schloss kurz die Augen. Ihre Tochter. Hatte einfach Werbung für sie gemacht, ohne sie zu fragen. Danke, Marie!

Und vorher hatte sie beim Blick in die Podcast-Charts ihren Augen nicht getraut.

Spotify-Charts: Platz sieben! Apple-Music-Charts: Platz sechs!!

»Also, wenn Sie wollen, können Sie es ja sehr gerne immer noch erwähnen, ich würde mich sehr freuen«, sagte sie zu Lara Zielke.

Die nickte und wollte gerade aufstehen, als im Flur Lärm losbrach.

»Stehen bleiben!«, rief Mona, »sonst hole ich die Polizei!«

Feine Herrenschuhe klackerten den Gang entlang.

»Da kommt Ihr Fan«, sagte Lara Zielke.

So war es. Die Tür sprang auf. »Anna! Endlich!« Mats Schröder, Dr. Mats Schröder, wie immer im Anzug, und auch diesmal hatte er Rosen dabei.

»Ich gehe dann mal«, sagte Lara Zielke diskret. »Aber an Ihrer Stelle würde ich mit diesem netten Herrn mal Kaffee trinken gehen. Also, wenn sich einer so um mich bemühen würde …«

»Bitte, liebste Anna«, rief Dr. Mats Schröder, »hören Sie auf diese kluge Frau! Das ist alles, was ich will. Und dann gehe ich! Außer, Sie gehen mit mir …«

Anna glaubte zwar nicht daran, und es war auch gegen sämtliche Regeln zwischen Therapeutin und Patient. Aber erstens war Schröder längst nicht mehr ihr Patient. Zweitens konnte sie ihm vielleicht so besser klarmachen, dass seine Aktionen nun wirklich keinen Sinn hatten. Und drittens hatte sie bis zum nächsten Termin dreißig Minuten Zeit, und unten im Café Américano hatten sie guten Sojalatte.

Aber das mit dem Schröder-etwas-Klarmachen war nicht so einfach. Der gab den Galan, erspähte den besten Tisch, besetzte ihn, rückte ihr den Stuhl heran, überschüttete sie mit Komplimenten über ihre Frisur, ihr Parfüm, wollte dann »nur schnell vorneweg« Champagner bestellen.

»Kommt nicht infrage. Wir haben von einem Kaffee gesprochen. Und, das ist Bedingung: Jeder zahlt selbst! Sonst muss ich gleich wieder gehen …«

Schröder lenkte sofort ein. Schaffte es aber, ohne dass sie es merkte, zum Kaffee eine Etagère Petits Fours und zwei kleine Liköre zu bestellen.

»Bitte, Anna, das ist doch überhaupt nicht der Rede wert«, sagte er, als sie protestierte.

Und sie musste tatsächlich insgeheim zugeben: Es tat ihrem Selbstbewusstsein ganz gut, mal wieder hofiert zu werden, auch wenn dies eine höchst grenzwertige Situation war.

Da sie bei den Likören standhaft blieb, kippte er beide und beharrte dann darauf, dass er die Petits Fours unmöglich alleine essen könne, sie könne sich so etwas leisten, bei ihrer tollen Figur. Er ließ nicht locker. Bis sie doch eins nahm.

Möglicherweise war das ein Fehler gewesen, denn nun redete er umso mehr auf sie ein. Und als sie dann ihrerseits begann, ihm sein Fehlverhalten ein für alle Mal klarzumachen und ihm zu sagen, er solle sie in Ruhe lassen, hörte er so intensiv zu, als wolle er jedes ihrer Worte aufsaugen, schenkte ihr zwischendurch Wasser nach. Sagte dann, wenn sie wolle, wenn sie das wirklich glücklich mache, dann sei ihr Wunsch für ihn Befehl bis ans triste Ende seiner Tage.

Wie es ihr denn sonst gehe? Sie habe Schatten um die Augen, die seien früher nicht da gewesen.

Sie hatte gar nicht gemerkt, dass er ihre Hand genommen hatte, das ging natürlich gar nicht …

»Hey, Anna!« Sybille aus der Praxis winkte ihr zu, einen großen Coffee-to-go-Mehrwegbecher in der Hand. Anna sah auf die Uhr und sprang auf. In fünf Minuten kam die nächste Klientin. Sie verabschiedete sich von Schröder, ermahnte ihn, die Abmachung einzuhalten, und entging nur knapp seinen Wangenküssen.

Als sie am Computer die Daten der neuen Klientin aufrief, hatte sie ein seltsames Gefühl. Wann hatte ein Mann ihr zum letzten Mal so intensiv zugehört, sie so angesehen, ihr Komplimente gemacht, sie umworben?

Irgendwie war ihr ziemlich heiß, was übrigens auch gut zum Thema passte, das die Klientin mitbrachte, die gerade reinkam:

Wenn die sich mit Männern traf, fing sie wie verrückt an zu schwitzen.

Bevor sie später zurückfuhr, sah sie nach den Podcast-Charts.

Wow! Wow! Wow! Unglaublich!

Spotify-Charts: Platz drei!!! Apple-Music-Charts: Platz vier!!!

Während der Fahrt rief sie Julia an. »Wie toll ist das denn!«, jubelte die.

Was war heute für ein guter Tag im Vergleich zu den vielen schlechten Tagen davor! Und wie schade, dass sie ihre Freude nicht einfach so mit Sascha teilen konnte.

Da fiel ihr noch etwas ein. Sie rief Lisa an.

»Denkst du, es hat Sinn, wenn ich mich bei diesem von Helsing melde und versuche, das Geld zurückzukriegen?«

Lisa kicherte und schlürfte. Anna hörte Eiswürfel in einem Glas schwappen. Ihre Freundin trank viel in letzter Zeit. Sie verstand warum, aber trotzdem.

»Wenn eine das schafft, dann du!«

»Echt?«

»Echt! Du bist die Smarteste von allen.«

»Na, ich weiß nicht …« Anna erzählte von dem Fast-Rendezvous mit Mats Schröder.

»Wann trefft ihr euch wieder?«

»Gar nicht natürlich!«

»Würde dir vielleicht guttun.«

»Ach, hör auf.«

Lisa lachte wieder. »Na ja, dieser von Helsing sieht auch nicht schlecht aus …«

Da hatte sie recht, stellte Anna später fest. Falls von Helsing sein richtiger Name war. Als Anna den nämlich googelte, fand sie sonst nur einen »Van Helsing«, das war der Titel eines Mystery-Horror-Filmes aus dem Jahr 2004, in dem dieser Van Helsing, ein Vampirjäger, vom Vatikan beauftragt wird, einer Prinzessin beim Kampf gegen den Grafen Dracula zu helfen. Der Name der Prinzessin: Anna!

Ihr lief ein kleiner Schauder über den Rücken.

Sie chattete von Helsing an.

Sascha

Das Biest, sein Feind, hatte es so gewollt. Warum sonst war es noch da? Warum hatte es sich entschieden, im vorderen Garten gegen Sascha zu kämpfen, statt im hinteren Garten ein sorgloses Leben in Harmonie zu führen? Das Biest, es hatte so lange die Wahl gehabt. Nun würde es die Konsequenzen tragen müssen.

Zuerst hatte Sascha die Maulwurfsgänge nächtelang mit drei Gartenschläuchen geflutet. Ohne Erfolg, abgesehen davon, dass nun ein Teil des Pfades vom Haus zum Tor weggesackt war und eine Ecke der Terrasse wackelte. Erst danach hatte Sascha gelesen, dass die verfluchten Maulwürfe hervorragende Schwimmer waren.

Also hatte er acht Fallen besorgt, die besten, die zu haben waren. Offiziell hießen sie Wühlmausfallen, aber, versicherte der Verkäufer, der Schnappauf vertrat, ihm flüsternd, »die sind für Maulwürfe genau das Richtige«. Jede Falle musste in einen Maulwurfsgang eingesetzt werden und das möglichst so, dass das Biest erst etwas merkte, wenn es zu spät war. Wenn es der über eine Feder gespannte, hochsensible Schnappmechanismus schon zermalmte. Zwei, drei Fallen seien genug, hatte der Verkäufer gesagt, aber als Sascha geknurrt hatte, er wolle alle, die vorrätig seien, hatte er nicht widersprochen.

Als er die Fallen vergraben hatte, nahm er zur Arbeit den Wagen der Schwiegereltern. Die Schwiegermutter war vorgestern mit dem Zug gekommen, aber mit der Abreise ließen sich Karin und Erik noch Zeit. Was praktisch war, denn an den Tagen, an denen auch Anna fahren musste, konnte er solange ihr Auto benutzen. Sein E-Scooter lag immer noch im Wald, Sascha hatte aber ohnehin keine Lust mehr, damit zum Bahnhof zu fahren.

In der Firma fand er in seinem Mailpostfach ein paar Nachrichten, die »das Video« thematisierten. Jemand hatte es ins Intranet gestellt und so bearbeitet, dass Sascha nun besser zu erkennen war.

Das Ganze anonym, aber er wusste schon, wer es gewesen war.

Laut Attest war Saskia immer noch krank. Oder schon wieder?

Björn bot an, sich ins Intranet zu hacken und das Video zu löschen, aber Sascha winkte dankend ab, es sei sowieso überall.

Am frühen Nachmittag kam dann die Mail aus Arianes Büro, auf die er schon gewartet hatte und auf die er keine Antwort hatte: Ob er erklären könne, wie es zu diesem Video gekommen sei?

Er antwortete nicht und fuhr früher nach Hause. Er hatte Kopfschmerzen, ihm war schlecht und schwindelig. Als er durch das Firmentor raste, kam es ihm vor, als liege ein grüner Schimmer auf dem schrundigen, zerstörten Firmengelände. Jetzt fantasierte er schon, kein Wunder.

Auf der Autobahn wäre er fast in einen Lastwagen geknallt, der plötzlich von der rechten Spur auf die mittlere zog. Er ertappte sich bei der Frage, ob das wirklich schlimm gewesen wäre.

Anna

Sie war tatsächlich etwas aufgeregt. Sie hatte längere Zeit gebraucht, bis sie im Schrank ein schwarzes, kurzes Kleid fand, das gut, nein: sehr gut aussah und das sie anziehen konnte, ohne bei jedem Atemzug fürchten zu müssen, dass Knöpfe absprangen. Gleichzeitig verbarg es geschickt, dass ihre sportlichen Aktivitäten leider immer noch sehr ausbaufähig waren. Wenigstens hatte sie auch ihren anderen großen Vorsatz, viel zu backen, nicht wahr gemacht, denn zu einer Landleben-Idylle mit Kuchen gehörte ein anderer Mann – nicht einer, der seine Zeit am liebsten mit einem Maulwurf verbrachte.

Zum Kleid zog sie schwarze Stiefel an. Streng und souverän auszusehen, war jetzt wichtig, immerhin hatte Maulwurfflüsterer von Helsing Ahnung von Psychologie, auch wenn er sich eher mit Maulwürfen als mit Menschen beschäftigte. Aber war das nicht letztlich fast dasselbe? Funktionierten die Wesen dieser Welt nicht alle nach ähnlichen Gesetzmäßigkeiten, begehrten dieselben Dinge, fürchteten, was auch andere fürchteten, nur eben in unterschiedlichem Ausmaß und mit unterschiedlichem Intellekt?

Von Helsing war ihr jedenfalls auf den Leim gegangen. Oder spielte auch er alle Karten aus? Auf ihren ersten Chat hatte er sehr schnell geantwortet, nach kurzer Zeit waren sie im Gespräch, und als sie ihm dann schrieb, worum es ihr eigentlich ging, hatten sie sich schon so viel ausgetauscht, dass er den Kontakt nicht abbrach, sondern weiterschrieb. Es täte ihm sehr leid, er verstehe nicht, was nicht funktioniert habe, er hoffe, sein Team habe die richtigen Geräte auf den Weg gebracht, und selbstverständlich: Wenn sie nicht funktionierten, nähme er sie zurück. Für einen Betrüger gab er sich ganz sympathisch. Und dafür, dass er sich mit Maulwürfen beschäftigte, sah er ganz gut aus.

Insofern hatte sie es gar nicht schlimm gefunden, ganz im Gegenteil, dass von Helsing die Apparate nicht einfach per Post zurücknehmen wollte, sondern persönlich, bei einem Essen. Denn wie sich herausgestellt hatte, lebte er nur siebzig Kilometer entfernt und kannte ein nettes Landrestaurant, das ungefähr in der Mitte lag.

Anna hatte ein paarmal überlegt, ob sie Sascha erzählen sollte, was sie vorhatte, und sich dagegen entschieden. Sie hatte ihn nur per SMS gebeten, auch die restlichen Geräte auszugraben und alle zusammen in eine große Tasche zu stecken.

Die hatte sie über der Schulter hängen, als sie jetzt das Restaurant betrat, in dem sie mit von Helsing verabredet war. Draußen auf dem Parkplatz parkten Autos mit Kennzeichen von weiter her, drinnen trugen die Kellner Livree, der Laden hatte einen Stern, diverse andere Auszeichnungen und gewissen Stil. Der gut aussehende von Helsing hätte hier sehr gut reingepasst. Aber er war nicht da.

Anna schritt durch alle drei Restauranträume und über die Terrasse, fing viele männliche Blicke, nur der Maulwurfflüsterer war nirgends zu sehen. Sie wollte gerade wieder gehen, da winkte ihr ein Mann von einem Ecktisch neben der Tür aus zu. Ein aus dem Leim gegangener Typ mit Bauch und Glatze in Hemd und Jeans, schon etwas älter. Er musste sie verwechseln.

Nein. »Frau Paulmann?«, fragte er.

»Ja?«

Er stand auf und reichte ihr die Hand.

»Von Helsing. Setzen Sie sich doch.«

Anna stellte die Tasche ab und setzte sich langsam mit offenem Mund. Der Mann hatte so etwas von keiner Ähnlichkeit mit dem von Helsing auf der Webseite. Es konnte sich auch um kein Foto von ihm in jüngeren Jahren oder vor einigen entbehrungsreichen Abenteuerreisen handeln, er war ein ganz anderer Typ, seine Augen waren blaumilchig trüb statt kernig braun wie im Internet.

»Ich glaube, es muss sich trotzdem um eine Verwechslung handeln«, sagte Anna.

Er sah sie an und grinste. Schöne Zähne wie der von Helsing auf dem Foto hatte er auch nicht. »Sie meinen das Foto? Das ist nur ein Symbolbild.«

»Ein Symbolbild?«

»Genau, aus der Fotodatenbank.« Er sah sie an und zuckte mit den Schultern. »Das ist doch so üblich, das macht jeder, manche lassen das auch die KI machen. Hauptsache die Infos auf der Webseite sind gut. Und die sind tippitoppi! So guten Content über Maulwürfe finden Sie anderswo nicht. Ich habe beste Zugriffszahlen!« Er habe noch eine andere Website mit Bautipps für Männer und eine weitere für Hochentaster, die liefen beide auch ganz gut, er habe Ahnung, er arbeite in dem Bereich. »Aber die Maulwurf-Seite ist der Knüller. Einsame Spitze. Ist Ihnen aufgefallen, wie viel Werbung ich habe? Was trinken wir? Weißwein, Rotwein?«

Anna nahm ein kleines Glas Weißwein.

Er könne die Ochsenbacke vom Weiderind empfehlen, sagte von Helsing, oder das Ententrüffelsoufflé. Oder wenn sie Fisch möge, er habe Ahnung …

Anna fragte, ob er auch Ahnung von KI habe.

»O ja«, sagte von Helsing.

»Sehen Sie sich das mal an«, sagte Anna und angelte eins der Geräte aus der Tasche. »Das haben Sie uns verkauft.«

Von Helsing streckte keine Hand aus. »Also normalerweise funktioniert das top. Sind die Algorithmen auf genau Ihren Maulwurf abgestimmt? Mein Techniker wird das noch mal überprüfen.«

»Sie wollten die Dinger zurücknehmen.«

»Ich lasse erst einmal nachsehen, ob wirklich die richtige Software aufgespielt worden ist. Wissen Sie schon, was Sie essen wollen? Ich habe ziemlichen Hunger.«

Anna sagte, es habe keinen Sinn, die Software zu überprüfen. Denn diese Geräte seien einfache Maulwurfschreckapparate, Standard, ohne KI, im Baumarkt für 44,99 Euro zu haben. Nur habe ihr Mann bei ihm locker das Zwanzigfache pro Stück bezahlt.

Er starrte sie kurz an und wollte aufstehen. Anna umklammerte eisern sein Handgelenk und starrte ihm ins Gesicht, als wolle sie ihn hypnotisieren. »Herr von Helsing oder wie Sie auch immer heißen: Ich bekomme jetzt sofort von Ihnen 6900 Euro, Sie bekommen diese Tasche, und wir trennen uns als Freunde. Oder Sie werden drei andere Freunde von mir näher kennenlernen.«

Sie machte eine Kopfbewegung zum Fenster Richtung Parkplatz.

Die Zahl Drei war improvisiert gewesen, denn in diesem Moment stiegen am anderen Parkplatzende gerade drei junge fitte Männer, Typ Handwerksgesellen, aus einem dieser scheußlichen Pick-ups und zündeten sich Zigaretten an.

Von Helsing folgte ihrem Blick. Dann sagte er, sie sei inkulant, er habe sich auf einen Abend mit ihr gefreut, so gehe das nicht.

Anna sagte: »Ich habe Sie gewarnt.« Sie stand auf, während von Helsing starr sitzen blieb, klackerte in ihren Stiefeln auf die Terrasse, wo die anderen Gäste speisten, pfiff auf zwei Fingern – sie konnte das, seit sie elf war – und winkte den drei Typen zu.

Alle Essenden erstarrten und sahen Anna an. Die drei neben dem Pick-up sahen in ihre Richtung. Anna winkte wieder. Die Männer besprachen sich kurz, winkten zurück und setzten sich in Bewegung.

Von Helsing saß immer noch da. »Sie haben nicht mehr viel Zeit«, sagte Anna süßlich lächelnd. »Das Geld.«

»Meine Dame, ich denke, Sie sollten gehen.« Das war wohl der Oberkellner.

»Natürlich, gerne«, sagte Anna, »aber der Herr hier schuldet mir 6900 Euro. Die muss ich mitnehmen.«

Der Oberkellner sah von Helsing an.

»Wenn ich das Geld gleich bekomme, sage ich auch nicht, wofür.« Anna lächelte süffisant.

Der Oberkellner sah von Helsing weiter an.

»Instant Payment bitte!«, lächelte Anna weiter und holte einen Zettel aus der Tasche. »Hier ist die Kontonummer.«

Von Helsing seufzte, holte sein Handy heraus und tippte.

Anna checkte ihr Konto und lachte: »6900 Euro. Perfekt!«

Sie nahm die Abkürzung über die Terrasse, während die drei Männer durch die Vordertür kamen und von Helsing ihnen laut und unaufgefordert versicherte, es sei alles in Ordnung mit dem Geld.

Es war dunkel, bis Anna zu Hause war. Als sie vor dem Tor bremste, sah sie im Licht der Autoscheinwerfer etwas liegen.

Noch ein toter Maulwurf.

Sie holte das Fensterleder aus dem Kofferraum und warf es über die Leiche.

Sascha saß mit ihren Eltern im Wohnzimmer. Sie sprachen über Rasensaat.

»Noch einer«, sagte sie und drückte ihm wortlos die Schaufel in die Hand.

Sascha

Sascha stand vor dem Morgengrauen auf, um nachzusehen. Dass der tote Maulwurf von gestern das Biest war, hatte er keinen Moment geglaubt. Er hatte die Leiche ein Stück den Weg runter auf irgendein Grundstück geworfen, ohne letzte Worte oder anderes Brimborium, und diesmal war ihm niemand gefolgt.

Beim Kaffee überflog er sein Mailpostfach, das immer noch voll war von Nachrichten mit dem Vermerk »Video«, die er hier sowieso nicht öffnen konnte.

Gestern hatte er aus dem Internet erfahren, dass seine Frau eine neue Podcast-Folge veröffentlicht hatte, die mittlerweile auf Platz eins der Charts stand. Das Thema: Männer und Maulwürfe.

Er hatte sich überwinden müssen, reinzuhören. Tatsächlich hatte er sich anfangs geärgert. Dann, als er ein bisschen zugehört hatte, wurde es lustig. Und am Ende war er betroffen.

Nein. So war er nicht. Nicht er. Er war ein achtsamer, sensibler, umweltbewusster Familienmensch, kein Maniac, der auf der Jagd nach einem armen, kleinen Maulwurf eine Schneise der Verwüstung zog. Es mochte sein, dass es Männer gab, die Maulwürfe verfolgten, weil sie einen Tick hatten. Oder es nicht ertrugen, dass so ein Tier ihren Garten zerwühlte. Aber bei ihm war es völlig anders: Er hatte keine Wahl.

Als er im ersten Morgenlicht nach draußen trat, hoffte er, dass das allerletzte Mittel endlich geholfen hatte. Dass eine unbekannte Macht, ein Rächer, ein Engel, ein abgebrühter Maulwurfkiller, Gott segne ihn, dafür gesorgt hatte, dass die Bestie in eine der Fallen gegangen und nun platt wie eine Flunder war.

Und er erlöst wäre.

Aber nein, so war es nicht.

Es gab keinen Gott.

Dafür zwei neue große Haufen, mitten auf der Wiese.

Sascha begann zu schluchzen. Seine Beine versagten, er sank auf die Haufen.

Ein Regenguss brach los und durchnässte ihn völlig.

Er blieb liegen. Es war vorbei. Er hatte verloren.

Es war ein Kampf gewesen. Mensch gegen Natur, Zivilisation gegen Wildnis, Gut gegen Böse. Mann gegen Maulwurf. Und die Natur, sie hatte gesiegt. Das Leben auf dem Land, es war zu rau und gnadenlos für einen zivilisierten Mann aus der Stadt.

Er stand langsam auf und wankte, immer noch schluchzend, zum Haus. In der Terrassentür stand mit entsetzt aufgerissenen Augen eine schöne junge Frau, die ihm bekannt vorkam. Es war seine Tochter.

In der Tür des Studios sah er Anna stehen.

Er rief ihnen zu, es sei alles gut, sie müssten sich keine Sorgen mehr machen. Er werde von nun an alles geschehen lassen. Sich nicht mehr um das kümmern, was früher ihr Garten gewesen war. Den teuren Rasentraktor verkaufen, um etwas von dem Geld zurückzubekommen, das er in den Maulwurf investiert hatte.

Er ging in die Küche, öffnete eine Flasche Rotwein und trank. Er hatte Lust darauf. Morgens um halb sieben, why not! Sein bisheriges Leben war sowieso vorbei.

Als er sich unter die Dusche stellte und sang – das war eine nette Abwechslung zu dem Schluchzen –, begann er furchtbar zu zittern.

V.

Anna

»Na also, Herr Paulmann, Sie werden wieder!«

Sascha murmelte etwas und schlief ein.

Die Ärztin lächelte Anna zu, klopfte gegen den Tropf mit der hellen Flüssigkeit neben Saschas Bett, stand auf und machte eine leichte Kopfbewegung.

Anna kam mit vor die Tür.

»Einen solchen Zusammenbruch habe ich lange nicht mehr gesehen. Gab es in der letzten Zeit etwas, das Ihren Mann besonders belastet hat?«

»Er hat im Beruf viel zu tun gehabt. Und wir sind erst umgezogen.« Anna zögerte kurz, entschied sich aber dann, die Wahrheit zu sagen. »Und dann hat er wie wild gegen einen Maulwurf gekämpft.«

Sie hatte befürchtet, die Ärztin der Kieler Uniklinik, sie war etwa so alt wie sie, könne befremdet reagieren.

Aber die nickte ernsthaft. »Es gibt Männer, die steigern sich da sehr rein. Ich hatte vor Kurzem einen Patienten mit Herzinfarkt deswegen hier.« Sie lächelte. »Es gibt gerade einen tollen Podcast dazu, er heißt, Moment …«

»*Ist es kompliziert?*«

»Ah, Sie kennen ihn!«

»Er ist von mir.«

Die Ärztin strahlte. »Oh, freut mich, Sie kennenzulernen! Und jetzt kann ich mir auch genau vorstellen, wie das mit dem Maulwurf war. Es wäre gut, wenn Ihr Mann lernte, besser einzuschätzen, was er sich zumutet. Er sollte sich einen Psychologen suchen. Morgen kann er vermutlich raus hier. Zu Hause dann bitte ganz viel schlafen lassen. Gut essen und trinken. Ich schreibe ihn noch eine Woche krank.«

Anna nickte und zwang ihr inneres Ich, sich keine Vorwürfe zu machen, dass sie nicht in der Lage gewesen war, bei Sascha etwas zu bewirken.

Die Ärztin sah sie an. »Machen Sie sich keinen Kopf. Sie wissen doch, die Prophetin im eigenen Land ... Mein Mann ist Herzchirurg, denken Sie, er lässt sich von mir einmal etwas sagen, wenn er eine Erkältung hat? Aber dem Gemüsemann glaubt er alles ...!«

Als Anna im Auto war, rief Lisa an.

»Wie geht es dem Kranken?«

»Wird schon wieder, meint die Ärztin. Morgen kommt er wahrscheinlich heim.«

»Das ist ja schön. Andererseits – es muss ihn vermutlich jemand pflegen. Also umsorgen und so.« Lisa machte eine Pause. »Wenn du bei ihm lieber auf Abstand bleiben willst: Essen und Trinken kann ich ihm bringen. Ich koche sowieso.«

»Du Liebe, danke! Aber ich glaube, ich kriege das irgendwie hin. Marie ist ja auch noch da – also wenn sie dann mal da ist ...«

Lisa kicherte. »Ida ist auch ständig unterwegs. Jetzt fängt sie an, ständig nach Hamburg zu fahren. In die Schanze! Macht uns Vorwürfe, dass wir da weggezogen sind. Ach so, zur Info: Dein aktueller Podcast: immer noch auf Platz eins. Mega!«

Es war toll, aber schon fast ein bisschen unheimlich. Auch die erste Folge kletterte jetzt wieder in den Charts. Bei Julia meldeten sich die ersten Werbekunden. Auf Annas Mailbox war jemand vom Bauer-Verlag, der gerne über ihre »umwerfenden« Themen schreiben wollte, eine Redakteurin von brigitte.de, die sie interviewen wollte, und die Redakteurin einer Online-Frauenzeitschrift, deren Namen sie nicht ganz verstanden hatte, die bei ihr aber gerne eine große, mehrteilige Partnerschaftsanalyse in Auftrag geben wollte.

Anna hätte nicht gedacht, dass sie all das fast ein bisschen nervös machen würde.

Lisa wusste noch mehr, nämlich den neuesten Gossip über Schmitter: In einem Anbau des Hauses hatten die Ermittler sein Werkzeug gefunden, Lebendfallen – und ein Terrarium mit zwei verhungerten Maulwürfen. »Alle, die Schmitter bezahlt haben, damit er ihre Maulwürfe vertreibt, sind jetzt furchtbar wütend auf ihn. Denn das kann nur eins bedeuten: Schmitter hat seine Kunden an der Nase herumgeführt – und statt sie zu vertreiben wahrscheinlich sogar Maulwürfe ausgesetzt. Wäre er nicht schon tot, dann wäre sein Leben jetzt in Gefahr.«

Als Anna zu Hause ankam, spielten Marie und Ida mit Kaventsmann in ihrem Garten. Anna ließ sie, sie hatte nichts dagegen, und Sascha, den das gestört hätte, bekam es sowieso nicht mit. Als sie an ihn dachte, tat er ihr schon wieder leid.

Sascha

Etwas hatte sich verändert. Der Regen. Er hatte sich verzogen. Die Sonne schien wie früher, als noch alles gut gewesen war. Und auch sonst war es ein trügerischer Tag. Die Vögel sangen, die Bienen summten, nur ein paar lästige Wespen wollten immer nach drinnen.

Sascha saß auf der Terrasse. Er war nicht gelaufen und hatte keine Liegestütze gemacht. Er hatte auch keinen der 24 Anrufe auf seiner Mobilbox abgehört und keine Mail, SMS oder WhatsApp gelesen. Er wusste sowieso, was ihn erwartete. Er hatte auch nicht das große Paket geöffnet, das Schicks ihm per Kurier geschickt hatte, vermutlich die persönlichen Sachen, die der Sicherheitsdienst aus seinem Schreibtisch geräumt hatte. Dass sein von Schicks bezahltes Handy noch am Netz war, lag sicher nur daran, dass jemand aus Plomeiers unfähigem Team vergessen hatte, seine SIM-Karte sperren zu lassen.

Trotzdem würde er heute noch mal hinfahren, als ob nichts wäre. Er würde mit seinem Auftauchen alle überraschen, seine Kündigung nun seinerseits sehr überrascht entgegennehmen, Saskia ironisch zum neuen Job gratulieren, sich von ein paar Leuten verabschieden und einen guten Anwalt suchen. Nein, er würde Saskia natürlich nicht zum neuen Job gratulieren.

Aber was doch ein paar Tage ausmachten: Drei in der Klinik, sieben zu Hause, schon wuchs überall im Garten wieder Gras. Und sein Feind, der Maulwurf, wollte ihn foppen. Tat, als sei alles gut. Als sei er gar nicht da. Zumindest gab es immer noch keine neuen Haufen.

Aber, das wusste das Tier nicht, er sah das jetzt anders als früher. Ganz entspannt. Er dachte nicht einmal daran, wieder durch den Garten zu hasten und in alle Ecken zu sehen.

Trotzdem: Zehn Tage ohne neue Haufen, das hatte es noch nie gegeben.

Sein Roller lag immer noch im Wald; Anna fuhr ihn zum Bahnhof.

Sie behandelte ihn wie ein rohes Ei, furchtbar höflich, mit »Bitte«, »Danke«, rückte ihm den Sitz zurecht, als sei er ein Pflegefall, nein, ein Fremder, und beobachtete ihn auf der Fahrt aus den Augenwinkeln.

Wenigstens sprach sie wieder mit ihm, auch wenn sie immer noch im Studio schlief. (Ihren Eltern hatte sie erzählt, sie tue das, um sich für den Podcast zu inspirieren.) Er hatte schon in der Klinik ein paarmal den Versuch unternommen, über alles zu reden, aber er wusste nicht recht, wo er anfangen sollte, und war jedes Mal sehr schnell furchtbar müde geworden.

Anna hatte ihn auch mehrmals gefragt, ob er wirklich in die Firma wolle. Aber sie konnte ihn nicht davon abbringen.

In der Bahn ging es weiter mit den Merkwürdigkeiten. Der Schaffner grüßte ihn, wollte ihn aber nicht kontrollieren, und als Sascha ihm seine Karte entgegenstreckte, winkte er dankend ab.

Sascha hatte das sichere Gefühl, gleich würde es ganz schlimm kommen.

Er fuhr mit dem Taxi vom Bahnhof zur Firma. Als der Wagen auf das Gelände einbog, traute er seinen Augen nicht.

Wo vor zehn Tagen noch eine einzige große, traurige Sand-Steine-Geröllhalde gewesen war, war jetzt alles bunt. Überall wuchsen Blumen und Gräser. Das sah gut aus!

Er bat den Taxifahrer, ihn früher aussteigen zu lassen, und ging ein paar Schritte. Es waren Unmengen an Blumen. Und wie viele Insekten hier plötzlich herumflogen – sogar Wildbienen! In der künftigen künstlichen Schlucht stand noch etwas Wasser vom Regen. Vögel hüpften darin herum.

So ähnlich war es gedacht gewesen: Wenn die Pflanzen da waren, kam der Rest.

Nur wo kamen die her? Wer hatte das gepflanzt?

Am Empfang grüßte man ihn unerwartet freundlich, und seine Schlüsselkarte öffnete immer noch die Schranke. Er fuhr nach oben und schlich an Ankes Tür vorbei in sein Zimmer. Hier sah es noch aus wie immer, nein, nicht ganz: Auf dem Tisch stand ein mächtiger Wildblumenstrauß. Mit Grüßen von Ariane.

Er musste sich kurz mal setzen.

Jetzt war es doch Zeit, die Mobilbox abzuhören.

Ariane hatte ihm gleich mehrere Nachrichten hinterlassen. Schon in der ersten klang sie regelrecht angetan. Das sei eine so megacoole Überraschung, überall Wildblumen, schon Monate vor Fertigstellung des Geländes, super, wie weit alles schon sei, sie habe Fotos gemacht und gleich gepostet, alle anderen seien neidisch!

Sascha hörte sich die Nachricht viermal an. Sie war ernst gemeint.

Die nächste ebenfalls: Sie lachte und rief: Dieses ironische Video von ihm! Wie er das Klischee auf die Spitze treibe, wie cool, dass er sich so was traue, das trende total, die Firma habe das auch repostet, alle feierten sie in den sozialen Medien für ihren Mut, mit Konventionen zu brechen und ganz undeutsch mal witzig zu sein, wenn es um die gute Sache gehe, um Umwelt- und Tierschutz.

In ihrer dritten Nachricht wünschte sie ihm gute Besserung. Sie mache sich Vorwürfe, sie hoffe echt, es gehe ihm bald besser, und wenn er etwas brauche oder in eine andere Klinik geflogen werden wolle, zum Beispiel in der Schweiz …

Sascha konnte all das noch nicht fassen. Er scrollte durch seinen Maileingang. Die neuen Mails zum Video waren überwiegend positiv, darunter zwei der Presseabteilung, die ihn zur ironischen Hauptfigur einer Kampagne machen wollte.

Es sei »super, wie das jetzt gelesen werde«, sagte Björn später im Meeting, wo Anke und er ihn mit Applaus empfingen. Saskia war immer noch krankgeschrieben. »Das nützt uns total, endlich mal eine Kampagne mit Brain, Frau Schicks ist ganz hin und weg. Und ich stecke in der Geländesache ja nicht drin, aber so wie es gerade aussieht, kommt das total gut. Und das alles quasi über Nacht! Ich habe draußen niemanden arbeiten sehen. Nur der alte Brödersen hat gleich zweimal rund ums Gelände gemäht. Ich habe ihn zuerst nicht erkannt, er war viel schneller als sonst.«

In der Mittagspause schlenderte Sascha raus aufs Gelände. Ein paar Mitarbeiter standen in kleinen Grüppchen zusammen, saßen auf Holzstämmen oder Steinen.

Der Facility-Manager war an der kleinen Halle und putzte den neuen Rasenmäher.

»Wirklich toll«, sagte er. »Ich brauche für alles höchstens die Hälfte der Zeit.«

»Wenn das Gelände fertig ist, werden Sie aber leider auch nicht viel mehr zu mähen haben als jetzt, nur am Rand, außen und auf den Parkplätzen.«

»Macht gar nichts.« Mr. Facility lächelte. »Ich werde auch nicht jünger. Die Zeit vergeht. Ihre Tochter ist auch ganz schön groß geworden. Eine junge Frau. Ich weiß noch, wie sie Sie früher ab und zu besucht und auf dem Grundstück gespielt hat.«

»Oh, danke schön. Sie haben sie getroffen?«

»Logisch, wann war das, vor zwei, drei Wochen oder so. Mit ein paar Freunden. Die kamen alle abends durch die kleine Pforte da hinten gerannt, Sie wissen, da ist Ihre Tochter früher immer durch, wenn sie sich Eis geholt hat …«

Sascha erinnerte sich. Ein kleines Törchen im Zaun. Das Schloss war seit Ewigkeiten kaputt, aber die Tür klemmte so, dass jeder, der das nicht wusste, dachte, sie sei verschlossen. Der wunde Punkt im großen plomeierschen Sicherheitskonzept. Nur wenige aus der Firma wussten davon.

Der Facility-Mann grinste. »Ich war noch draußen und habe das mitbekommen. Die sind alle rein in die künstliche Schlucht und haben da gewartet. Auf der Straße war viel los, überall Polizei. Ich dachte zuerst, das sind irgendwelche Chaoten, und bin mit dem kleinen Scheinwerfer hin. Dann habe ich Ihre Tochter erkannt. Und die anderen waren auch alle in Ordnung, sehr höflich, haben sich vielmals entschuldigt für die Umstände. Ich habe ihnen ein paar Flaschen Cola gebracht, später sind sie vorn wieder raus, ich habe ihnen aufgeschlossen.«

Sascha musste wohl sehr überrascht ausgesehen haben, denn Mr. Facility nickte ihm beruhigend zu.

»Niemand weiß davon. Die Kameras auf dem Gelände können gerade nichts aufzeichnen, der Bagger hat die Leitung zerstört.«

Sascha fuhr so früh nach Hause, wie es sich für einen Rekonvaleszenten gehörte. Karin war so lieb, ihn vom Bahnhof abzuholen.

Marie war auch schon zu Hause. Sah ihn forschend an. War ausgesucht höflich. Fragte allen Ernstes, das hatte sie noch nie getan, ob es ihm gut gehe.

Und sie erwähnte noch, dass sie ihr Handtuch jetzt immer einwandfrei aufhänge, aber Sascha winkte sie schon in sein Arbeitszimmer, denn er hatte eine Frage, nämlich die, was sie in der Firma gemacht habe.

Marie biss sich auf die Lippen.

»Unsere letzte Aktion ist einfach so scheiße gelaufen …!«

»Was für eine Aktion?«

Sie sah ihn ungeduldig an.

»Okay, von vorne: Vor zwei Wochen waren wir nachts in Hamburg unterwegs, um ein Zeichen zu setzen und in die einfallslosen Vorgärten der größten Firmen etwas Fantasievolles, Schönes und Inspirierendes reinzubringen …«

»Fantasievolles, Schönes und Inspirierendes?«

»Papa! Blumen, Gräser, Blüten, all so Zeug. Was in eine Seedbomb passt. Wir hatten ganz viele dabei.«

»Wir?«

Sie verdrehte die Augen. »Digga, hallo? Unsere Gruppe! Wir wollten endlich auch mal was mit echten Seedbombs machen. Das ist normal ganz easy, viel weniger gefährlich, als nachts vor dem Bundestag was einzupflanzen. Einfach über den Zaun werfen …«

Sascha blieb kurz die Luft weg. »Äh! Das heißt, IHR seid diese Seedbombs?«

»Ja. Und?«

Sascha starrte sie weiter an.

»Was guckst du so? Wir wollen etwas machen. Etwas in Bewegung bringen. Bomben bauen, aber schöne, keine echten, es gibt ein paar Leute, die wollen das auch wieder machen, aber wir nicht …«

Zum Glück.

»Ich habe mit Alexandra darüber geredet, wie scheiße das damals war.«

»Du hast mit meiner Mutter …?«

»Mit meiner Oma. Und? Ihr hattet ja nie Zeit, mit ihr zu quatschen. Einiges war früher schon cool: die Musik. Die Klamotten: alles vintage! Okay, für manche auch die Drogen …«

»Du hast mit Alexandra über Drogen geredet?«

»Sie hat gesagt, ich muss warten, bis ich Mitte zwanzig bin, mindestens, dann ist das Gehirn entwickelt. Sonst wird man blöd.«

Sascha atmete unmerklich auf. Marie erzählte währenddessen unbeirrt weiter.

»Wir waren zuerst bei – na ja, einer großen Firma bei euch um die Ecke. Kaum angekommen kam die Polizei. Jemand muss gequatscht haben. Wir sind nur noch gerannt. Und zu euch aufs Gelände ist es ja nicht weit. Eigentlich wollten wir nur abkürzen, hinten rein, vorne raus, aber da war dieses tiefe Loch, Niko ist fast reingefallen. Wir sind dann alle rein und unten geblieben, bis alles ruhig war. Dann sind wir wieder los, und damit man nichts findet, wenn man uns anhält, haben wir vorher die ganzen Seedbombs weggeworfen, alle.«

»Auf unser Gelände?«

»Safe, das mussten wir. Ihr habt da jetzt massig tolle Pflanzen. Aber es ging nicht anders. Seedbombs werfen ist illegal. Noch! Krass, was?«

Sascha dachte nach. Er musste all das erst mal verarbeiten.

»Aber sag mal: Euer Grundstück sieht so anders aus. Die hässlichen Thujen sind weg, die Asphaltwege …«

»Wir wollen das ein bisschen naturnaher gestalten.«

»Okay.«

»Und im Moment haben wir dank euch viele schöne Gräser und Blumen. Das passt sehr gut!«

Marie lächelte erleichtert. »Das ist okay? Die Wildbienen-Kokons auch?«

»Mehr als okay. Alles sieht wunderschön aus. Und die Bienen sind noch da und freuen sich.«

Sascha konnte diesen ganzen Tag noch nicht so richtig fassen.

Aber wenn er schon mal dabei war, riss er das Paket aus der Firma auf.

Ein Karton Champagner.

Mit einer Karte von Ariane, in Herzform: »Gute Besserung!«

Vielleicht war er ja heute gar nicht aufgewacht, sondern träumte immer noch. Aber er hatte schon eine Idee, wie er das testen konnte.

Anna

Sie musste wieder an einen dieser typischen Heile-Welt-Familienfilme denken. Und zwar an die Stelle, an der die Musik rührselig wird und im Licht der untergehenden Sonne alles gut wird. Möglicherweise ging es bei ihnen gerade auch in die Richtung.

Sie hatte zum Beispiel nicht gedacht, dass Sascha, wenn er sich nicht von einem Maulwurf ablenken ließ, derart gut grillen konnte. Er hatte Hähnchenbrust mit Kartoffeln und Apfelspalten in milder Currysoße gezaubert.

Und als sie alle saßen, rief er »Moment!«, stürzte nach drinnen und balancierte ein Tablett mit fünf Gläsern Champagner zurück. Fünf? Marie nickte und sagte, sie tränke zwar keinen Alkohol, aber sie wolle ein bisschen nippen.

Und dann erhob Sascha das Glas. »Anna! Es tut mir leid. Ich bitte dich um Entschuldigung für alles, was ich dir angetan habe. Ich war furchtbar verbohrt. Ich will nie wieder so dämlich sein.« Er legte seinen Arm um sie. »Anna, du musst wissen: Dein Maulwurf liebt dich! Ich liebe dich!«

Was sollte sie da noch sagen, zumal sie Tränen in den Augen hatte? Oder lag diese Sentimentalität an ihrem Maulwurf-Burnout?

Nach dem langen Kuss applaudierten ihre Eltern. Marie rollte mit den Augen und flüsterte: »Echt peinlich!«

Und Sascha bat nun umgehend Marie um Entschuldigung, dass er den Tierheimbesuch immer wieder verschoben und vergessen habe. Und er sei ganz gerührt, dass Marie ihm trotzdem geholfen habe – hier sah Anna Marie an und zog die Augenbrauen hoch –, und er verspreche feierlich, zu den nassen Handtüchern und Kleiderhaufen nichts mehr zu sagen, was ihm, wie sie wisse, sehr schwerfalle.

Anna hielt es jetzt, damit nicht alles zu rührend wurde, für den richtigen Moment, noch mal auf den Hund zurückzukommen: Sascha müsse, wenn es ihm wirklich ernst sei, akzeptieren, dass dieser Hund künftig im Garten spielen werde. Marie und Ida hätten das mit Kaventsmann schon einige Male ausprobiert.

Sascha reagierte für seine Verhältnisse eher lässig – das habe er sich schon gedacht. Um nach einer kurzen Pause anzumerken: Kaventsmanns Pfotenabdrücke seien nicht zu übersehen gewesen. Auch lägen ein paar Zweige abgeknickt herum, und zwei Stauden seien platt gedrückt. Marie räusperte sich sehr laut. Sascha musste selber lachen und kam dann zum Wesentlichen: Es habe über eine lange Zeit keine neuen Haufen mehr gegeben. Das sei bisher nur ein einziges Mal passiert – als Kaventsmann damals ohne Erlaubnis bei ihnen im Garten war. Marie räusperte sich ein zweites Mal. Dann sagte Sascha: »Ich habe das recherchiert: Hunde können Maulwürfe mit ihren Laufgeräuschen und den Vibrationen vertreiben. Marie – wusstest du das?«

Marie zuckte vielsagend mit den Schultern.

Erstaunlich – auch, dass Moritz von nebenan das mit den Hunden noch nie gehört zu haben schien. Wieso würde er seinem Hund sonst verbieten, in seinem Garten zu toben, und sich zugleich wegen der Maulwurfshaufen verrückt machen?

»Also, Marie, du kannst dir zwei Dinge überlegen«, sagte Sascha. »Erstens: Wollen wir lieber am Freitag oder am Samstag ins

Tierheim? Und zweitens: Wenn ihr hier vorher noch mal mit Kaventsmann spielen wollt – sehr gerne. Ich fände das sogar richtig gut.«

»Papa, echt jetzt?«

»Echt jetzt!«

Also für Saschas Verhältnisse war das schon richtig tapfer.

Für Maries Verhältnisse auch. Anna und sie hatten sich in den letzten Tagen einige Male länger unterhalten. Über Maries Maulwurfaccount, der ohne Blacky genauso funktionieren würde, denn Marie hatte schon einige Male besonders schöne oder spektakuläre Hügel in den Account gestellt, die sie anderswo fotografiert hatte. Und über Maries Aktivitäten in Sachen Umweltschutz, die Anna in ein Dilemma trieben: Einerseits fand sie die Aktionen der Seedbombs völlig in Ordnung. Andererseits waren sie als Sachbeschädigung strafbar, und für Anna war es keine schöne Vorstellung, dass ihre Tochter gejagt, gefangen und in Polizeigewahrsam genommen werden könnte, nur weil sie Zierrasen mit Blumen und Bienen bereicherte. »Also, Papa hat das nicht gestört, als ich es ihm erzählt habe«, hatte Marie dazu gesagt. Oh, gab es da eine längst überfällige Annäherung zwischen Vater und Tochter?

Und vielleicht würde sich ihr Mann jetzt ja wirklich Mühe geben, sein feierliches Versprechen zu halten: nämlich manche Dinge, gegen die man nichts tun konnte, vor allem im Garten, einfach geschehen zu lassen. Anna würde es ihm wünschen, ihm und ihnen – ach so, und wo es schon Champagner gab: »Sascha, bitte gieß noch mal etwas ein, ich muss euch allen was erzählen.«

Sie machte eine spannungsgeladene Pause und hob dann das Glas: »Wisst ihr was? Gestern hat mich ein Verlag angerufen. Die möchten ein Buch! Ein Buch zum Podcast!«

Alle freuten sich mit ihr.

»Kind, da musst du dir ja noch viel einfallen lassen.« Das war natürlich ihre Mami.

»Mami, weißt du was: Das kriege ich hin. Das nächste Thema hab ich auch schon: Vertragen!«

Wie gesagt: In einem Familienfilm hätte es nicht besser laufen können.

Gut, das mit den beiden Leuten, die nun vor ihrem Tor auftauchten, hätte eine Spur zu erfunden gewirkt: Die stiegen aus dem Auto und riefen: »Wo geht es zum Wasser?«

»Rechtsrum und den Weg immer weiter«, erklärte Sascha.

Die beiden dankten und gingen los.

»Äh hallo«, rief Sascha hinterher. »Sie parken unsere Einfahrt zu.«

»Die Nachbarn von den Freunden von den Eltern von Ann-Lucie haben gesagt, das ist in Ordnung«, rief der Mann. »Wir sind nicht lange weg.«

Paulmanns schwiegen erstaunt und sahen einander an.

»Random!«, sagte Marie.

Sascha

»Du hast Besuch«, sagte Anke, als sie in sein Büro kam. »Hohen Besuch …«

»Bin schon da, bitte anschnallen!«, rief es hinter ihr.

Ariane!

Sie trug ein kurzes Glitzerkleid à la Taylor Swift und war supernett, Küsschen links und rechts. Dann machte sie die Tür zu und setzte sich auf Saschas Schreibtisch.

»Kühl hier«, sagte sie. »An der Adria sind es 38 Grad. Puh! Hör mal, ich möchte noch mal etwas zu dem Videocall von neulich sagen. Das war alles ein großes Missverständnis, deswegen kam das so schräg rüber.«

»Ich verstehe«, nickte Sascha.

»Ich will keinesfalls, dass da bei dir ein blödes Gefühl bleibt. Ich weiß es wirklich sehr zu schätzen, was du alles für die Firma tust. Indien, das hast du toll geregelt. Südamerika bist du auch dabei. Die Kantinensache ist wow und wird genial zum Projekt Garten Eden passen. Das ist wirklich schon prima weit, der Nature Style ist richtig gut, mal was anderes. War eine gute Entscheidung, das mit mehreren Firmen zu machen statt mit einer.«

Nein, ihre himmelblauen Augen straften sie keine Lügen, alles war ernst gemeint.

Ariane redete schon weiter. »Also wie gesagt, ich habe so viele coole Reaktionen auf meine Posts von unserem Areal bekommen. Ein paar Leute haben sogar gesagt, das sähe fast so aus, als hätten die Seedbombs zugeschlagen.« Sie lachte.

»Findest du die Seedbombs gut?«

Ariane rollte die Augen. »Hallo! Wer hat den Vorgarten des Bundestags zur Bienenweide gemacht? Auf der Kölner Domplatte einen Wald aufgebaut? Um die Deutsche Bank ein Blumenmeer gepflanzt? Endlich haben mal Leute angefangen, was zu tun, damit andere auch was tun, statt nur auf der Straße rumzubrüllen oder sich an fahrenden Krankenwagen oder startenden Flugzeugen festzukleben.« Ariane redete sich in Begeisterung. »Du weißt, dass die Politiker in Berlin die Bevölkerung nach der Reichstagssache aufgerufen haben, überall Blumen, Sträucher und Bäume zu pflanzen. Und ich habe Bekannte bei einer sehr großen Bank, die hätten sogar gern etwas Offizielles zusammen mit den Seedbombs gemacht – aber sie haben auf ihr Angebot nicht mal Antwort bekommen.«

Sascha hatte eine Idee. Möglicherweise war das die Lösung.

Denn er hatte immer noch kein Planungsbüro gefunden, das sofort einspringen konnte.

»Ariane, wie fändest du es, wenn WIR mit den Seedbombs etwas machen würden? Wenn die unser Gelände weitergestalten würden? Aus den anderen Verträgen könnten wir aussteigen, ich habe eine Klausel eingebaut.«

»Das wäre megamegamega! Aber träum weiter! Ich habe viele gute Kontakte. Aber nicht zu denen.«

Sascha lehnte sich zurück. »Hm, ich kann jemanden fragen.«

Ariane riss den Mund auf. »Nein, oder? Das ist ein Witz, was? Ich bin jetzt nicht bei dir vorbeigekommen, damit du mir so völlig nebenbei erzählst, dass du zu den SEEDBOMBS Kontakt hast?«

Sascha zwang sich, zu schweigen und zu lächeln.

Arianes Handy piepte. Sie ließ es piepen. Sie dachte nach.

»Also, wenn wir das schaffen: Guerilla Gardening goes industrial – mit Schicks. Die haben so viele Fans. Das wäre eine mega Publicity.« Ihre Wangen glühten richtig. »Hey, vielleicht können wir mit denen später eine Modelinie rausbringen? Total fair und umweltfreundlich. Motto: ›Einfach machen – wir bei Schicks haben verstanden.‹ Erst ist das Gelände CO_2-frei. Dann die ganze Firma. Dann alles, was wir anbieten!«

Sie sprang auf. »Die sind alle sehr jung, oder? Das wäre die Zielgruppe, die wir Jahrzehnte ignoriert haben!« Sie begann hin und herzugehen. »Frag sie, was sie haben wollen. Wenn das zu viel für das Controlling ist, bezahle ich das privat. Und wenn es hilft, verhandle ich mit. Oder lade sie zu mir nach Hause ein. Ich koche was. Oder lasse ihnen was kochen!«

Sascha konnte das alles nicht glauben.

Sie stand auf.

»Noch etwas anderes: Falls du jemanden umbesetzen willst – in der Retourenabteilung wird im Team für hoffnungslose Fälle demnächst die Teamleitung frei. Frauen bevorzugt, wie immer bei uns.«

Am Abend fragte Sascha seine Tochter, ob die Seedbombs vielleicht Lust hätten, ein altes weißes Firmengelände umweltfreundlich umzugestalten. Ein Firmengelände, auf dem sie sich schon versteckt hätten, aber diesmal könnte das eine Kooperation sein, ganz offiziell und legal: Schicks featuring Seedbombs – ein Pilotprojekt für beide Seiten. Sie bekämen alles, was sie bräuchten und dazu ein gutes Honorar.

Marie schüttelte den Kopf. »Ihr spinnt. War das deine Idee? Ich glaube echt nicht, dass die anderen ausgerechnet bei euch ...«

Aber sie ließ sich überreden, wenigstens mal schnell in ihrer WhatsApp-Gruppe zu fragen.

Kurz darauf begann ihr Handy zu vibrieren und wieder zu vibrieren, sie las und riss die Augen auf. »Äh, vielleicht könnte es doch klappen, wir müssen das noch mal diskutieren!«

Sascha machte noch eine Flasche Champagner auf.

Anna

Was waren das für Tage! Heute Morgen hatte sich wieder eine Journalistin gemeldet, vom Magazin der *Süddeutschen*, um mit ihr ein Interview zur Maulwurf-Folge zu machen. Anschließend war sie aus ihrem Studio gelaufen, weil im Garten infernalischer Lärm herrschte: Ihr Vater, der mit der Heckenschere ein Stück aus der Hecke zum Nachbargrundstück sägen wollte, »damit sie endlich aufhört, uns zu beobachten«. Mit großem Spektakel entwand sie ihm das Gerät und brachte es in den Keller.

»Das wird helfen«, flüsterte er ihr daraufhin ins Ohr, »natürlich hat SIE jetzt Angst, dass die Hecke wegkommt, und wird sich gut überlegen, weiterhin darin zu sitzen und uns zu belauschen!«

Er ließ Anna allein mit der Frage, wie verwirrt er denn nun wirklich war.

Für Verwirrung sprach jedenfalls die rosa gestrichene Wand im Flur: »Papi, die sollte grün sein, wir haben das doch besprochen!«

»Nein, Kind, wir haben das genauso ausgemacht. Ist es nicht schön!?« Sie hatte schleunigst die Farbe im Keller versteckt.

Ihre Mami dagegen hatte angeboten, die Küche zu schmeißen, wenn sie schon mal da waren – ein luxuriöser Zustand, der viel Zeit sparte, denn der Beitrag für Emilias Reader, den sie lektorieren sollte, erwies sich als wahres Zeitvernichtungsloch: Er war nicht nur furchtbar schlecht geschrieben; der Kollege war auch noch dermaßen vom Gegenteil überzeugt, dass er sich jeder Änderung erst einmal aus Prinzip verwehrte.

Ihre Mami lächelte, als sie ihr davon erzählte, und hackte mit irrsinnig schnellen Handbewegungen Petersilie. »Weißt du, Anna«, sagte sie dann. »Ihr habt es so nett hier – man könnte glatt zu euch ziehen!«

Anna lachte.

»Im Ernst!«

Anna wurde heiß und kalt.

»Äh, Mami, ihr wollt doch nicht wirklich weg aus Oldenburg, von euren alten Freunden, von euren lieben Nachbarn, von eurem Häuschen und dem Garten, von euren Cafés, von – ah, Moment, Telefon …!«

Anna hielt sich ihr Handy ans Ohr und eilte aus der Küche in den Garten.

Dort hörte sie einen kleinen Schrei. Dann kam Lisa durch das Loch in der Hecke galoppiert.

»Der Mord ist geklärt!«, rief sie. »Ich habe gerade mit einer Bekannten gesprochen, deren Cousin Polizist ist. Also: Der Mord an Schmitter ist geklärt!«

»Und? Wer war es?«

Lisa kicherte. »Niemand! Es war kein Mord! Obwohl: Wenn es doch einen Mörder gab, dann war es ein Maulwurf!« Sie bekam einen kleinen Lachanfall und begann mit Blick auf die Hecke zu flüstern. »Mensch, ich gestehe dir, ich bin erleichtert, ich hatte schon Moritz verdächtigt, weil der sich mit Schmitter überworfen hatte …«

»Lisa! Wie ist Schmitter gestorben?«

Sie kicherte wieder. »Total verrückt. Er ist im hohen Gras neben dem Haus über einen Maulwurfshaufen gestolpert, hingefallen, mit dem Kopf gegen das alte Garagenfundament geschlagen und nie mehr aufgestanden. Ende!«

»Und das ließ sich nicht früher feststellen?«

»Nein, das Ergebnis der kriminaltechnischen Untersuchung hat sich wegen Personalmangels verzögert.«

»Sehr witzig. Bei uns waren zweimal diese Kripoleute und haben meinen Vater und Sascha verhört.«

»Bei euch auch? Ich dachte, die waren nur bei uns …«

»Die haben hier mit jedem geredet!«, kam es aus der Hecke.

»Ach so!«, sagte Lisa. »Dann war das deren Taktik. Sophie, ich fahre nachher zum Angelshop. Soll ich dir etwas mitbringen?«

»Nein danke, alles gut!«, rief die Hecke.

Dann knackte und raschelte es davon.

»Lisa, ich war mindestens zehnmal bei ihr vor der Tür und habe geklingelt. Sie hat nie aufgemacht. Aber vermutlich weiß sie jetzt sowieso schon alles über uns.«

Lisa nickte. »Wir gehen da noch mal zusammen hin.« Aus ihrer Tasche kam ein Glockenton. »Nur jetzt nicht. Ich muss den Zwetschgendatschi aus dem Ofen nehmen.«

»Ihr bekommt Besuch?«

»Nein. Der ist für Moritz. Er liebt den heiß und innig.«

»Ach so! Ihr seid wieder auf gutem Weg?«

»Mal sehen«, rief Lisa. »SIE fand es doof, dass er immer von mir geredet hat. Sagt er zumindest …«

Sie holte eine Zigarette aus der Tasche und steckte sie an.

»Dann kannst du ja wieder aufhören«, sagte Anna.

»Womit?«

»Mit dem Rauchen. Bevor du dich wieder dran gewöhnst.«

Lisa sah auf die Zigarette in ihren Fingern, dachte kurz nach, sah sich suchend um, bückte sich schließlich und steckte die Zigarette in einen Maulwurfshaufen.

Es begann zu zischen, dann gab es einen dumpfen kleinen Knall, etwas Erde flog in die Luft.

Lisa sprang zur Seite. Und sah sie verdattert an.

»Gut, gut, du hast recht. Ich hör wieder auf!«

Später beschloss Anna, eine Runde zu laufen. Sie musste die News zu den Umständen von Schmitters Ableben noch verarbeiten. Und zugleich wollte sie ihren Körper dem Sport nicht völlig entfremden.

Sie ging durch den Garten und wollte eben das Gartentor öffnen und starten, da piepte das Handy in ihrer Tasche.

Mona aus der Praxis, die fragte, ob sie nicht doch noch jemanden annehmen könne.

Anna seufzte und steckte eben das Handy wieder ein, da kam von links ein Auto aus der Ausfahrt der Nachbarn gesummt und bog scharf auf den Fahrweg ein. Es war Moritz, er war schnell unterwegs, beschleunigte, als er an ihrem Tor vorbeifuhr, und zog eine große Staubfahne hinter sich her.

Und als der Staub sich wieder gelegt hatte, lag da etwas und wackelte noch leicht.

Ein toter Maulwurf.

Sascha

Um 6:45 Uhr stieg die Sonne über die Wipfel und tauchte den See und seine Ufer in goldenes Licht. Sascha fiel in schnellen Spurt, ihm stieg der sanft-süßliche Duft der rosa blühenden Spiersträucher in die Nase. Er hielt das Tempo, stoppte nicht beim Haus von Violet und Torsten, sondern lief weiter, auf dem Feldweg, der vom Ufer hochführte.

Um 7:15 Uhr warf er sich auf die knarzende Veranda und begann mit Liegestütz, er schaffte schon wieder achtzehn Stück. Der Himmel war strahlend blau, es würde wieder ein warmer Tag werden, aber später würde Regen kommen.

Um 7:25 Uhr kippte er zwei Gläser Wasser.

Um 7:30 Uhr stand er unter der Dusche.

Um 7:40 Uhr knöpfte er das weiße Hemd zu.

In der Küche schnitt er Apfel und Banane und mischte sein Müsli mit Haferflocken, Nüssen, Rosinen und Leinsamen. Er liebte es immer noch, als Erster aufzustehen, dann, wenn noch alles frisch, leise und ordentlich war. Aber er sparte es sich ganz bewusst, den Wasserhahnausfluss exakt in der Waschbeckenmitte zu zentrieren, und er verzichtete auch darauf, mit dem Staubwedel über die Fensterbretter und die Kanten der Küchenschränke zu streichen.

Dann trat er mit seinem Hafermilchkaffee auf die Terrasse.

Die schwarz-weiß gefleckte Katze schlich an ihm vorbei durch den Garten und bog um die Hausecke.

Er sah ihr hinterher. Das Gras wuchs schon wieder so gut, dass er bald würde mähen können.

Sascha ging nicht ums Haus, um nach Maulwurfshaufen zu sehen, so wie früher.

Es hatte etwas gedauert. Aber er hatte verstanden, dass gegen die Natur am besten eins hilft: die Natur. In dem Fall erst mal Kaventsmann. Marie und Ida hatten den Hund noch zweimal durch den Garten fetzen, über Hindernisse springen, durch eine (große) Röhre krabbeln lassen – mit nachhaltigem Effekt: keine neuen Haufen.

Und auf einmal begann auch Moritz nebenan, den Hund immer durch seinen Garten zu scheuchen, statt ihn wie bisher zum Rennen, Toben und Graben auf die Wiese am Anfang des Fahrwegs zu bringen, um den Rasen zu schonen. Ida musste ihrem Vater verraten haben, welch tollen Effekt ihr Hund in Bezug auf Maulwürfe hatte. Wäre es nach Sascha gegangen, der Schönredner und Maulwurfwerfer Moritz hätte keinen Pieps erfahren.

Allein schon wie er reagiert hatte, als sie ihn wegen des toten Tiers zur Rede stellten! Ganz freundlich. Anna und er hatten den Leichnam in eine Versandtasche gepackt, geklingelt und Moritz die Tasche überreicht mit der Bitte, seine Maulwürfe künftig woanders abzulegen.

Der hatte, riesiges Erstaunen im Gesicht, zuerst so getan, als wisse er nicht, was sie meinten. Erst als Anna sagte, sie habe alles live mitbekommen, erzählte er eine wilde Geschichte: Er habe den Maulwurf tot in seiner Einfahrt gefunden und ihn schnell wegfahren wollen, habe ihn dabei aus dem Autofenster gehalten aus Angst vor Parasiten, und dann sei ihm das tote Tier wohl bei einem Schlagloch »irgendwo« aus der Hand gerutscht. Allerdings habe er das erst später gemerkt.

Das sei alles. Mit den zwei weiteren toten Maulwürfen habe er nicht das Geringste zu tun. »Sorry vielmals, ich muss jetzt weiterarbeiten, dringende Sache!«

Anna vertraute all das Lisa an. Und die sagte, Moritz habe ihr erzählt, sie beide hätten ihn völlig zu Unrecht verdächtigt und seien in dem Punkt wohl ziemlich überspannt: Er habe nie mit einem toten Maulwurf zu tun gehabt, und er habe auch den Teufel getan, mit einem toten Maulwurf durch die Gegend zu fahren – wo solle er den denn überhaupt hergehabt haben?

Anna brauchte einige Zeit, um sich wieder einzukriegen.

Sascha versuchte, ihr klarzumachen, dass das Thema Maulwurf grundsätzlich alles andere als einfach war. Dass da viel zu viel Emotion drinstecke. Und dass es besser war, mit den Nachbarn hier schnell wieder über andere Dinge zu reden, über die nächste Grilleinladung oder über das zweite Seeadlerpaar, das am See aufgetaucht war.

Anna fuhr mit ins Tierheim, um auf andere Gedanken zu kommen. Und das war ein Volltreffer. Sie fanden ihren Hund wie durch Telepathie sofort: Mit traumwandlerischer Sicherheit ging Marie auf ein Gehege zu, in dem ein wunderschöner junger Rhodesien Ridgeback saß und freudig auf sie zusprang, als er sie sah. Innerhalb von fünf Sekunden war allen drei, Marie, Anna und dem Hund, klar: Sie gehörten ab jetzt zusammen.

Nur Sascha benötigte etwas länger, bis er das begriffen hatte. Er hatte eigentlich vorgehabt, nach einem Leonberger zu schauen, wie Kaventsmann einer war – ganz nach dem Motto »Never change a running system«. Aber als er Maries Blick sah, wusste er, es würde auch so gehen.

Und tatsächlich. Leila, so nannten sie die zutrauliche Hündin, liebte es, draußen zu spielen und versteckte Dinge zu suchen, sie federte mit großen Sätzen durch den Garten – und auch weiterhin gab es keine neuen Maulwurfshügel. Die Schwiegereltern hatten, weil der Hund »so lieb war«, ihre längst überfällige Heimfahrt um weitere »paar Tage« verschoben, und Marie verbrachte fast sämtliche schulfreie Zeit mit Leila. Die Hündin würde auch bei dem großen Gelände-Bootcamp der Seedbombs bei Schicks dabei sein, nach zwei Abstimmungen in der Gruppe hatte es tatsächlich geklappt, Sascha war außer sich vor Freude.

Und in den zwei Wochen davor wollten sie jetzt doch in den Urlaub fahren, nach Italien, in ein Hotel am Gardasee, Hunde willkommen. Anna hatte das für sie gebucht – »Überraschung!« Und dann hatte sie ihr Handy gezückt, die Banking-App aufgerufen und die Sofortüberweisung von von Helsing von 6900 Euro gezeigt.

»Anna – wie hast du das gemacht?«

»Oh, ich habe ihn unter Druck gesetzt, mein Schatz!« Mehr wollte sie nicht sagen. Und sie hoffe sehr, dass ihre Eltern bis dahin auch tatsächlich wieder abgereist seien. Sonst müssten sie mit.

»Bist du verrückt?!«

Erik hatte gerade begonnen, ihr Badezimmer schwarz und rot zu streichen.

»Es war ein Witz, Sascha, ein Witz! Sie haben mir versprochen, dass sie nächste Woche fahren. Spätestens übernächste. Lass uns die Daumen drücken …«

Und als Sascha irgendwann mal wieder in seinem Arbeitszimmer saß, fiel ihm auf: Er hatte die Stifte gar nicht auf Kante gelegt!

Aber nun wurde es höchste Zeit loszufahren.

Seine neue E-Vespa hatte drei Vorteile im Vergleich zu seinem im Wald verschwundenen E-Scooter: Sie fuhr deutlich schneller, wurde auf der Straße ernst genommen – und sie ließ sich am

Bahnhof gut anschließen. In Hamburg fuhr er mit der U-Bahn, das war nicht ganz so innovativ, aber insgesamt war er um einiges kürzer unterwegs als früher.

Er rollte auf der Vespa zum Tor und wollte gerade den Helm aufsetzen, da sah er die Frau.

Sie stand im Garten. Vor ein paar Maulwurfshaufen.

»Herr Paulmann?« Sie sah offiziell aus. Blauer Blazer über weißer Bluse. Kurzes blondes Haar. Höchstens Mitte dreißig.

»Tut mir leid, dass ich einfach so reingekommen bin, das Tor war offen.«

Mal wieder Marie. Sascha nickte langsam. Vor dem Tor stand das Auto der Frau. Ein dunkelgrüner Golf mit einem Schriftzug an der Seite, den er von hier aus nicht lesen konnte. Daneben ein kleines Symbol. Oder ein Wappen?

Sascha hatte kein gutes Gefühl.

»Hier also lebte Ihr Maulwurf.« Sie machte eine umfassende Bewegung mit den Händen. »Man sieht's. Wo er jetzt wohl ist?«

Sie lächelte. Vielsagend?

Sascha wurde heiß und kalt. Ganz klar: Die Frau kam von der Naturschutzbehörde. Sie wusste von Blacky. Jemand hatte ihn angezeigt. Behauptet, er, Sascha, habe ihn/sie/es umgebracht.

Alles sprach gegen ihn. Bestimmt auch die Nachbarin in der Hecke. Überall im Garten waren seine Grabespuren. Und die Fallen, die nicht funktioniert hatten – die steckten auch noch im Boden!

»Haben Sie kurz Zeit?« Die Frau kam mit energischen Schritten auf ihn zu.

Sascha starrte sie an. Er wusste nicht, was er sagen sollte. Ob er überhaupt etwas sagen sollte. Oder ob nicht in diesem Moment sein neues Leben – all das, was gerade dabei gewesen war, wieder ins Gleichgewicht zu geraten – endgültig zur Seite kippte wie ein unaufhaltsam und mit großem Geschepper umstürzender Geschirrschrank.

Er dachte an seine Schulzeit und daran, wie er den Lehrern Pupskissen untergeschoben hatte. An die Fahrt durch Frankreich mit Martin und Ulf nach dem Abi. An Anna und den Eiffelturm. Wie ihm Marie nach ihrer Geburt aufs rosafarbene Poloshirt gepinkelt hatte. An das Firmengelände, das inzwischen schon wirklich gut aussah. An das schöne Haus hinter sich und an den noch schöneren künftigen Geräteraum im Keller mit Remove Fit in Edelstahl.

Und an die erdrückende Beweislage gegen ihn.

50 000 Euro Strafe. Womöglich pro Maulwurf? Wenn es Fotos der zwei toten Maulwürfe vor ihrem Tor gab, waren das 100 000 Euro – und 150 000, wenn sich Blacky doch noch tot in einer der Fallen fand. Dazu der Imageschaden: Sascha Paulmann, Sustainability-Chef von Schicks – ein Maulwurfskiller!

Die Frau, die dabei war, alles zu zerstören, stand jetzt vor ihm und strahlte ihn an.

»Ich bin von der NetAG, Inken, Lisas Freundin. Ich sorge dafür, dass Sie endlich schnelles Internet bekommen!«

Lisa, Freundin, Internet? Saschas Augen begannen sich wieder scharfzustellen.

»Lisa hat mir alles erzählt. Und ich habe den mega Podcast von Ihrer Frau gehört! … Oh!« Mühsam wand sie sich aus seiner Umarmung und strich ihre Revers glatt. »Ist doch nur Glasfaser!«

Sascha hatte noch lange den Duft ihres Parfüms in der Nase. Rhabarber, Narzisse, ein Hauch von Mandel.

Den Duft der Freiheit.